U0748829

中国共产党在上海100年

THE
COMMUNIST PARTY
OF
CHINA
IN SHANGHAI
FOR
100 YEARS

严爱云 主编

中共上海市委党史研究室 编

上海人民出版社

2021 年，我们即将迎来中国共产党百年华诞。中国共产党的一百年，是矢志践行初心使命的一百年，是筚路蓝缕奠基立业的一百年，是创造辉煌开辟未来的一百年。我们国家在中国共产党的带领下，发生了天翻地覆的变化，迎来了从站起来、富起来到强起来的历史性飞跃；上海人民在中国共产党的带领下，经历了前所未有的跨越式发展，为党的历史写下光辉一页。

中国共产党历史从上海开篇。习近平总书记指出："上海是我们党的诞生地，党成立后党中央机关长期驻扎上海。""上海是一座光荣的城市，是一个不断见证奇迹的地方。"在新民主主义革命时期，上海是党创建以后相当长时间里党中央领导机关的所在地，党领导工人和广大群众开展工人运动、革命文化运动和各阶层爱国民主运动，掀起抗日救亡的热潮，并成为反对美蒋第二条战线的主要战场。新中国成立后，上海作为社会主义建设的重要基地，在党中央、国务院的坚强领导下，在兄弟省市的大力支持下，自力更生、艰苦创业，初步建成一个生产门类比较齐全、协作配套能力比较强、科学技术水平比较高的综合性工业基地和科学技术基地，为新中国建立起独立完整的现代工业体系作出重要贡献。党的十一届三中全会以来，特别是浦东开发开放后，上海作为改革开放的前沿阵地，紧紧抓住历史机遇，创造性地贯彻落实党中央决策部署，敢为人先，攻坚克难，经济实现跨越式发展，改革开放走在全国前列，核心竞争力大幅度增强，人民生活水平整体性跃升，成为体现中国特色社会主义制度优势最鲜活的现实明证、改革开放和社会主义现代化建设最生动的实践写照。

党的十八大以来，上海把习近平总书记的殷殷嘱托化为奋力攻坚的强大动力和善作善成的自觉行动，掀开了接续奋斗、再创奇迹的崭新篇章。城市能级和核心竞争力显著提升，国际经济、金融、贸易、航运中心基本建成，具有全球影响力的科技创新中心形成基本框架，"四大功能"不断强化，"四大品牌"持续打响，高质量发展深入推进，服务经济为主的产业结构率先形成。上海正努力成为更高水平改革开放的开路先锋、全面建设社会主义现代化国家的排头兵、彰显"四个自信"的实践范例，更好向世界展示中国理念、中国精神、中国道路。

寻根思源，上海的每一项成就，都凝聚着中央领导对上海的亲切关怀和悉心指导。从毛泽东同志"上海有前途，要发展"的重要指示，邓小平同志"上海是我们的王牌，把上海搞起来是一条捷径"的谆谆嘱托；到江泽民同志在党的十四大报告中作出把上海建设成为"一个龙头、三个中心"的战略决策，胡锦涛同志提出上海要实现"四个率先"的殷切期望。尤其是党的十八大以来，习近平总书记连续四年考察上海、指导工作，为上海的发展明确新的时代方位，赋予新的历史使命。上海的每一步前行，同样凝结了全市人民的全力支持和不懈奋斗。人民群众是历史的创造者，正是由于上海市委始终坚持"人民至上"理念，紧紧依靠人民、牢牢植根人民，上海才能在革命、建设、改革、复兴不同历史阶段中取得一系列辉煌成就。

习近平总书记指出："回望过往的奋斗路，眺望前方的奋进路，必须把党的历史学习好、总结好，把党的成功经验传承好、发扬好。"为此，中共上海市委党史研究室组织编纂《中国共产党在上海100年》一书。全书以习近平新时代中国特色社会主义思想为引领，坚持政治性与学术性相统一、党性原则和科学精神相融合的原则，用翔实的史料和感人的细节来全景式展现上海百年来波澜壮阔的发展历程，体现"海纳百川、追求卓越、开明睿智、大气谦和"的城市精神和"开放、创新、包容"的城市品格。希望本书不仅能够帮助大家重温建党百年来的岁月峥嵘，更能够在重温历史中汲取精神力量、历史智慧与坚定人民立场的定力，"让初心薪火相传，把使命永担在肩"，共同创造上海更加辉煌的未来。

目录 | contents

第二编·社会主义革命和建设时期

第三编·改革开放和社会主义现代化建设新时期

第四编·奋力创造新时代新奇迹

第一编

新民主主义
革命时期

上海，中国近代工业与工人阶级的发祥地，马克思主义在中国传播的初始地与南方重镇，在近代中国救亡图强的民族复兴之路上勇毅地走在前列，光荣地成为中国共产党的诞生地。

一百年前，在上海开幕的中共一大，宣告中国共产党的正式成立。为了这一伟大政党的诞生，中国共产党发起组在上海已经运作一年，推动共产党早期组织在各地以至海外华人中纷起成立，在马克思主义理论与工人运动实践的结合中，在发起成立社会主义青年团并向全国各地推广中，在对基尔特社会主义、无政府主义等反马克思主义思潮的斗争中，扎实推进党的创建活动。

中共一大后，中共中央长期地驻扎上海，充分利用这座东方国际化大都会的政治、经济文化的优势，指导全国革命运动的开展。在上海，中共中央促使国共合作的最初形成；在上海，中共中央成功发动五卅反帝运动；在上海，中共中央发动上海工人第三次武装起义取得胜利，开启人民民主政权的伟大尝试；在上海，中共中央努力探索走出革命低潮的困境，指导红军、根据地的建设，直至促成中华苏维埃共和国临时中央政府的成立；在上海，中共中央发起左翼文化运动，开辟新民主主义革命文化的新途；在上海，中共中央率先高举起武装抗日的旗帜。

尽管在接连犯了三次"左"倾错误后，城市革命力量遭受重创，中共中央1933年初被迫撤离上海，然而，上海仍是民众反日运动的风暴眼，中国共产党人在异常残酷的白色恐怖环境中仍继续坚守在这座城市，积极探索与助力抗日民族统一战线的形成。在八一三淞沪抗战的烽火中，上海党组织得以重建，并在扎实的群众工作中发展壮大起来，进而创造了影响全国抗战文化的"孤岛"文化。在中国共产党的领导下，上海民众紧密地团结起来，成为新四军坚持华中抗战的坚强后盾，抗日游击战争在沪郊如火如荼地开展。

抗战胜利后，中国共产党在上海进一步赢得民心，与民主人士结成民主统一战线，以此起彼伏的民众运动开辟第二条战线，有力地策应了解放军反击国民党军队的战争。正是在上海地方党组织与解放军的里应外合下，上海得以完好地回到了人民的怀抱，由此创造了人类战争史上的奇迹。

毛泽东与中共中央高度评价上海解放的意义，指出上海是近代中国光明的摇篮，"是中国工人阶级的大本营和中国共产党的诞生地，在长时期内它是中国革命运动的指导中心"，革命力量在上海不断发展壮大，最终与全国的革命相配合，造成了上海的解放。所有这一切，铸就了上海这座光荣城市的英雄品质。

第一章

中国共产党在上海的创建

中国共产党的成立是近代中国社会演变和革命发展的客观要求，是马克思列宁主义与中国工人运动相结合的产物。五四运动以全民族的行动激发了人民大众追求真理和进步的伟大觉醒，显示了中国工人阶级的磅礴力量。一批先进分子经过反复比较推求，最终选择了马克思主义，并积极促进马克思主义同中国工人运动相结合。中国共产党第一个早期组织——中国共产党发起组率先在上海成立。中共一大的召开，标志着全国统一的马克思主义政党正式成立。翌年召开的中共二大，明确提出反帝反封建的民主革命纲领，指明了中国革命的方向和前途。

一、五四运动助推马克思主义的广泛传播

广大人民群众参加的彻底反帝反封建的五四运动，鼓舞了中国人民实现民族复兴的志向和信心，实现了中国人民和中华民族自鸦片战争以来第一次全面觉醒。中国的先进分子最终选择了马克思主义。

新文化运动和俄国十月革命的影响

1840年鸦片战争后，独立的中国逐步沦为半殖民地中国，封建的中国逐步变成半封建中国。帝国主义和中华民族的矛盾、封建主义和人民大众的矛盾，成为近代中国社会的主要矛盾。争取民族独立、人民解放和实现国家富强、人民幸福，成为近代中国人民必须完成的两大历史任务。太平天国运动、洋务运动、戊戌变法、义和团运动相继失败。1911年10月10日，辛亥革命在武昌爆发。然而，辛亥革命的胜利果实很快被袁世凯攫取。北洋军阀的反动统治给人民带来深重灾难。

中国共产党创始人陈独秀

中国共产党创始人李大钊

辛亥革命失败后，先进的中国知识分子继续探索中国的出路。1915 年 9 月，陈独秀在上海创办《青年杂志》(翌年改称《新青年》)，吹响了新文化运动的号角。《新青年》高举民主和科学的大旗，猛烈抨击封建主义思想，从而使中国思想界发生巨大震动，影响了一代青年。

1917 年俄国十月革命爆发，上海《民国日报》第一时间报道了这一重要消息，引起国人瞩目。十月革命是布尔什维克党领导的工农大众的革命，是新型的革命，对中国革命产生深远影响。中国共产主义运动先驱李大钊先后发表《法俄革命之比较观》《庶民的胜利》《Bolshevism 的胜利》等文章，积极宣传十月革命和马克思主义。中国的先进分子认为俄国这样一个比较落后的国家能够实现社会主义，中国"谋社会主义的实行，也是一定可以在短时期内成功"。因此，先进分子热切向往走十月革命的道路，积极学习十月革命经验和马克思列宁主义理论。

五四运动开启新民主主义革命

在新文化运动民主与科学思潮的启蒙下，在十月革命的影响下，中国爆发了五四爱国运动。第一次世界大战结束后，1919年初美英法等列强在巴黎召开"和平会议"（即巴黎和会）。中国政府因战时参加后来的战胜国协约国一方，也派代表出席和会。在列强的操纵下，巴黎和会竟决定把战败国德国在中国山东攫取的一切权利全部转让给日本。中国在巴黎和会上的外交失败，激起全国人民的愤怒。

5月4日，北京学生3000多人举行游行示威。全国各地纷起响应，掀起了震惊中外的五四运动。5月7日，上海各界2万余人集会游行，声援北京学生的爱国行动。上海学生联合会随之成立，此后组织2万余名学生举行罢课救国誓师典礼和示威游行。

6月3日，北洋政府大肆逮捕学生，自此五四运动进入新的阶段。6月5日，上海工人开始罢工。同日，学生界罢课、商界罢市，开始了罢工、罢课、罢市的"三罢"斗争。以后几天里，约11万各业工人汇成政治大罢工的洪流。7万多店员投入罢市斗争。上海的"三罢"斗争迅速蔓延全国，促进全国各地群众性政治斗争。中国工人阶级开始以独立的姿态登上政治舞台。在全国人民的压力下，北洋政府被迫释放大批被捕学生，撤销亲日派官僚曹汝霖、陆宗

上海工人大罢工，显示了工人阶级的巨大力量

舆、章宗祥的职务。6 月 28 日，巴黎的中国代表没有出席和会的签字仪式。

五四运动是中国近现代史上具有划时代意义的事件。五四运动以彻底反帝反封建的革命性、追求救国强国真理的进步性、各族各界群众积极参与的广泛性，推动了中国社会进步，促进了马克思主义在中国的传播并与中国工人运动的结合，为中国共产党的成立作了思想上和干部上的准备。五四运动开启了新民主主义革命的序幕。

马克思主义的主要传播地

经过五四运动洗礼的一些知识分子，冲破了资产阶级民主主义的思想体系，更倾向于接受社会主义思潮。青年学生和知识分子的各种进步团体层出不穷，响应和宣传新文化运动的刊物如雨后春笋破土而出。许多有名的进步团体有不少骨干是初具共产主义思想的知识分子，全国约有 200 种刊物刊载宣传社会主义和马克思主义的文章。宣传马克思主义逐渐成为新文化运动中的主流。

上海是马克思主义在中国的最早传播地，在新文化运动转向后又成为传播社会主义思潮的南方重镇。上海《民国日报》副刊《觉悟》、《星期评论》、《建设》杂志、《解放与改造》杂志、《时事新报》副刊《学灯》等沪上报刊纷起介绍社会主义理论。五四运动时期，陈独秀开始由激进的民主主义者向马克思主义者转变，由其主编的《新青年》杂志也逐渐热衷宣传马克思主义。

陈独秀由京返沪后团聚了《新青年》、《觉悟》副刊、《星期评论》社的一些主要骨干。这些社会主义、马克思主义的宣传者不久成为建党的酝酿者、参与者或发起者。他们是邵力子、李汉俊、李达、陈望道、俞秀松、沈玄庐、沈雁冰、施存统等。李汉俊时任《星期评论》编辑，他在《星期评论》和《觉悟》副刊发表许多文章宣传社会主义与马克思主义，支持工人运动，提倡新文化运动与妇女解放，主张建立无产阶级政党。李达接连在《觉悟》副刊发表文章介绍马克思主义。

五四运动前后，有志青年为寻求救国真理到海外勤工俭学的运动走向高潮。从 1919 年 3 月到 1920 年底，共有 20 批 1600 余人从上海出发赴法勤工俭学。毛泽东 1919 年 3 月第一次来上海、同年底再度来沪，均为赴法勤工俭学的湖南青年送行。赴海外勤工俭学青年有许多人在劳动实践中，经过反复比较推求，最终选择了马克思主义。从上海出发奔赴法国的周恩来、邓小平等日后成为中国革命的杰出领导人。这些旅欧青年与留在国内探索救亡图存之路的进步青年一样，经历了由民主主义的爱国者向共产主义者转变的心路历程。

二、中国共产党诞生

1920 年 6 月，中国第一个共产党早期组织在上海率先成立。这并非上海地方性的党组织，因其在党的创建中发挥组织发起的作用，史称中国共产党发起组。在各地共产党组织相继建立的基础上，召开代表大会，正式建立一个全国统一的无产阶级政党，是中国共产主义运动发展的必然趋势。中国共产党的成立，是中国历史上"开天辟地的大事变"。

上海为中国共产党创建提供有利条件

创建中国共产党是中国社会发展的时代需求，作为中西文化碰撞的交汇点，上海为中国共产党的创建提供了有利条件。

上海自 1843 年开辟为通商口岸后，租界相继辟设，西方殖民主义者把上海作为攫取中华利益的桥头堡着意经营，近代上海由此获得城市发展机遇，也使中国共产党的创建活动有了阶级基础。上海在开埠后迅速膨胀，在中国城市近代化历程中走在前列。随着城市商贸活动与对外贸易的发展，上海吸引了市政工人、码头工人和店职员等大量劳工。在外国资本家创办的一批近代工业中，上海诞生了中国第一批产业工人。19 世纪 60 至 90 年代洋务工业继之兴起，在这些官办企业中又产生了一批工人。20 世纪初叶，中国近代工业有了一定发展。从 1911 年至 1919 年，上海历年开办的工厂数呈逐年上升趋势，外资企业也进一步发展。随着近代工业的发展，上海工人阶级的数量至 1920 年增至 51 万人。①

上海是近代中国民族矛盾、社会矛盾最为集中的城市，形成了不断革命的光荣传统。近代民族矛盾、社会矛盾在上海聚合交集，租界排斥中国政府的属地管辖权，严重侵害中国的主权完整，成为中国沦为半殖民地的重要象征。帝国主义者在上海制造种种罪恶，中国同胞饱受歧视和侮辱。反侵略的民族主义运动与反专制的民主运动日渐结合，此起彼伏，成为近代中国历史发展进程的一个鲜明特色。1853 年小刀会起义在上海爆发，坚持 17 个月之久，打击了中外反动势力；法国殖民主义者 1874 年和 1898 年先后两次制造四明公所血案，中国人不怕流血牺牲，并罢市抗争；上海是拒俄运动的中心，从 1901 年到 1905 年坚持 5 年之久，凸显了国家主权观念和国民主体意识，凸显了抵御外侮与内抗专制的关联性；1911 年武昌起义，上海响应，上海光复，倾动东南；辛亥革命后，党团涌现、政党政治勃兴，上海是资产阶级革命派的活动基地。然而，爱国志士一次次的探索都失败了，辛亥革命也没能解决中国的问题，先进分子积极思考新的革命路径。

出版印刷、新闻传媒、教育科技、学术翻译、公众文化等近代文化产业不断涌现，使上海成为全国文化中心。上海经济文化快速发展，海纳百川的文化氛围，加之国内政局的变动，推动全国各地和海外留学归来的社会精英汇聚上海。中国知识界在上海开始向新型知识分子的过渡，尤其是经历五四新文化运动的洗礼，先进知识分子从传统跨越到现代，实现了思想转型。在"五四"大潮影响下，一些知识分子接受了马克思主义，为中国共产党的创建积极奔走。

上海交通便利、通信发达、租界林立、政出多头，具有国际影响，有利于接通海内外革命势力。上海襟江带海，水路交通外可连通五大洲四大洋，内经

① 《上海劳动状况》，《新青年》第 7 卷第 6 号，1920 年 5 月。

长江水系可直达广阔腹地。上海是近代铁路枢纽，沪宁、沪杭铁路汇聚于此。市区有有轨电车、出租汽车等交通工具。邮电方面，民国时期上海邮路可与全国各地相连接，国内邮差线经上海可联邮世界各国。电信事业的发展，使上海迅速形成联通世界的国际通信网。上海所特有的公共租界、法租界、华界"一市三治"的城市格局，又为革命力量提供了生存缝隙。上海特殊的国际地位，吸引各国政治势力竞相来此角逐，势必也引起苏俄和共产国际的关切。

作为中国工人阶级的大本营，马克思主义传播的南方重镇，上海集聚了先进生产力和先进文化，创建无产阶级政党势在必行。知识分子在此将马克思主义与工运实践相结合，充分利用上海作为国际大都市所拥有的便利条件，中国共产党在上海从孕育到诞生有其历史根基和历史逻辑。

中国共产党发起组在老渔阳里成立

最早酝酿在中国建立共产党的是陈独秀和李大钊。通过对俄国十月革命经验的学习，以及中国工人运动的实践，陈独秀和李大钊逐步认识到，要用马克思主义改造中国，必须建立俄国那样的无产阶级政党。1920年2月，为避免北洋军阀政府的迫害，陈独秀从北京秘密来到上海。李大钊在护送陈独秀离京途中，两人商讨了在中国建立共产党组织的问题，史称"南陈北李，相约建党"。

陈独秀在上海深入工人群众宣传马克思主义。4月中，陈独秀联合7个工界团体筹备召开"世界劳动纪念大会"，他被筹备会推为顾问。5月1日，上海各工界团体组织各业5000多名工人集会，庆祝五一国际劳动节。为纪念五一国际劳动节，陈独秀主编推出《新青年》"劳动节纪念号"。俞秀松率先到工厂做工以研究推动工人运动的开展，他进厚生铁厂，决心走和工人相结合的道路。

同年4月，经共产国际批准，俄国共产党（布尔什维克）远东局海参崴（即符拉迪沃斯托克）分局外国处派出全权代表维经斯基等来华。维经斯基到北京与李大钊等会谈后来到上海，很快与陈独秀等建立联系。经过考察，他认为中国已经具备建立共产党的条件。在维经斯基等人的帮助下，陈独秀加快了建党活动的步伐。

1920年5月，陈独秀建立马克思主义研究会，学习和研究马克思主义理论，酝酿建党问题。6月，陈独秀在其位于法租界环龙路老渔阳里2号（今南昌路100弄2号）的寓所，同李汉俊、俞秀松、施存统、陈公培开会商议，决定成立共产党组织，陈独秀被推为书记。这次会议明确建立的是共产主义的政党，初名社会共产党。会议起草了具有党纲、党章性质的若干条文。中国共产党发起组就此产生。8月，陈独秀致信李大钊征求对党的名称的意见，李大钊主张定名为共产党，陈独秀表示同意。11月，中共发起组制定《中国共产党宣言》。宣言明确提出，要依靠工农群众进行无产阶级革命，要建立无产阶级专政。宣言当时没有公开发表，仅供内部学习和吸收党员时作参考。在中共发起组的推动下，1920年秋至1921年春，北京、武汉、长沙、济南、广州等地的先进分子，以及旅日、旅法留学生和华侨中的先进分子，相继建立了共产党早期组织。

中共发起组成立后，即有计划、有组织地开展各项活动。在研究和宣传马克思主义方面，在陈独秀领导下，社会主义研究社于1920年夏成立。8月，该社出版陈望道翻译的《共产党宣言》首部中文全译本，此后还出版了《马格斯资本论入门》《政治主义谈》等。8月，中共发起组创办新青年社。9月起，《新青年》成为中共发起组的机关刊物，公开宣传马克思主义。新青年社还出版了"新青年丛书"。11月，中共发起

中国共产党发起组成立地（《新青年》编辑部）旧址

《共产党宣言》中文全译本

组创办理论性机关刊物《共产党》月刊，传播马克思主义的建党学说，进行党的基本知识教育。此外，上海《民国日报》副刊《党悟》也成为宣传马克思主义的重要舆论阵地。7月间，中共发起组还设立了中俄通信社。

在扩大建立马克思主义思想阵地的同时，中共发起组组织开展了同反马克思主义的论战。1920年底，张东荪、梁启超挑起关于社会主义的论战。他们信奉基尔特社会主义，即打着社会主义旗号的资产阶级改良主义，主张劳资协作，发展资本主义，反对马克思主义，甚至否认中国有阶级的存在，否认成立无产阶级政党的必要性。中共发起组成员指出，社会主义者从来没有反对过发展生产，并强调"社会主义是真正'开发实业'底方法"。中共发起组成员还指出中国无产阶级不仅存在，而且所受的压迫极深。无产阶级要谋求解放，只能采取"非妥协的阶级争斗手段"。在五四运动前后，无政府主义思潮有相当市场。中共发起组成员同黄凌霜、区声白等无政府主义者展开论战。无政府主义鼓吹绝对自由，反对任何性质的组织和纪律，反对一切强权，攻击无产阶级专政理论。中共发起组成员指出个人的"绝对自由"在人类社会中是根本不存在的；当无产阶级用"强权"推翻资产阶级专政时，"强权"就成为一切被压迫阶级最需要的东西。通过论战，提高了早期共产主义者的马克思主义理论水平，区分了科学社会主义和各种反马克思主义的界限，坚实了建党的思想基础。

同期，中共发起组有组织有计划地向工人群众传播马克思主义，促进马克思主义同中国工运实践进一步结合起来。中共发起组创办了面向工人进行马克思主义启蒙教育的通俗周报《劳动界》。在新青年社的帮助下，面向店员的《上海伙友》周刊出版发行。1920年秋，中共发起组委托成员李启汉到沪西小沙渡纱厂集中区开办工人学校，对工人进行文化教育和马克思主义思想启蒙。

在共产党的指导下，上海机器工会于 11 月 21 日正式成立。不久，上海印刷工会也宣告成立。中共发起组还通过在上海《民国日报》等报刊刊登上海工人罢工报道和评论等方式，密切关注和支持上海工人的罢工斗争。1921 年五一劳动节，在中共发起组指导下，一万多名工人集会要求实现工作 8 小时、教育 8 小时、休息 8 小时的权益。

中共发起组高度重视青年革命力量的培养，积极推动建团工作。1920 年 8 月 22 日，上海社会主义青年团成立，俞秀松担任团的书记。为输送革命青年赴俄留学，培养革命青年干部，中共发起组和俄共（布）代表团联合创办外国语学社。外国语学社聚集了一批革命青年，参加学习的有刘少奇、任弼时、罗亦农、萧劲光等，他们成为最早的团员。外国语学社在加强理论知识学习的同时，注重社会实践，发动团员走进社会，投入到工人运动中去。上海社会主义青年团成立后，通过同各地早期党组织的联系，推动各地建立青年团，实际上起到了青年团的发起组织作用。1921 年初，李汉俊组织成立教育委员会，选送青年团中的优秀分子去莫斯科留学。3 月，中国社会主义青年团临时中央执行委员会成立。但两个月后，中国社会主义青年团因故暂告解散。随后的 6、7 月间，兼具党员、团员双重身份的张太雷、俞秀松在莫斯科参加共产国际第三次代表大会。围绕参加共产国际三大的代表权问题，他们向共产国际反复说明，使共产国际收回了中国社会党党员有表决权的代表证，中国共产党成为被共产国际唯一承认的中国无产阶级政党。

中共一大的召开

1921 年 6 月初，共产国际代表马林和共产国际远东书记处代表尼克尔斯基先后抵达上海。共产国际代表经与李达、李汉俊商谈后，建议及早召开全国代表大会，正式成立中国共产党。他们和在广州的陈独秀、在北京的李大钊商讨以后，由李达、李汉俊发函给各地和海外党组织，请每地派两名代表到上海开会。

中共一大会址

　　1921年7月23日晚，中国共产党第一次全国代表大会在上海法租界望志路106号（今兴业路76号）开幕。参加会议的代表有：上海的李达、李汉俊，北京的张国焘、刘仁静，长沙的毛泽东、何叔衡，武汉的董必武、陈潭秋，济南的王尽美、邓恩铭，广州的陈公博，旅日的周佛海；包惠僧受陈独秀派遣，出席了会议。他们代表着全国50多名党员。共产国际代表马林和尼克尔斯基出席大会。陈独秀和李大钊因故没能与会。张国焘以大会主席的身份宣告中国共产党正式成立。马林发表讲话，宣称"中国共产党——第三国际东方支部，正式宣告成立"。

　　7月24日，大会举行第二次会议，听取各地共产党早期组织活动及总体情况报告。这些报告都强调了三点：必须增加党员、组织工人的方法、进行宣传工作的方法。25日和26日，休会两天，由起草委员会起草纲领、工作计划等文件。27日、28日、29日，大会举行第三、四、五次会议，连续三天详细讨论党的纲领和决议。

　　7月30日晚，有一名陌生男子突然闯进会场，又匆忙离去。马林具有长期秘密工作经验，当即表示此人可疑，建议赶快转移。稍后，法租界巡捕搜查了会议地点。多数代表当夜到老渔阳里 2 号商谈，决定最后一天的会议转移至嘉兴南湖的游船上举行。

中共一大通过了党的纲领和工作任务的决议。《中国共产党第一个纲领》共 15 条，前 3 条具有党纲性质，后 12 条实为组织章程。纲领明确宣布"本党定名为'中国共产党'"，规定党要领导无产阶级进行革命斗争，推翻资产阶级国家机器，建立无产阶级专政，消灭阶级，实现生产资料公有制，最终实现共产主义的目标，表达了共产党人终身为之奋斗的崇高理想。《中国共产党第一个决议》决定党的中心任务是领导工人运动。通过建立工会，开办工人学校，大力宣传马克思主义，提高工人的阶级觉悟，推动工人运动的发展。大会选举陈独秀、张国焘、李达组成中央局。陈独秀为中央局书记，张国焘分管组织工作，李达分管宣传工作。

中共一大宣告中国共产党的正式成立。从此，中国出现了一个以马克思列宁主义为行动指南的、完全新式的无产阶级政党。中国共产党的诞生，是近代中国历史发展的必然产物，是中国人民在救亡图存斗争中顽强求索的必然产物，是实现中华民族伟大复兴的必然产物。中国共产党始终把为中国人民谋幸福、为中华民族谋复兴作为初心和使命。中国共产党的创建，是中国历史上开天辟地的大事变，具有伟大而深远的意义。从此，中国革命有了正确的前进方向，中国人民有了强大的凝聚力量，中国命运有了光明的发展前景。

三、制定民主革命纲领

中共一大后，中央局在上海指导开展工人、青年、妇女、宣传等各项工作，开辟了革命斗争新局面。中国共产党着手分析中国的具体国情，积极探索中国革命的实际路径。中共二大制定了民主革命纲领，为中国革命指明正确的方向。

中共中央工作的初步开展

从 1921 年 7 月中国共产党正式成立到 1933 年 1 月，中共临时中央政治局迁往中央革命根据地瑞金，党中央除几次较短时间迁离上海外，中央领导机关长期驻扎上海，为此上海成为中国革命运动的指导中心。党的第一个中央局设在老渔阳里 2 号。

中国共产党一经成立，就着重大力推进工人运动。1921 年 8 月成立的中国劳动组合书记部，成为党公开领导全国工人运动的总机构。总部成立不久，在湖南以及武汉、北京、济南、广州等地设立分部。上海由书记部直接开展工作，不另设分部。8 月 16 日，书记部主任张国焘等人发表《中国劳动组合书记部宣言》。20 日，书记部创办机关刊物《劳动周刊》。

9 月，陈独秀辞去在国民党广东政府担任的职务，返回上海主持中共中央工作。在遭遇短暂被捕后，陈独秀 11 月签署《中国共产党中央局通告》，要求各地尽快发展党员，建立起较健全的各级党组织。

同年底，中共中央决定建立上海地方委员会，系直属中央领导的上海地方党组织，首任书记由陈望道担任。

中国共产党正式成立初领导开展的反帝斗争、重大宣传活动等，上海地方党组织均积极参与其中。党组织编写印发了揭露太平洋会议的小册子。1922 年 1 月 28 日（农历正月初一），党组织发动党员、团员走上街头散发宣传共产主义内容的贺年帖。此外，党组织还举办了纪念李卜克内西、卢森堡殉难，召开黄爱、庞人铨追悼会，纪念马克思诞辰等活动。

中共上海地委首任书记陈望道

在中国共产党的努力下，工人阶级斗争觉悟不断提高。中国劳动组合书记部在上海领导和帮助建立了上海烟草工人会等 8 个工会。通过创办工人学校、出版刊物和书籍、到工人中去演讲、发动党团员散发传单等多种形式，中国共产党加强对工人的宣传教育与组织领导，上海工人的经济斗争逐渐成为有组织的罢工斗争，英美烟公司、海员、邮差、浦东纺纱工人等罢工均有党组织直接参与。同期，中国共产党还在上海组织工人开展政治斗争，举行反对太平洋会议活动，开展劳动立法运动等一系列活动。1922 年 5 月 1 日，第一次全国劳动大会以中国劳动组合书记部的名义在广州举行。

恢复并加强青年团的工作，在中共一大后很快展开。中国社会主义青年团于 1921 年 11 月正式恢复。首先恢复的是上海社会主义青年团。在团中央正式成立前，由上海机关代理中央职权。1922 年三四月间，在中国共产党的领导下，青年团开展了非基督教运动。非基督教运动起因是"世界基督教学生同盟"计划在北京召开大会。3 月 9 日，青年团在上海发起组织"非基督教学生同盟"。这场运动指出现代基督教及基督教会是扶持资本主义社会组织的，批判宗教与科学理性相悖离。5 月 5 日，中国社会主义青年团第一次全国代表大会在广州开幕，宣告青年团正式成立。不久，团中央迁回上海。

组织和领导妇女运动，也是党的一项重要工作。1921 年 8 月，党组织帮助在上海的中华女界联合会进行改组，作为党的临时中央妇女机构。为培养妇女干部，陈独秀、李达等决定在上海创办平民女校。该校于同年 12 月筹备，翌年 2 月开学，李达任校长。学校不少教员是中共党员。全校学生有王剑虹、王一知、丁玲、王会悟、钱希均等约 30 人。学校积极组织学生参加党、团组织所举办的各种活动。平民女校为党培养了一批妇女干部。同时，中国共产党通过创办上海《民国日报》副刊《妇女评论》及《妇女声》半月刊等推动妇女运动发展。

中国共产党重视出版事业，将其作为意识形态斗争的重要阵地，积极宣传马克思主义。在中共一大召开前夕的 1921 年 6 月，陈独秀、李大钊与中共发起组成员联合进步文化人士，创办旨在出版新文化书籍的新时代丛书社。从 1922 年 1 月至 1923 年 12 月，该社出版了 9 种书。中共一大后，新青年社成为党的宣传机构，继续出版各种书刊。1921年9月创办的人民出版社，由李达负责。该社主要出版马列主义的译著，有意识地加强对列宁革命理论及其事迹的翻译出版。在不到一年的时间里，该社出版了"马克思全书"2种、"列宁全书"5种、"康明尼斯特丛书"5种。

中共二大的召开

中国共产党在创建初期就明确中国的发展存在帝国主义、军阀、资本主义等障碍，但是对它们之间的关系、对中国的国家性质并不清楚，不能把握住当时的主要矛盾。因此，一时没有提出切实解决革命任务的实际步骤。

第一次世界大战后，帝国主义各国加紧对中国的侵略步伐。1922年2月结束的太平洋会议通过《九国公约》，以所谓"各国在华机会均等"和"中国门户开放"的原则，确认帝国主义列强共同统治中国的局面。当时北洋军阀政府统治中国，各派军阀之间连年混战，人民饱受战乱之苦。中国共产党人根据国内外形势逐渐认识到中国当时最紧迫的政治问题是推翻帝国主义和军阀的联合统治，中国共产党必须为此制定正确的战略方针。

1922年1月，共产国际在莫斯科召开远东各国共产党及民族革命团体第一次代表大会，中国共产党派代表出席。大会阐明了列宁关于民族和殖民地问题的理论，号召东方被压迫的各民族进行反对帝国主义和封建主义的民族民主革命。这次大会精神和列宁有关民族和殖民地问题理论，对中国共产党确立民主革命纲领以及联合战线的政策起到重要作用。

1922年7月16日至23日，中国共产党第二次全国代表大会在上海召开。出席这次大会的代表共12人，代表全国195名党员。中共二大前，上海党员有50人。第一天的大会在公共租界南成都路辅德里625号（今老成都北路7弄30号）李达寓所举行。大会选举产生了中央执行委员会。陈独秀、张国焘、蔡和森、高君宇、邓中夏5人当选为中央执行委员，另选出3名候补执行委员。陈独秀为中央执行委员会委员长。

中共二大会址

　　大会发表的《中国共产党宣言》分析了当时的国际形势和国内政治经济状况，在中国近代史上第一次明确地提出了彻底的反帝反封建的民主革命纲领。宣言指出：党的目的是要"组织无产阶级，用阶级斗争的手段，建立劳农专政的政治，铲除私有财产制度，渐次达到一个共产主义的社会"。这就指明了党的最高纲领。宣言提出在目前的历史条件下，党的奋斗目标是：消除内乱，打倒军阀，建设国内和平；推翻国际帝国主义的压迫，达到中华民族完全独立；统一中国为真正的民主共和国。这就制定了党在当前阶段的反帝反封建的民主革命纲领，即党的最低纲领。中共二大宣言明确革命的性质是民主主义革命；革命的对象是帝国主义和封建军阀；革命的动力是工人、农民和小资产阶级，民族资产阶级也是革命的力量之一；革命的策略是组成各阶级的联合战线；革命的任务和目标是打倒军阀，推翻国际帝国主义的压迫，实现中华民族的独立和中国的统一；革命的前途是走向社会主义、共产主义。

　　大会通过的《关于"民主的联合战线"的议决案》，第一次提出了同资产阶级民主派建立联合战线的政策。决议号召全国的工人、农民在共产党的旗帜下进行斗争；共产党要联合全国革新党派，组织民主的联合战线，并决定邀请国民党等革命团体举行联席会议。《关于共产党的组织章程决议案》阐明了中国共产党是无产阶级中"最有革命精神"的分子所组成的政党，强调为了组成一个大的"群众党"，"党的一切运动都必须深入到广大的群众里面去"。中共二大通过的《中国共产党章程》是党正式成立以来的第一个章程，对党员条件、党的各级组织和党的纪律作出具体规定，明确地体现了民主集中制原则。大会还通过了《中国共产党加入共产国际决议案》等议案。

中国共产党在成立后的一年里，注重理论联系实际，把马克思主义基本原理与中国革命的实际结合起来，中共二大制定了反帝反封建的民主革命纲领，指明了党在现阶段的斗争目标，制定了党章，为中国革命指明方向。

第二章

掀起大革命的风暴

在上海率先实现突破的国共合作，为共产党带来新的机遇与挑战。中共四大及时总结国共合作经验，作出新的政策指引，加强工运工作，进而促成五卅反帝爱国运动，由此掀起大革命的高潮。这是一场席卷全国的革命运动，旨在打倒列强除军阀。在北伐奏凯声中，中国共产党接连发动上海工人三次武装起义，终获胜利。旋因发生"四一二"反革命政变，不久大革命功败垂成。

一、实现国共第一次合作

推动国共合作，中共中央在上海迈出坚实的脚步。国民党上海执行部成为国共群英在沪携手奋进的重要平台。既有合作也有斗争，危机浮现正预示前途艰险。

促成国共合作

中共二大后，中共中央积极谋求同国民党的合作。时值孙中山抗击陈炯明叛乱失败回沪，8月25日马林会见孙中山，商谈国民党联俄联共等问题。在马林的推动下，中共中央同月底赴杭州西湖召开会议。马林以共产国际纪律迫使中共中央接受同国民党进行党内合作。因孙中山拒绝国共进行党外联合，国共合作也只有此途。西湖会议后，陈独秀、李大钊、蔡和森、张太雷、张国焘等以个人身份加入国民党，开始帮助孙中山筹备改组国民党。孙中山指定陈独秀为国民党改组方案起草委员会9名委员之一。

陈独秀、蔡和森、高君宇等以新创刊的《向导》为主要宣传阵地，为国共合作造势。上海租界当局加紧迫害中国共产党，陈独秀在中共二大后不久即遭法租界当局逮捕，获释后于9月间北上赴苏参加共产国际四大，中共中央随后迁往北京。1923年二七惨案后，北方形势陡转直下，中共中央2月中下旬迁回上海，6月迁往广州，同月中旬召开中国共产党第三次全国代表大会。中共三大作出中国共产党须与中国国民党合作、共产党党员应加入国民党的决议。8月，中国社会主义青年团第二次全国代表大会在南京召开，议决青年团团员以个人身份加入国民党。

中共三大后，中共中央迁回上海。中央执行委员毛泽东、蔡和森、罗章龙住在中央局设于闸北香山路（今临山路）公兴路口的三曾里机关。在中共中央的领导下，上海地委兼区委成立国民运动委员会。1923年11月在沪召开中共三届一中全会，通过《国民运动进行计划决议案》，要求共产党员和青年团员全部加入国民党，没有国民党组织的地方则帮助其建立组织。全会还通过了《教育宣传问题议决案》，为党、团进一步办好报刊、扩大宣传影响指明方向。上海书店、中共中央出版部，《前锋》《中国共产党党报》《中国工人》等先后创办，稍前创办的团刊《中国青年》与中共上海地委委员杨贤江改造的《学生杂志》影响了青年一代。在国共两党的共同努力下，中国国民党第一次全国代表大会1924年1月在广州召开，标志第一次国共合作正式形成。

1923年11月1日，上海书店在振业里开办

在国民党上海执行部

国民党一届一中全会决定指派中央委员在上海、北京、汉口等地设立执行部。上海执行部 1924 年 3 月起办公，管辖苏浙皖赣沪的党务，汉口执行部遭破坏后，又统管其所辖湘鄂陕各省党务。上海执行部堪称国共群英会，执行委员第一次会议就有国民党中委和候补中委胡汉民、于右任、瞿秋白、叶楚伧、茅祖权、毛泽东等到会。毛泽东代理上海执行部秘书处文书科主任（后改为主任），并兼任组织部秘书，该部另有组织指导干事罗章龙等。宣传部秘书是恽代英，干事有施存统、沈泽民、韩觉民等。工人农民部秘书邵力子，调查干事邓中夏等，办事员王荷波、刘伯伦等。青年妇女部助理为向警予等。此外，共产党员李立三、杨之华等也都曾在上海执行部工作。除了调查部，实际负责各部工作及骨干都是共产党人，组织、宣传、青年、妇女各部成绩斐然。

国民党上海执行部

1924 年毛泽东在上海

上海执行部组织部推进国民党员登记，以及筹建发展国民党区党部、区分部工作，极大地改变了国民党组织松懈涣散的状况。8 月，成立国民党江苏省党部。至翌年 10 月，国民党在上海有 9 个区党部、100 多个区分部、5000 余名党员。毛泽东还与邓中夏兼任平民教育运动委员会常务委员，推动兴办平民学校，教育干部、发动工运。上海执行部承担黄埔军校一至四期长江流域及其以北各省的招生工作，毛泽东等负责黄埔军校第一期在沪招生工作。

上海执行部先后举行上海追悼列宁先生大会、纪念孙中山就任非常大总统三周年集会等。上海执行部宣传部创办《评论之评论》周刊，出版内部刊物《党务月刊》。恽代英还将各区党部、区分部负责宣传工作的同志组成宣传委员会，1925年5月又组织成立教育运动委员会。此外，先后成立国民党妇女运动委员会、青年委员会，1925年五卅运动前夕还成立由李立三等组成的工人运动委员会。

在国共开始合作背景下成长起来的上海大学，1924年初崭露头角，也是中国共产党着力经营之所。上海大学是国共合作办学的开端与典范，邓中夏任校务长，瞿秋白任社会学系主任，施存统、蔡和森、恽代英、安体诚、张太雷、沈雁冰等一批党的理论家在此授课，倡导理论联系实际的学风。共产党和青年团在该校力量较强，上海大学中共党员人数占全市共产党员的1/3强。

同期，中国共产党乘势而上，6月间引发主张废除一切不平等条约的废约运动，7、8月间继续推动非基督教运动，为反帝斗争奠定思想基础。

上海大学西摩路校区

国共合作初现危机

国民党右派反对联俄、联共、扶助农工的三大政策，统一战线形势错综复杂。维经斯基 1924 年 4 月指示中共中央：工作方针重点应放在本身组织的发展和领导工人运动上，对于国共合作要积极支持左派，反对右派，使国民党革命化。5 月 10 日至 15 日，中共中央在上海召开第一次扩大执委会会议，通过《共产党在国民党内的工作》等决议案，贯彻上述精神。

6 月 18 日，驻上海执行部的国民党中央监委谢持联合另两名中央监委邓泽如、张继，向国民党中央呈递《弹劾共产党书》。上海地区随后出现多起弹劾共产党案。其时，戴季陶从广州到沪，代替汪精卫成为上海执行部常委及宣传部长，和叶楚伧控制上海执行部。毛泽东遭排挤，7 月中旬辞去上海执行部组织部秘书职务。陈独秀 7 月 13 日写信给维经斯基，提出不应无条件地支持国民党。同月 21 日，中共中央发出通告，要求各级党组织纠正非革命的右倾政策。

8 月 1 日、8 日，国民党右派喻育之等在上海接连制造殴打黎磊等左派党员事件、殴打跨党的邵力子事件。[①]10 月 10 日，又发生了天后宫事件。在国民党右派的唆使下，上海大学学生、中共党员黄仁被从七尺高台推下重伤，12 日牺牲。在瞿秋白、毛泽东等的坚持下，翌日，上海执行部执行委员会议通过惩凶、抚恤等各项办法，结果迫使叶楚伧弃职赴粤。

这时，冯玉祥发动北京政变，联合奉系军阀张作霖，共请段祺瑞为临时执政。孙中山决意应邀北上，共商国是，但接受了中国共产党以前提出的召集国民会议的主张。中共中央顺势发动国民会议运动。因国民党中央决议留用叶楚伧，维经斯基坚持维护国共合作，毛泽东退出上海执行部返湘。

---

① 《上海市一、二、五、九区执委会致孙总理函》，台北国民党党史馆馆藏，档号：汉 9112。

二、中共四大与五卅反帝运动

在国共合作危机浮现之际召开的中共四大，对加强党的组织建设与开展群众运动等提出新要求。上海工人运动开始复兴，日本资方反攻倒算，枪杀顾正红，五卅反帝怒火被点燃。

中共四大的召开

1925年1月11日至22日，中国共产党第四次全国代表大会在上海（今东宝兴路254弄28支弄8号处）召开。出席大会的代表20人，代表全国的中共党员994人。维经斯基代表共产国际出席大会，大会的中心议题为如何加强对日益高涨的革命运动的领导，以及在组织工作和群众工作方面如何进行准备。

大会通过《对于民族革命运动之议决案》，指出中国无产阶级是最有革命性的阶级，提出中国无产阶级在民主革命中的领导权和工农联盟问题，明确农民天然是工人阶级的同盟者。大会对民主革命的内容作出更加完整的规定，强

中共四大遗址

调在反国际帝国主义、反封建军阀的同时，还要反对封建的经济关系；并努力纠正党内在民族运动"左"的与右的倾向，确定了扩大国民党左派、纠正国民党中派、指摘国民党右派的工作方针。

大会通过《对于职工运动之议决案》，强调中国共产党是中国工人阶级唯一的指导者，应当特别注意职工运动。大会通过《对于组织问题之议决案》，将组织问题提到党的生存和发展的高度。大会通过《中国共产党第二次修正章程》，将劳动者入党预备期缩短为 3 个月，规定党员三人以上成立支部，第一次明确把支部作为党的基层组织，并规定党的最高领导称总书记。

中共四大还作出关于农民运动、青年运动、妇女运动、宣传工作等决议案，发表《中国共产党第四次全国大会宣言》。大会选举产生新的中央执行委员会，中央执行委员会选举陈独秀、张国焘、彭述之、蔡和森、瞿秋白组成中央局，陈独秀为中央总书记兼中央组织部主任。随后，中国社会主义青年团第三次代表大会 1 月 26 日在上海召开，将团名改为中国共产主义青年团。

从二月罢工到五卅惨案

中共四大统一了全党的思想，确定了党在群众与组织工作的重点。大会后，上海工运在前一年工作基础上率先在沪西实现突破。1925 年 2 月 9 日，日商内外棉五厂率先罢工。罢工浪潮从内外棉向日华、同兴、丰田等厂扩散，并从沪西卷向沪东。到 18 日，日商 6 个株式会社 22 家纺织厂的 3.5 万多名工人投入二月罢工。

二月罢工获得胜利，中共上海地委加快党组织发展进度，吸收顾正红等工运先进分子入党。上海的中共党员人数 1924 年上半年为 50 人左右，在中共四大前夕增至 109 人，到 1925 年 5 月发展到 220 人。四五月间棉价低、纱价高的行情发生逆转，日本资本家借机压缩生产，撕毁 2 月的劳资协议。工会组织工人进行怠工和轮流罢工，日商陆续开除 33 名工人。5 月 15 日，日本资方借口七厂无纱开工，封锁工厂。傍晚，顾正红率领夜班工人冲进厂内，遭日本大

五卅惨案现场

班川村枪击刀砍，两天后牺牲。

中共上海地委闻讯决定开展反对东洋人运动，指派李立三赴小沙渡指导行动。5月16日、19日，中共中央接连发布通告，要求组织游行演讲队，号召开展反日大运动。24日，上海地委组织举行公祭大会。28日晚，中共中央和上海地委召开紧急会议，决定以反对帝国主义屠杀中国工人为中心口号，使斗争发展成为全国性的反帝大运动。鉴于租界当局要在30日以"扰乱治安"罪名审讯被捕学生，并准备通过4项提案以打压中国民族工商业，紧急会议决定30日下午在租界举行反帝演讲示威活动，任命李立三为游行总指挥。

5月30日，南洋大学、同文书院、复旦中学、上海大学的演讲队提早进入公共租界。中午，老闸捕房开始在南京路一带抓人。午后，各校演讲队2000余人云集公共租界，各厂工人、邮局职工、商店职员与中小学教员等也加入演讲的行列。下午1时，游行指挥部命令所有鼓动队集中到南京路游行。群众涌向老闸捕房门前，要求释放被捕者。下午3时45分，英国巡捕头目爱活生命令巡捕开枪。13名工人、学生及商人、职员当场饮弹身亡，重伤者数十人，轻伤者不计其数。

五卅反帝风暴席卷全国

五卅惨案的当晚，中共中央举行紧急会议，决定组织行动委员会，组织工商学联合会，发动三罢斗争。5月31日下午，数千工人、学生涌入上海总商会，迫使总商会深夜签署罢市令。

6月1日，上海总工会在宝山路宝山里2号公开挂牌，李立三为委员长，刘少奇为总务科主任，宣布翌日起实行总同盟罢工。到 7 月 21 日，中资外资各厂工人参加的罢工共 206 起、25 万人左右。公共租界内 30 余条马路近 2 万家商店、约 20 万人参加罢市，华界、法租界的商店也起来响应。全上海 98 个中等以上学校、数万名学生参加罢课，连小学生也组织了爱国募捐队。非基督教运动步入新阶段，上海圣约翰大学全体学生，以及 17 位包括教授在内的中国教师同时离校。

公共租界从 6 月 1 日起实行戒严，前后制造血案多起，六一惨案致使 20 多人死伤。6 月 4 日，各国海军陆战队强行占领上海大学等校。为保护民众，中共中央不再发动工人、学生到租界演讲，而致力于向全国人民揭露帝国主义的罪行，建立反帝联合战线，提出全国人民共同的反帝要求。为打破舆论封锁，中共中央 6 月 4 日创办《热血日报》。《上海工商学联合会日报》、《上海总工会日刊》(后改为三日刊)、《血潮日刊》、《公理日报》等报刊先后创办。五卅运动迅速席卷全国各地，全国约有 1700 万人直接参加了运动。广州和香港爆发了声势浩大的省港大罢工，是五卅运动的重要组成部分。省港大罢工坚持 16 个月之久，10 多万罢工工人集中于广州，成为广州革命政府的有力支柱。

上海工商学联合会 6 月 7 日议定先决条件四项、正式条件十三项，以此"十七条"为交涉条件。对此，北洋政府退缩了。上海总商会迟迟不愿加入上海工商学联合会，并另搞一套，删去"十七条"一些内容，形成"十三条"作为交涉条件。6 月 26 日，商界结束持续 25 天的上海大罢市，正式开市。

从 7 月 6 日起，工部局停止对 150 马力以上的工厂供电，迫使中国资本家屈从。8 月初形势逆转，工人阶级孤军奋战。奉系军阀查封相关团体，取缔进步报纸。8 月 10 日，中国共产党、共青团发表《告工人兵士学生书》，号召有组织地上工。当日，上海总工会提出符合上海各界民众利益的 9 条复工条件。8 月下旬起，上海 20 多万罢工工人除英厂、英轮 5 万余人外相继复工。

五卅运动沉重打击了帝国主义特别是英帝国主义，中国共产党组织的工人从 2 万多猛增到 20 多万，创建了相当规模的工人纠察队。1925 年底，中共党员数量达到 1 万人，上海地方党组织党员人数到 1926 年 2 月激增至 1652 人。

三、发动上海工人三次武装起义

在北伐军旌旗北指的复杂形势下，中国共产党在上海发动了三次工人武装起义。从失败中汲取经验教训，因积极作为而走向胜利，这是党主抓武装斗争、建立人民政权的起始。

武装起义前的革命形势

五卅运动后，中国政局波谲云诡。1925年10月，浙军孙传芳结成皖赣苏闽浙五省联军与奉军爆发战争，随即开始打压上海工商学联合会、上海总工会。国共矛盾自孙中山1925年3月12日在北京病逝后日趋加剧，上海孙文主义学会、戴季陶主义先后出笼，反对"三大政策"的谬论甚嚣尘上。年末，国民党右派谢持、邹鲁等在北京形成西山会议派，"接管"上海执行部机关，设立伪国民党中央。广州国民党中央决定上海执行部停止职权，任命恽代英筹办上海特别市党部，翌年元旦成立。

中共中央多方揭露批判戴季陶主义、孙文主义学会等国民党新右派，但在共产国际的干预下，党中央对国民党右派开始退让。12月24日，在维经斯基的主持下，陈独秀、瞿秋白、张国焘与孙科等在苏联驻上海领事馆举行谈判，双方达成中共党员在国民党领导机构中不超过1/3等七条协议，这为翌年1月在广州召开的国民党二大定下基调。

1926年初北方政局愈趋反动，段祺瑞政府血腥镇压反帝请愿团，制造三一八惨案。段祺瑞下野后，接连发生直奉联军入京、冯玉祥国民军败退西北等事件，北方进入反动时期，公开"反赤"。中共中央高度关注北方政局，2月7日联合共青团中央发表《告全国民众书》，建议广州国民政府出兵北伐。然而，由于担心出现反苏联盟等原因，联共（布）中央政治局决定采取退让政策以求得"喘息"时间。为此，联共（布）提出：巩固广东，不要北伐。

维经斯基奉命来华，中共中央正为三二〇中山舰事件与整理党务案所困扰。陈独秀起初受蒙蔽，4 月中旬中共中央会议决定：尽力团结国民党左派，以对抗孤立蒋介石。但是，共产党要求加强左派队伍，特别是匀出给国民党的武器装备来扩充省港罢工纠察队和各地农民武装，却遭到苏联常驻广东政府代表鲍罗廷的拒绝。5 月召开国民党二届二中全会，又通过了蒋介石、孙科等提出的"整理党务案"，鲍罗廷再度采取退让政策，担任国民党中央部长的共产党员辞职。

在此形势下，中共中央加强对上海党的工作的领导。经调沪工作的罗亦农、赵世炎等的努力，上海工人运动重新活跃，为策应北伐战争，发动工人武装起义做了思想上、政治上的准备。革命形势开始出现大的转机。

第一、第二次起义未能成功

1926 年 7 月 9 日国民革命军在广州誓师北伐，3 天后中共四届中央执委会第二次扩大会议在沪召开，同日发表《中国共产党对于时局的主张》。号召发动工农群众等，团结成"国民的联合战线"，推翻军阀统治，推翻世界帝国主义。会议通过的《上海工作计划决议案》要求上海区委以无产阶级力量为中心，引导市民群众与上海当地政府斗争；《军事运动议决案》强调共产党要随时准备武装暴动。9 月 3 日，上海区委书记罗亦农首次提出上海一定要有一次民众暴动，后区委多次研讨武装起义的方针策略。

在国民党特派员钮永建的策动下，浙江省长夏超 10 月 16 日宣布独立，17 日下午攻占嘉兴，18 日夺取松江。22 日，钮永建决定翌晨发动起义。23 日晨，陈独秀向钮永建通报夏超昨日兵败的消息，提出不要发动起义。钮永建仍要借工人力量冒险一搏，将行动时间后延一日。10 月 24 日凌晨，南市、闸北工人纠察队二三百人集合于各指定地点。钮永建策动的军舰并没有如约发号炮，斜桥、唐家湾、南洋大学、西门附近的起义者有所动作，但很快被军警驱散。浦东、南市有两处机关遭破坏，工人自卫团指挥奚佐尧、总工会执委陶静轩等 4 人惨遭杀害。

上海工人第一次武装起义失败的当天，中共上海区委召开临时主席团会议，罗亦农指出资产阶级毫无力量。北伐军攻占江西九江的消息传来，上海区委主席团11月6日讨论上海起义问题，主张这次行动要采取主动。旋因上海实行特别戒严，蒋介石并不急于挥师北上与东进，上海区委决定暂停暴动。

1927年2月15日，中共中央决定在北伐军到达松江时，上海宣布总罢工，并组织第二次武装起义。17日，北伐军东路军攻占杭州。18日，东路军前锋抵达嘉兴。19日，总工会正式下达总同盟罢工令。当天就有15万人参加罢工。到22日，罢工人数达到36万。2月22日下午4时，中共上海区委发布特别紧急通告，通知当晚6时全上海暴动。但因"建威"号和"建康"号的一些炮弹落入法租界和公共租界，遭法国军舰干预，起义军舰被迫撤离，浦东工人纠察队未能取到军舰上备好的枪支，影响整个起义行动。2月23日，中共中央和上海区委举行联席会议，决定停止起义。此次起义有11人在宣传鼓动时遭到淞沪防守司令大刀队残酷斩杀，另有多处机关被毁，伤捕者75人。

第三次武装起义终获全胜

就在议决终止第二次武装起义的那次会议上，中共中央、上海区委作出扩大武装组织、准备暴动的决定，并成立由陈独秀、罗亦农、赵世炎、汪寿华、周恩来等8人组成的特别委员会。特委会下设军事委员会和宣传委员会，周恩来还是军委成员。

3月初，北伐军分三路逼近上海。3月5日，特委会开会部署武装起义的准备工作。陈独秀决定只要北伐军进占松江等三条件实现其一即行发动起义。特委会根据周恩来的提议，把租界外的上海划分成7个区，分派得力干部负责。20日晚，北伐军东路军进入龙华。21日清晨，上海区委作出发动第三次武装起义的决定。中午12时整，全上海80万工人参加罢工。罢市、罢课随之跟进。下午1时，工人队伍按指定地点集合。半小时后，起义正式开始。经激战，南市、虹口、浦东、吴淞等方面实现预定目标，前往支援闸北战斗。闸北是直鲁联军第八军军长兼渤海舰队司令毕庶澄的司令部所在地，最后剩下北火车站、商务印书馆俱乐部两个据点顽抗。另有500名直鲁联军士兵乘军用列车逃往吴淞遇阻折返，傍晚时分被工纠队截击于天通庵路火车站，第二天中午结束战斗。

3月22日下午，商务印书馆俱乐部守敌潜逃被俘。据守北火车站的敌军在四周纵火，与工人纠察队相持不下。驻军龙华的白崇禧受蒋介石的密令，有意按兵不动。周恩来决定凭工纠队力量消灭军阀残部。傍晚5时，发起总攻击，一小时后攻占北火车站。上海工人第三次武装起义共消灭北洋军阀部队3000余人、武装警察2000余人，300余名工人和群众英勇牺牲、1000余人负伤。

在闸北激战犹酣的3月22日上午9时，1000余团体4000余代表召开第二次市民代表会议，选举产生罗亦农、汪寿华等19人为上海市政府委员，其中共产党员、共青团员10人，组成上海临时市政府，开启创建人民政权的实践。

上海工人第三次武装起义胜利后，上海总工会在湖州会馆公开办公，门前由纠察队员守卫

四、大革命遭受重大失败

大革命高歌猛进，暗藏的危机也在发展。羽翼渐丰的蒋介石在帝国主义的鼓动和支持下，越来越暴露其反共面目。没有足够强大的人民武装，中共中央应对失措，右倾机会主义错误在中央占据上风。然而，退让政策未能阻止四一二反革命政变的发生。

中外反动势力的集结

上海工人武装起义胜利后革命形势愈为复杂紧迫，蒋介石越来越公开暴露其反共立场。3月23日晚特委会开会，陈独秀提出首要问题是要将倾向左派的薛岳军队留在上海，并要求加紧工人纠察队的建设。25日晚召开特委会，陈独秀决意打倒资产阶级的武装，并称右派军队如来缴械就与之决斗。

3月26日上午召开中共上海区委会议，罗亦农指出现在反革命势力已集中于上海，他揭露蒋介石在江西就开始杀害同志，提出为挽救全国危机，要严阵以待，准备流血牺牲。陈独秀强调指出准备防御战争是中央与区委的决定。就在当天下午，蒋介石来到上海。自3月上中旬在武汉召开国民党二届三中全会后，蒋介石孤注一掷，铤而走险，他与帝国主义暗通款曲，反共活动变本加厉，离南昌到九江至安庆，一路上迫害工农运动。

此时帝国主义势力云集上海，日益反动的蒋介石成为其从革命阵营中物色新代理人的重要对象。3月24日北伐军攻克南京，当天下午英美军舰以"暴民侵害"领事馆、"保护侨民"为由，炮击南京城，造成2000多人死伤。蒋介石请日本出面调停，进而诬陷南京的共产党，下令解散。在日本总领事的威逼利诱下，28日蒋介石派人到五国领事馆，对南京事件表示遗憾，并宣称决不用武力改变租界现状。日方从中斡旋，主张不要对蒋介石逼得太紧，又将英美强硬立场透露给蒋，促其镇压共产党。30日，日本总领事会见蒋介石，要求蒋"对维持上海治安必须加以特别深切的考虑"，蒋介石当场承诺。

4月1日晚，日本总领事向蒋介石方面传达日本外相的训令，促蒋下定反共决心。翌日，蒋方回复：四五天内将断然采取行动，首先解除工人武装，以在沪的国民党中央执委、监委取代武汉的国民党中央党部，排除共产党。于是，日本劝说美英等列强改变态度，上海租界当局也将维持上海"秩序"的希望放到蒋介石身上。

被动退让以求缓和

此时，中共中央却奉行右倾机会主义的退让政策。在 3 月 28 日特委会，陈独秀转又认为工人纠察队如与蒋介石冲突会失去联合战线。维持国共合作是联共（布）、共产国际的既定政策，共产国际负责人布哈林还认定蒋介石有进步作用。为此，陈独秀写信给上海区委主席团会议，要求缓和反蒋斗争，准备武装组织。

客观而言，当时中国共产党在上海并不具备同反动新军阀进行决斗的实力。这是共产国际不让共产党掌握军队与政权，只侧重组织发动工农群众的结果。共产国际第七次扩大会议指出中国革命要向非资本主义过渡，专项决议案 1927 年初传到上海，为中共中央参与国民政府、推进农运特别是注重军事工作，注入了新的动力。上海工人第三次武装起义胜利后，中共党员到 4 月初增至 8374 人，并拥有一支 3000 人的工纠队，但还是不足以与反动势力对垒。3 月 29 日召开临时市政府成立大会，蒋介石发来要求暂缓办公的信函，引起中共中央的高度警觉。然而，联共（布）中央政治局还是指示中共方面退让，暂不进行公开作战，万不得已将武器藏起来。

实力不足，似乎只有暂求缓和。3 月 30 日召开特委会，周恩来虽预见到蒋介石会在上海使用武力，并雇用流氓对付民众，但分析沪上武力，也建议现在要缓和，以做好准备。挽留倾向左派军队的计划既已落空，通过扩大反帝运动来迟滞蒋介石反共攻势又不可行，于是，又回到势力制衡的老路。中央赶紧指派彭述之赴宁汉联络程潜。31 日，陈独秀又要周恩来再去见蒋介石、宋子文，期望多接洽以缓和冲突。

4月1日汪精卫抵沪，给中共中央带来了以汪抑蒋的希冀。不料汪精卫翌日参加蒋介石召集的会议，讨论吴稚晖提出的检举中共案。汪主张暂时容忍，待4月15日在南京召集中央全体执行监察委员会联席会，以求"解决"。4月3日，陈独秀与汪精卫会面，5日发表《汪精卫、陈独秀宣言》，错误地将"国民党领袖将驱逐共产党，将压迫工会与工人纠察队"斥为谣言。

蒋介石加紧反共准备工作。他拉拢江浙财阀为自己筹措到数百万元巨额经费，又与青帮势力联络，助其重建"中华共进会"，充作进攻工纠队的打手。4月5日，蒋介石下令将倾向进步的第一师、第二师调走，让原北洋军阀部队二十六军周凤岐部前来接防。4月初，蒋介石约集汪精卫、李宗仁、白崇禧、黄绍竑、李济深、张静江、吴稚晖等在沪多次召开秘密会议。他们盗用国民党中央监察委员会的名义，决议对"共产党首要危险分子"进行看管或监视，并主张用暴力手段"清党"。蒋介石从各方面完成了公开叛变革命的准备。

汪陈宣言发表的第二天，陈独秀离沪赴汉，中共中央就此迁离上海。当天中共上海区委召开活动分子会议，罗亦农坚决主张不藏枪、不缴械，预备以民众的力量去镇压蒋介石的反动。他要求武装冲突一爆发，群众马上发起罢工罢课等运动，并驰援闸北工人，来缴反动军队的枪。

四一二反革命政变的发生

蒋介石授权白崇禧、周凤岐指挥一切，4月9日离沪赴宁。11日，白崇禧发出禁止电业工人罢工的布告。下午，周凤岐二十六军在上海华界巡逻。随后，帝国主义军队、巡捕开始在租界内搜捕。当夜，上海总工会委员长汪寿华应邀到青帮头目杜月笙的公馆议事遭绑架，翌日牺牲。

4月12日凌晨2时半，青帮流氓伪装成工人，持枪由租界冲出。凌晨4时，流氓开始袭击南市、闸北工人纠察队。在偷袭不成的情况下，二十六军出兵强攻，清晨6时分别攻入华商电车公司，以及南市工人纠察队指挥部所在

1927 年 4 月 12 日，上海群众集会游行抗议军队收缴工人武装

地三山会馆。对于上海总工会所在地湖州会馆、工人纠察队总指挥部所在地商务印书馆，二十六军又假意抓捕肇事流氓，骗取工纠队放下武器，先后占领。到上午 9 时，上海各区 14 处工纠队被反动军队全部缴械解散，120 余人牺牲，180 余人负伤。

　　四一二政变当日，中共上海区委号召全市工人一致起来罢工，同新军阀作斗争。当天中午，数万工人在闸北青云路广场召开大会，会后举行示威游行，乘势夺回湖州会馆。上海总工会恢复办公，发布紧急罢工命令，当日罢工工人达到 20 余万。上海学生联合会决定罢课 3 日，店员工会决定次日实行罢市。沪西 12 万工人在潭子湾举行大会。南市西门公共体育场举行市民大会，50 余万群众不顾大雨泥泞，列队前往龙华请愿施压。

　　4 月 13 日，上海总工会通电全国，发布《总同盟罢工宣言》。下午，在闸北青云路广场召开 10 万人以上的市民大会。会后列队游行，前往二十六军二师请愿。当队伍行至宝山路三德里附近，军队从弄堂内冲出，猛烈开火，死者在百人以上，伤者不计其数，当时雨势正猛，宝山路上血流成河。南市工人在游行中也遭军队开枪射击，死 10 余人，伤数十人。当天下午，反动军队和流氓武装再次强占湖州会馆，强令解散上海总工会。后又封闭上海特别市政府，解散国民党上海市党部、上海学联。上海区委议决 15 日追悼汪寿华及死难工友大会后，于正午一律复工。从 12 日至 15 日，上海有 300 多名工人被杀、500 多人被捕、5000 多人失踪。严重的白色恐怖笼罩上海。

四一二反革命政变后，粤闽浙苏川等反革命势力纷起迫害共产党人与革命群众，中国共产党与大革命到了生死存亡的边缘。4、5 月间在武汉召开的中国共产党第五次全国代表大会，没有为全党指明出路。7 月 15 日，武汉国民党中央决定"分共"。轰轰烈烈的大革命彻底失败。大革命从兴起到失败的经验教训表明：党不但要建立革命的统一战线，而且要争取无产阶级在革命中的领导权；必须坚持武装斗争，组建由党直接领导的军队；必须解决农民土地问题；同时，必须加强自身建设。深刻汲取血的教训，年轻的中国共产党努力把中国革命推进到一个新的阶段。

第三章

革命运动的曲折发展和艰难探索

大革命失败后，中国共产党高举革命旗帜，领导中国人民的反帝反封建斗争进入土地革命战争时期。1927 年 10 月中共中央从武汉迁回上海后，着力恢复发展党组织，指导红军和根据地的建设。由于缺乏斗争经验，党的领导机关犯了三次"左"倾错误，中国革命遭受重大挫折。中国共产党人在上海艰难探索中继续前行，掀起左翼文化运动，推动抗日救亡风云的兴起，为中国革命走出低谷、形成全民族抗战局面作出重要贡献。

一、从革命低潮到革命运动的复苏

1927 年大革命失败，白色恐怖笼罩中国，八七会议确立实行土地革命和武装起义的总方针，中国革命发生了由大革命失败到土地革命战争兴起的历史性转变。经历"左"倾盲动错误的曲折后，中共六大确定了深入群众工作的总路线，使党的各项事业得到一定程度的恢复和发展。

中共中央迁回上海

七一五反革命政变后，武汉被白色恐怖所笼罩，中共中央认为"上海的革命力量比武汉强，同时也比较容易隐蔽"，[①] 决定将中央机关暂时回迁上海。后因两湖暴动失败、南昌起义部队在潮汕失利，10 月上旬陆续迁沪的中央常委和中央机关在上海长久驻留。中央机关散布于公共租界沪中区一带。

为适应白色恐怖下秘密工作，中央迁回上海后着力恢复、重建和整顿各地党组织，努力将被打散的党组织重新聚集起来。为保卫中央机关安全，准确掌

---

① 李维汉：《回忆与研究》(上)，中共党史资料出版社 1986 年版，第 172 页。

握情报，打击特务叛徒气焰，中央于 1927 年 11 月成立特科，周恩来分工负责。翌年周恩来派李强、张沈川等在上海、香港研制无线电通信机器，成功设立电台，密切中央与各地的通讯联络工作。中央还成立党报委员会，出版党刊《布尔塞维克》《红旗》《党的建设》《斗争》等，指导理论工作；在上海筹办党的干部训练班和特别训练班，教授马列主义、党的建设等课程，为各地党组织和苏区培训、输送干部；组建上海市内秘密交通和全国秘密交通网，增强中央机关间以及上海与苏区之间的联络，为苏区输送所需的人员物资。中共中央临时政治局常委罗亦农 1928 年被捕牺牲后，中央专门发出通告，制定整顿组织和秘密工作的具体措施，以严密纪律应对险恶的环境。

1927 年 8 月 7 日，中共中央在湖北汉口召开紧急会议（即八七会议），会议确定了土地革命和武装反抗国民党反动派的总方针，为中国共产党指明了新的出路。但是，八七会议后，出于对国民党屠杀政策的愤怒，党内普遍存在急躁拼命情绪，加上共产国际"左"的指导，党内出现"左"倾盲动错误。11 月在上海召开的临时政治局扩大会议由瞿秋白主持，通过了共产国际代表罗米那兹起草的《中国现状与共产党的任务决议案》等决议。会议强调中国革命是"无间断的革命"，确定了全国总暴动计划。在组织上盲目排斥知识分子，倡导党的干部工人化政策，厉行惩办主义。由此，一些地区发生强迫工人罢工、农民暴动和盲目烧杀等情况，大革命失败后保存下来的革命力量遭到损失。1928 年 2 月，共产国际执委会通过《关于中国问题的议决案》，批评在中国推行的"左"倾错误。4 月 30 日，中央政治局讨论并接受该决议案，在全国范围内基本停止这次"左"倾盲动错误。

为认清中国革命的性质、前途、形势，制定正确的策略方针，1928 年 6 月 18 日至 7 月 11 日中共六大在莫斯科近郊五一村举行。大会指出当前革命处于低潮，党的总路线是争取群众，党的中心工作是做艰苦的群众工作，发展工农群众组织，积蓄革命力量。大会选出新的中央委员会。向忠发被选为中央政治局主席兼中央政治局常委会主席，周恩来为中央政治局常委会秘书长。

在党的六大召开前后，李维汉、任弼时、罗登贤留在上海主持中央日常工作，邓小平为留守中央秘书长。江苏省委留守班子由李富春代理书记。留守中央及时传达和贯彻"六大"期间对国内工作的指示。中共六大后，中共中央非常注意党的建设，派周恩来处理十分棘手的"顺直问题"和"江苏问题"，解决了这两个地方党组织内存在的思想组织问题。

随着革命实践的发展，中共中央加强对全国红军的指挥及对军事工作的全面指导。1928 年 4 月颁布《中共中央军事工作大纲》。其后又统一了部队的称号，各地工农革命

中共中央政治局机关（1928—1931 年）旧址

军陆续改称"中国工农红军"（简称红军）。1929 年 8 月，陈毅专程到上海汇报红四军的全面情况，9 月 28 日中共中央发出给红四军前委指示信，史称九月来信。该信是陈毅在上海按照周恩来多次谈话和中共中央会议的精神代中央起草，并经周恩来审定的。12 月，在福建上杭县古田召开的红四军党的第九次代表会上传达了九月来信，并发展了九月来信的内容，系统回答了建党、建军的系列根本问题。其间，设在新闸路经远里（今新闸路 613 弄 12 号）的中央军委机关 8 月 24 日遭破坏，杨殷、彭湃、颜昌颐、邢士贞等领导干部被捕牺牲。中央决定周恩来兼任中央军事部部长。在周恩来的领导下，中央军委在上海举办军事训练班，充实中央苏区和红军的骨干力量；编译红军第一批工作条令条例，军队制度化建设和工农革命武装得到较快发展。

上海党组织的恢复整顿

四一二反革命政变后，国民党在上海成立"清党"委员会、"上海工人组

织统一委员会"（简称工统会）等机构，大肆搜捕共产党人、压迫工会骨干，至1927年12月上海工人和共产党员被杀害2000人以上，被捕、遭监禁和遭开除达万人，工人领袖何大同、杨培生、张佐臣等被杀。成立于1927年6月的中共江苏省委，作为党在上海地方的领导机构，在成立后半年多时间内连续遭受大破坏。陈延年、赵世炎、郭伯和、黄竞西、陈乔年、郑复他、许白昊等近10名领导骨干牺牲。共产党人在上海前仆后继，经受住大革命失败后白色恐怖的严峻考验。

为适应秘密工作需要，江苏省委着重整顿党组织，加强组织建设工作。首先将上海市区原有的8个部委改建为沪东、沪西、法南、闸北、浦东、沪中6个区委，后设立吴淞区委。上海周边的松江、金山、青浦、奉贤、崇明等县分别建立县委或独立支部，川沙、南汇也有党员活动。经过整顿，到1927年12月，上海党员总数从四一二反革命政变后的1220人增至1799人。为贯彻八七会议制定的实行土地革命、组织武装暴动、趁秋收时节实行抗租抗税的方针，江苏省委分别派陈云等到青浦、崇明、嘉定，领导发动了三次农民暴动。农民暴动遭到国民党武装镇压，吴志喜、陆龙飞、周慰农、沈金生等暴动骨干被捕牺牲。

为贯彻中共六大精神，1928年10月，江苏省委发出关于党的六大的报告大纲，要求各级组织改正过去"左"倾盲动错误和工作路线。1929年3月召开省委扩大会议，进一步贯彻中共六大决议，要求开展群众日常斗争，发展赤色工会，加紧反帝运动。

江苏省委在开展群众工作中，重点加强对产业支部的领导。上海各区委确定一批力量较强、支部工作较好的产业支部，如闸北区的邮务支部、法南区的法商电车电灯公司支部、沪东区的英商上海电车公司支部、老怡和纱厂支部、同兴纱厂支部等，作为领导群众日常斗争的中心支部和基层力量。1929年6月，党领导成立全市性的工会组织上海工会联合会（简称工联），下设市政、丝总、五金等7个产业总工会。8月1日，在第一次世界大战爆发15周年纪念日举行八一示威行动，当日上海反帝大同盟宣告成立。

在领导工人日常斗争中，上海党组织注重策略，争取维护工人群众的切身利益。沪东老怡和纱厂恢复蒸饭、同兴二厂争取休息时间、法商电车电灯公司机务部工人开展米贴的斗争，都最终获胜。针对工人特别是女工文化低的特点，尽可能开办读书班，开办工人学校，创办半公开的通俗小报《上海报》《上海工人》等通俗刊物。

郊县的农民运动逐步恢复。1928 年 9 月淞浦特委成立，由杭果人、陈云等 5 人组成，领导上海郊县及周边地域党的工作。1929 年初，刘晓等在奉贤庄行、李一谔等在金山发动农民暴动，扩大党在农村的影响。

上海党组织在开展群众斗争中不断发展壮大，至 1929 年 11 月上海市区党员达 1100 多人。上海产业工人党员数量有一定发展，至 1930 年 5 月共有支部 76 个、党员 479 人。

二、曲折探索与抗日救亡运动的兴起

经过两年的艰苦努力，在中国革命形势明显好转的情形下，党内又接连出现"左"倾冒险错误和"左"倾教条主义错误，党在曲折探索中遭受重大损失。其间爆发的九一八事变激化了民族危机，中国共产党高举武装抗日的旗帜，推动抗日救亡运动的兴起。

李立三"左"倾冒险错误的纠正

1929 年全国革命形势趋于好转，"左"倾急性病又在党内逐渐发展起来。6 月，中央在上海召开六届二中全会，肯定六大以来工作取得成效的同时，认为今后党内斗争主要是反对右倾。其后中央对陈独秀等受托洛茨基反对派影响的托陈取消派展开斗争，1929 年 11 月将陈独秀、彭述之等开除出党。随后，江苏省委也将不同意中央意见的托派分子开除出党。

同期，由于忽视党内"左"倾思想的抬头，共产国际又多次向中共中央发出有着"左"倾错误主张的指示信和决议案，特别是10月26日的指示信认定"中国进到了深刻的全国危机的时期"，提出城市工人要准备总政治罢工等主张，对"左"倾冒险错误在中共中央的抬头产生直接影响。

1929年11月，中共江苏省委第二次代表大会在上海召开，李立三代表中共中央作政治报告，开始表露"左"倾错误思想。1930年3月，周恩来离沪前往莫斯科，李立三开始部署系列"左"倾冒险政策和行动。6月11日，在上海召开的中共中央政治局会议，通过李立三起草的《新的革命高潮与一省或几省的首先胜利》的决议案。李立三等制订了一套以武汉为中心的全国中心城市起义和集中所有红军力量攻打中心城市的冒险计划。在组织上，将共产党、共青团、工会各级领导机关合并为准备武装起义的各级行动委员会，集中力量搞武装暴动。但是，南京兵暴、武汉暴动和上海总同盟罢工，各路红军攻打中心城市的冒险行动，都以失败告终。

在中央"左"倾指令下，上海开始部署"左"倾冒险行动。1930年3月，江苏省委成立领导五一总罢工的上海总行动委员会，李立三兼任书记。总行委组织和训练上海工人纠察队，发动市政工人政治同盟罢工，举行飞行集会、示威等冒险行动。同时，还不顾条件许可，把法商水电公司、英商老怡和纱厂、闸北丝厂等个别经济罢工推向全市总同盟罢工，使革命力量在不断暴露中遭受损失。8月南汇泥城区委书记沈千祥等人领导成立的泥城苏维埃临时政府只存在半天即夭折，以郊县农民暴动配合上海总罢工的计划流产。

"左"倾冒险错误的急剧发展，不仅受到何孟雄、恽代英等党内一些同志的批评抵制，也超出共产国际所能允许的范围。共产国际将周恩来、瞿秋白从莫斯科派回国内纠正错误。1930年9月，党的扩大的六届三中全会在上海召开。会议改选了中央政治局，李立三离开中央领导岗位，"左"倾冒险行为基本得到纠正。

这期间，为加强对红军和各根据地的统一领导，中共中央决定建立全国苏维埃政权。1930年5月在上海召开全国苏维埃区域代表大会，讨论有关选举条例、宪法大纲、劳动法及有关红军问题决议案等草案。会议期间，还召开了全国红军代表会议。7 月，成立全国苏维埃代表大会中央准备委员会临时常委会（简称苏准会），积极推行各项筹备工作。由于中央苏区连续开展反"围剿"斗争，第一次全国苏维埃代表大会延迟至 1931 年 11 月在江西瑞金召开，宣告中华苏维埃共和国临时中央政府成立。

"左"倾教条主义错误的严重危害

1930 年 10 月，共产国际发出《关于立三路线问题给中共中央的信》，指责中共六届三中全会犯了"调和主义"等错误，造成党内思想混乱。王明等自恃有共产国际的支持，加紧小组织活动，要求改造党的领导机关，并赶写《两条路线——拥护国际路线，反对立三路线》小册子，作为反对三中全会的纲领。同时，以全国总工会党团书记罗章龙为代表的宗派，以及一些受过批评或打击的干部，也纷纷要求改组党中央，解决三中全会的"调和路线"问题。党内出现思想混乱和宗派活动，中央政治局决定召开紧急会议通过新的政治决议案。

1931 年 1 月 7 日，在共产国际执委会远东局负责人米夫的直接干预下，党的扩大的六届四中全会在上海召开。瞿秋白、周恩来等受到严厉指责，原先不是中央委员、缺乏实际斗争经验的王明被提为中央委员和政治局委员，进入党的最高领导机关，"左"倾教条主义错误开始在党内推行。

六届四中全会后，党内出现一系列非常情况。罗章龙等以反对四中全会名义进行分裂活动，被开除出党。1 月，林育南、何孟雄等 36 名党的重要干部被捕。其中 24 人在龙华遇害，包括左联五烈士李伟森（李求实）、柔石、胡也频、殷夫、冯铿。4 月，中央特科负责人顾顺章被捕叛变，打入国民党中央组织部党务调查科任机要秘书的共产党员钱壮飞及时获悉并转告中央。周恩来在陈云等的协助下，迅速安排中央机关和人员安全转移。顾顺章的叛变致使原本有望营救出狱的恽代英在 4 月 29 日牺牲。6 月，向忠发被捕叛变，旋即被杀。上海环境愈加险恶，共产国际催促王明、周恩来及早离沪。为应对他们离沪后中共中央领导层的空缺，经共产国际远东局提议，9月成立以博古为首的临时中央，继续贯彻王明"左"倾教条主义政策。

王明"左"倾教条主义给党和革命事业带来长达4年的危害。临时中央没认识到九一八事变后中国社会阶级关系的新变化，看不到以民族资产阶级为主体的中间势力的抗日要求，以及国民党内部在抗日问题上的分化，排斥一切上层分子和中间势力，造成革命力量损失、国统区大部分党组织被破坏的结果。在秘密机关连续遭破坏的情形下，临时中央难以在上海立足，1933年1月迁入中央苏区。其后成立中共上海中央局，作为中央派出机构，领导党在国统区的工作，仍然延续"左"倾教条主义错误。

在组织上，"左"倾教条主义者采取宗派主义，动辄扣以"右倾机会主义"等帽子，污蔑打击不同意见的优秀共产党员和干部。备受打击的邓中夏任互济总会主任兼党团书记，1933年5月被捕牺牲。不顾实际突击发展党员，造成党员质量下降、组织涣散，党组织迭遭破坏。1932年上海党组织共有3000多人，到1933年12月党员只有538人，1934年9月上海党员下降到475人。

在工人运动中冒险主义、关门主义严重，刘少奇提出在群众工作中应尽可能利用公开合法手段等正确主张，被指责为"一贯机会主义路线错误"，并被撤销中央职工部部长职务。1934年上海美亚绸厂工人罢工斗争，由于脱离罢工工人的具体要求，一味强调要把罢工坚持下去，形成绸业同盟罢工，从经济罢工变成政治罢工，排斥利用合法的可能，因此坚持近50天后失败，167名积极分子被开除。9月，党领导的上海工会会员只剩下497人，多年来积蓄的力量被打散削弱。在群团工作中，混淆党的秘密工作方式与群众工作方式，中国革命互济会、左翼文化团体、中国民族武装自卫会等群众团体不能发挥更大作用，不同程度地受到摧残。

推动抗日救亡运动的兴起

1931年九一八事变的消息传到上海，中国共产党迅速发出《中国共产党

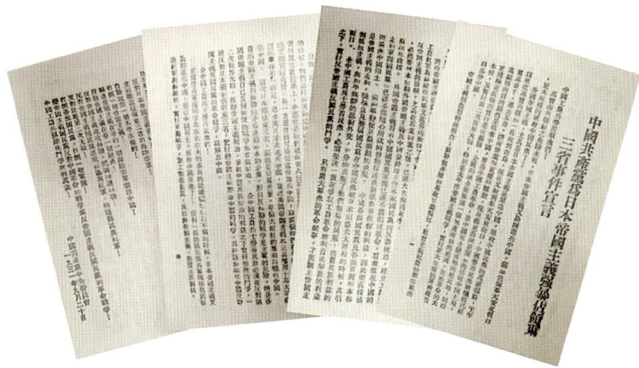

1931 年 9 月 20 日，中共中央发表《中国共产党为日本帝国主义强暴占领东三省事件宣言》

为日本帝国主义强暴占领东三省事件宣言》《关于日本帝国主义强占满洲事变的决议》等，率先高举武装抗日旗帜，明确把警醒民众的民族自觉、组织领导群众反帝国主义运动作为首要任务。

上海日商码头工人最先行动起来，9 月 21 日和 24 日，3.5 万名码头工人举行反日大罢工，拒绝为日本船只装卸货物，迫使在沪日轮相继停航，损失惨重。学界相继成立全市大、中学联抗日会，组建上海各校抗日救国联合会，各校共产党员、青年团员和左翼团体成员积极参加。到 1931 年底，上海地区性行业性的抗日团体有 63 个，基层抗日团体不计其数。

为了加强领导上海众多的抗日团体，1931 年 12 月，中共江苏省委领导成立上海民众反日救国联合会（简称"民反"），内设党团组织。"民反"成立后在一个多月内接连召开 3 次全市性的市民大会，举行大规模示威游行。

上海学生界在 3 个月内连续三次赴南京请愿，向国民党政府施压。其中第三次赴京请愿时发生"一二·一七"珍珠桥惨案，当场死伤学生 30 余人，其中牺牲者就有上海学生、共青团员杨桐恒。12 月 9 日，又因为北大学生南下示威团代表许秀岑遭国民党特务绑架，上海学生到国民党市政府请愿，最终解救了许秀岑，迫使市长辞职。

1932 年初，日方布置日僧信徒 5 人在上海三友实业社毛巾厂制造日僧事件，蓄谋扩大侵华事端。1 月 28 日夜，日军在闸北发动进攻，一·二八淞沪

1932 年 1 月 31 日，上海民众反日救国联合会举行市民抗日大会

抗战爆发。蒋光鼐、蔡廷锴率领十九路军英勇抗战，随后张治中率领第五军参战。上海各界民众积极支援前线，江苏省委根据中共中央指示，领导"民反"义勇军直接参加前线抗战，组织救护、运输、募捐、宣传、慰劳等大量援助抗战工作。军民团结、联合抗战的巨大力量，迫使日军三易主帅，数次增兵，中国军队坚持到 3 月初被迫撤出上海。而沪西区委组织发动的沪西日商纱厂数万名工人反日总同盟罢工，在刘少奇指导下，历时近 4 个月，一直坚持到 5 月初。此时，国民党政府与日本签订《淞沪停战协定》，为日军侵略上海大开方便之门。为此，上海各界民众又掀起反对停战协定的热潮。7 月，江苏省援助东北义勇军反对上海自由市的抗日民众团体代表大会在沪西共舞台召开，当场被捕 88 人。9 月，萧万才、柳日均等 13 人被判处死刑。

为联合全国进步力量进行抗日，反对蒋介石集团独裁统治和不抵抗政策，在中国共产党的支持或组织领导下，1932 年至 1934 年宋庆龄先后发起成立中国民权保障同盟、国民御侮自救会、中国民族武装自卫委员会。其间，由宋庆龄主持的远东反战会议于 1933 年 9 月 30 日在上海召开。该会筹备工作实由中共上海中央局领导江苏省委等承担。

在"左"倾教条主义错误的持续影响下，江苏省委、各区委、共青团中央局等绝大多数党、团组织遭受严重破坏，上海中央局在遭受多次大破坏后于1935年夏停止活动。正在长征途中的党中央十分关切与中央失去联系的上海党组织，1935年先后委派潘汉年、陈云到上海恢复党的工作。由于上海组织破坏严重，他们遂遵照中共驻共产国际代表团的指示转赴莫斯科。

但是，中国共产党在上海多年积累起来的革命力量并未被彻底摧毁。中央"文委"所管辖的左翼文化团体、中央特科、中央出版印刷部门、武卫会等组织，上海共青团系统、全国总工会系统还没被完全打散。上述各系统共有党员200人左右、团员300余人，仍然顽强坚持斗争，团结、培养了一大批革命积极分子和抗日救亡运动骨干，直到全民族抗战爆发。

三、左翼文化运动的兴起与发展

在中国革命的转折关头，左翼文化运动顺应国内外革命形势应时而生。在中国共产党的领导下，一批党员和革命文化工作者以上海为中心，组建左翼文化团体，团结广大进步文化人，挫败国民党的文化"围剿"，在文学艺术、社会科学领域取得巨大成就。

加强对文化工作的组织领导

大革命失败后，一批党内外革命文化工作者陆续从全国汇集上海，开展各种进步文化活动。为了加强对文化工作者的领导，1928年7月，中共江苏省委建立上海文化工作者支部，共有党员21名。中共六大后，中央对文化工作给予更多的关注。1929年10月，决定在宣传部下成立中央文化工作委员会（简称"文委"），潘汉年为书记。"文委"成立后，首先调解创造社、太阳社与鲁迅之间的矛盾，平息持续一年多的无产阶级革命文学论争。在此基础上，潘汉年主持召开中国左翼作家联盟（简称左联）筹备会议，草拟左联发起人名单

中华艺术大学，中国左翼作家联盟成立地

和左联纲领。

1930年3月2日，左联成立大会在中华艺术大学举行，创造社、太阳社等进步文艺团体的成员50余人出席。大会通过成立马克思主义文艺研究会、文艺大众化研究会等机构，创办机关刊物，与各革命团体建立联系等17项提案，选举鲁迅、夏衍、冯乃超、钱杏邨、田汉、郑伯奇、洪灵菲7人为常委。左联内设中共党团，除上海设总部外，还在北平、广州、东京等地建立分盟或小组，参加左联的盟员由最初的50余人增至400余人。

继左联之后，党在文艺界先后成立美联、剧联、电影小组、音乐小组，在社会科学界成立社联、语联、记联、教联。为将进步文化力量集结于党的统一领导之下，1930年10月成立中国左翼文化界总同盟（简称"文总"）。左翼文化运动锻炼形成了一支强有力的文化队伍，许多人后来成为党在思想文化界的骨干。

引领左翼文艺运动

在左联的领导下，左翼文艺工作者在马克思主义文艺理论研究和宣传方面进行多方探索。主办有《世界文化》《萌芽月刊》《拓荒者》等数十种文艺刊物，进行文艺大众化的研讨与实践。批判国民党政府发动的"民族主义文艺运动"，以及"自由人""第三种人"等提倡的错误文艺思想。左翼文学创作取得丰硕成果，鲁迅杂文集《三闲集》《南腔北调集》，茅盾长篇小说《子夜》，萧军长篇小说《八月的乡村》和萧红长篇小说《生死场》，钱杏邨选编的《上海

事变与报告文学》和夏衍的报告文学《包身
工》，以及殷夫诗歌《别了，哥哥》、艾青诗
歌《大堰河，我的保姆》，等等，都是其中
的优秀作品。

左翼戏剧运动发展快速。剧联团结进步
剧社与进步戏剧工作者，出版《艺术月刊》
《戏剧通讯》等刊物，派盟员到大夏、暨南
等学校剧团和工人学校中开展演剧活动，建
立业余剧团，推动戏剧运动大众化。创作、
公演《扬子江暴风雨》等 80 余部中外剧目，

左翼文化运动的旗手鲁迅

其中陈鲤庭执笔的街头剧《放下你的鞭子》、田汉创作的话剧《乱钟》《回春之
曲》等轰动当时。

美联倡导新美术运动，创刊《漫画生活》，为苏区教科书画插图，绘制石
印宣传画。在鲁迅的大力支持下，举办木刻技术讲座、版画展览等活动，扩大
新兴木刻运动的影响。

为充实电影界的进步力量，瞿秋白决定派夏衍等加盟明星电影公司，此后

1936 年 6 月 7 日，在公共体育场举行的大型民众歌咏活动

田汉等又开辟了联华、艺华等电影公司，并成立党直接掌握的电通影片公司。左翼电影运动共推出了《三个摩登女性》《狂流》《姊妹花》《渔光曲》《桃李劫》《风云儿女》等74部左翼影片，同时在上海各大报电影副刊开展左翼影评，引领电影界向左进展。

聂耳、任光、冼星海等左翼音乐工作者，为左翼电影、戏剧谱曲配乐，探索新兴音乐理论。《渔光曲》《毕业歌》《义勇军进行曲》《救国军歌》等一批传唱广泛的优秀歌曲应运而生。1935年，刘良模组织民众歌咏会，吕骥、沙梅发起组织业余合唱团等歌咏团体，1936年成立词曲作者联谊会和歌曲研究会，培养了大批音乐骨干，促使群众救亡歌咏运动蓬勃开展。

在哲学社会科学战线进行斗争

在中国共产党领导下，进步的社会科学工作者团结在社联组织下，主办《新思想》《世界》等30多种革命刊物，翻译《资本论》（第一卷）、《反杜林论》《政治经济学批判》等马列经典著作。郭沫若的《中国古代社会研究》、杨贤江的《新教育大纲》、艾思奇的《大众哲学》等著作，陈翰笙、薛暮桥等成立中国农村经济研究会及创办的《中国农村》月刊，为正确认识中国社会性质、宣传马克思主义、配合党所领导的土地革命起到重要作用。

社联还组织进步社会科学工作者，开展持续数年的中国社会性质、中国农村社会性质、中国社会史问题大论战。同时，运用辩证唯物主义，批驳了新生命派、国民党改组派等各种反马克思主义和假马克思主义观点，为中国共产党领导的反帝反封建民主革命提供科学理论依据。

左翼新闻工作者通过进入《新闻报》《大晚报》等报纸副刊，利用《东方杂志》《申报月刊》等合法宣传阵地，巧妙抨击国民党的对日不抵抗政策。史量才对《申报》进行系列改革，使其成为抗日救亡运动的宣传阵地，为此1934年11月遭到国民党暗杀。邹韬奋的《生活》、杜重远的《新生》等有社会影响的刊物发行量都多达十多万份，均遭查封。1935年，因《新生》刊发所谓侮辱日本天皇的文章，杜重远被捕判刑。语联出版世界语刊物《世界》，建立上海世界语协会，冲破新闻的封锁垄断，传播各国人民的革命信息。教联与陶行知建立密切的合作关系，创办晨更工学团等，探索教育为工农大众服务和革命斗争实践相结合的道路。

左翼文化运动中也存有"左"倾宗派主义、关门主义，张闻天发表《文艺战线上的关门主义》等文进行批评纠偏。1935 年夏，"文委"根据全国抗日救亡新形势要求，领导各左翼团体制定新的纲领，实行策略转变。11 月，鲁迅收到左联驻国际革命作家联盟代表萧三关于解散左联的信，转交"文委"。此前，"文委"已从海外报纸上看到中共驻共产国际代表团根据共产国际七大关于建立世界反法西斯统一战政策，以中华苏维埃政府、中共中央联名发表的《为抗日救国告全体同胞书》(简称《八一宣言》)，以及共产国际七大关于建立世界反法西斯统一战线方针，认识到党中央作出关于停止内战共同抗日的重大政策调整。"文委"经过讨论决定，并经征求鲁迅意见后，1935 年底"文总"和左翼文化团体相继解散，左翼文化工作者开始转向开展国防文学、国防戏剧、国防电影等运动。

1936 年 10 月 19 日鲁迅逝世，22 日上海举行盛大的葬礼活动，激励文艺界团结起来共同抗日。同月，21 名上海不同派别的作家联名发表《文艺界同人为团结御侮与言论自由宣言》，上海文艺界抗日民族统一战线初步形成。

四、抗日救国运动新高潮

1935 年国民党政府签订《何梅协定》《秦土协定》，实际上把包括北平、天津在内的河北与察哈尔的大部分主权拱手让给日本，民族危机更加深重。为挽救民族危亡，中国共产党发表《八一宣言》，召开瓦窑堡会议，号召建立抗日民族统一战线，经西安事变，特别是在全面抗战爆发后最终促成国共两党的第二次合作。

组建救国会团体

1935年北平一二·九运动爆发，掀起全国抗日救亡运动新高潮。为适应新的斗争形势，中共中央召开瓦窑堡会议，确定党的基本策略任务是建立最广泛的抗日民族统一战线。

一二·九运动消息传来，上海文化界率先组织民众开展救国运动。12月12日，文化界的爱国知识分子马相伯、沈钧儒、陶行知、邹韬奋等283人签名发表《上海文化界救国运动宣言》。19日晚，40余所上海大中学校6000余学生连夜步行到国民党上海市政府请愿，支持北平学生爱国运动。23日，千余名学生组成"赴京请愿讨逆团"到南京请愿，至无锡被强行押回。

上海各界群众纷纷组织起来，妇女界、文化界、教育界、电影界、职业界、学生界等各界救国联合会相继涌现。1936年5月，全国学生救国联合会、全国各界救国联合会先后在上海成立，抗日救国运动蓬勃发展。共产党在各个救国团体中设立党团或支部以贯彻党的意图，促使救国会运动向着抗日民族统一战线的方向发展。

1936年上半年，中共中央和中共驻共产国际代表团分别派冯雪峰，以及潘汉年、胡愈之到上海了解党组织情况，并与救国会领导人取得联系，积极开展统战工作。10月，中共驻上海办事处成立，潘汉年、冯雪峰为正、副主任。在冯雪峰直接领导下，年底组织中共（上海）临时工作委员会，书记为王尧山，负责了解和整理上海各系统党组织。

中华全国总工会上海执行局（又称白区执行局）专门成立日本纱厂工作委员会，与共青团、国难教育社等在日商纱厂开展工作，1936年11月发动日商纱厂大罢工。11月8日，沪东7个厂共1.5万余人发动罢工。11月19日，形成全市范围的日商纱厂总罢工。这次反日大罢工持续20天，在全市各界特别是救国会的有力支持下取得胜利。

开展上层统战工作

上海是各种政治力量云集之地，有利于开展上层统战工作。在潘汉年、胡愈之等影响下，1936 年 7 月沈钧儒、章乃器、陶行知、邹韬奋 4 人联合发表《团结御侮的几个基本条件与最低要求》，公开呼吁国共合作共同抗日。毛泽东代表中国共产党和中央苏维埃政府，两次致信，同意沈钧儒等人提出的纲领，表示愿意与一切参加抗日斗争的政派的组织或个人合作。国民党地方实力派中相当一部分人有团结抗日要求，中共上海党组织和救国会派人与他们接触，宣传抗日民族统一战线主张。

上海党组织对东北军和张学良的工作主要通过杜重远进行。1935 年《新生》事件后，杜重远被关押在漕河泾监狱。胡愈之等共产党员常去探望，通过他认识曾任张学良秘书的高崇民等东北军人士，畅谈共同联合抗日。高崇民到西安后，来往于张学良、杨虎城之间，号召西北联合共同抗日。1936 年春，张学良在沪密会杜重远，告知他与陕北红军合作抗日已取得协议。

日本对中国华北的步步进逼，加深了英美与日本的矛盾，开始影响国民党对日政策。同时，为遏制日本在中国的侵略，国民党打算利用苏联牵制日本，并试图用政治手段解决共产党。从 1935 年冬起国民党分别在国内和莫斯科同共产党人秘密联系。在国内，由国民政府铁道部次长曾养甫等出面，找到中共北方局的周小舟及上海党组织的张子华，商谈国共两党联合抗日的问题。1936 年春，上海党组织派遣董健吾、张子华，到陕北向中央汇报国民党各派的政治主张，接通了国共两党高层之间中断多年的联系。在国外，国民党驻苏联大使馆武官邓文仪同中共驻共产国际代表团秘密接触，中共驻共产国际代表团决定派潘汉年回国，担任国共合作谈判的联系人。1936 年 8 月，潘汉年抵达陕北，向中共中央汇报国共两党接触情况和共产国际指示。中共中央决定调整对蒋政策，党的方针从"抗日反蒋"向"逼蒋抗日"转变。10 月，中共中央决定由潘汉年为代表，与国民党进行初步谈判。12 月 12 日西安事变爆发，在中国共产党的力主下得以和平解决，内战基本停止。

声援营救"七君子"

救国会成立伊始,国民党当局就采取诬陷打击、威胁恐吓、欺骗拉拢等种种手段,企图镇压抗日救国运动。1936年11月日商纱厂反日大罢工爆发后,日本帝国主义认为罢工系救国会煽动,要挟国民党政府采取拘捕行动。11月23日,国民党当局以"危害民国"罪秘密逮捕救国会负责人沈钧儒、章乃器、王造时、李公朴、邹韬奋、沙千里、史良7人,史称"七君子"。

"七君子"被捕后,救国会发起声势浩大的声援营救运动,各地救国团体纷纷发表宣言声明,积极开展营救活动。在陕北的中共中央密切关注事态发展,通电明确要求国民党政府立即释放政治犯及上海各爱国领袖。胡愈之是声援营救运动的具体组织者指挥者,上海党组织给以积极领导和配合。

上海党组织和宋庆龄等救国会领导,同"七君子"商定,组成一个由21位著名律师组成的强大辩护团,并组织群众集会抗议,发动救国入狱运动。1937年6月11日,由4800余市民联名签具的请愿书送到江苏高等法院,要求撤回公诉、释放沈钧儒等。13日,上海召开近5000人的市民抗议大会,会后发起要求释放"七君子"的签名运动。

1937年8月,"七君子"出狱后与马相伯、杜重远合影

在国内外强大舆论和正义呼声之下，国民党法院迟迟不敢贸然对"七君子"判罪。七七卢沟桥事变爆发，全国团结抗战局面形成，"七君子"获释出狱，"救国无罪"斗争取得胜利。

持续一年多的抗日救亡运动打击了日本帝国主义的侵略计划，挫败了日本建立"华北国"的企图，促成了内战的结束及各党各派的联合，动员了全国人民，为全民族抗日战争作了思想上和干部上的准备。在抗日救国大目标下，中国共产党人与各界爱国人士在上海继续紧密团结，通力合作，推动抗日救亡运动向前发展。

第四章

全民族抗战中的坚强堡垒

　　上海抗战为抗战最终胜利作出了独特贡献。这离不开上海党组织对中央方针政策的坚决遵循和模范执行。上海党组织的重建始于七七事变前夕，共产党对上海抗日斗争的领导，一直坚持到抗战胜利。

一、党组织的恢复与重建

　　中共中央派刘晓负责上海党组织的恢复重建。七七事变后，上海党组织把恢复重建与领导群众抗日救亡结合起来。八一三抗战爆发后，上海党组织坚持抗日民族统一战线，掀起支援前线的热潮。在抗日烽火中，上海党组织实现重建。

在抗日烽火中重建上海党组织

　　1937年6月下旬，刘晓抵达上海。他曾在沪战斗过，离开延安前参加了党的白区工作会议。白区工作会议总结了党在土地革命时期白区工作的经验教训，批判了"左"倾关门主义错误，制定了白区工作的策略任务。会后，中央陆续抽调具有工作经验的干部赴国统区城市领导恢复党的领导机构。行前，毛泽东等人分别找刘晓谈话。毛泽东当时虽没有提出"隐蔽精干、长期埋伏、积蓄力量、以待时机"地下工作十六字方针，但是基本思想已显雏形。刘晓途经西安，周恩来强调上海对全国革命的重要意义，指出上海环境错综复杂，重建党组织应选择真正可靠的党员，要经过审查才能认定是党员。

　　按照中央指示，刘晓与先行来沪的冯雪峰，以及王尧山组成三人团，作为上海党组织领导机构。刘晓从冯雪峰领导的临委开始对党员分批进行审查。第一批确认党籍的约 30 人，通过他们再对其他党员继续审查。

七七事变爆发，周恩来在沪会见中共上海办事处主任潘汉年和中共上海三人团领导人刘晓。周恩来为上海党组织的工作重点、分工和策略方针指明了方向。八一三淞沪会战爆发，日军野蛮侵略遭到中国军队顽强抵抗，双方共投入百万兵力鏖战三个月，11 月 12 日国民党军全面撤退。面对日益高涨的抗日救亡运动，刘晓根据中央指示，决定把重建党组织和领导群众抗日救亡紧密结合。7 月中旬，三人团下设工人工作委员会和群众团体工作委员会。8 月末，群众工作初步打开局面。9 月底，党员人数达到 130 余人。

8 月下旬，八路军驻上海办事处（简称八办）成立。根据周恩来关于上海党组织"可以利用八办，但不能依靠八办"，两者"在组织上、工作上都是两个独立的系统"的指示，三人团和八办进行了工作分工，明确八办负责上层统战、文化宣传等工作。八办成立后，与三人团密切配合，充分利用公开合法地位为上海党组织重建创造有利环境。

八路军、新四军驻沪办事处旧址

中央先后派出两批骨干援沪。8月底，张爱萍等5名军事干部来到上海，负责开辟外县农村游击战争。9月底，有工运领导经验的刘长胜抵达上海，协助刘晓工作。在军事干部的活动下，一度成立党领导的苏浙别动队第一支队第三大队。

11月初，中共江苏省委经中央批准成立，书记刘晓。根据中央白区城市党组织不以地区而以产业与职业划分的指示，江苏省委按系统建立各级组织实行垂直领导。省委设立军事、工人、职员、学生、妇女、文化界运动委员会，直属领导一个教育总支部和巡警、海关两个特别支部。

支援八一三淞沪抗战

上海党组织的重建，加强了民众抗日救亡领导力量。七七事变后，上海民众掀起抗日救亡新高潮，纷起成立救亡团体。国民党7月下旬成立上海市各界抗敌后援会，规定所有团体必须向其登记并报市党部和社会局批准。为打破包办，上海党组织决定将各界救国会改组为救亡协会，全部申请加入抗敌后援会办理登记。各救亡协会先后成立秘密党团加强领导群众救亡活动。

7月28日，文化界救亡协会（简称文协）成立。为加强领导，中共上海办事处和继后的八办成立了文化工作委员会。文协发挥联系多、宣传广的优势，迅速成为党领导抗日救亡的枢纽。职协、学协、妇女抗敌后援会、教协等救亡团体相继成立。上海各界救国会改组为上海各界救亡协会后，成为组织全市性群众救亡活动的领导机构。

在抗日民族统一战线旗帜下，各救亡协会和各协等积极开展抗日救亡活动。戏曲、电影、美术、游艺界等演艺人员积极投入宣传活动。文协机关报《救亡日报》成为抗战宣传的旗帜。九一八国耻日当天，各协发动5000余人上街开展抗日宣传。10月10日，抗敌后援会发起对日经济绝交、劝募救国公债、慰劳前线将士三大运动。文协、职协组织350多个宣传队、40多个慰劳队上街宣传，张贴标语55000多张。工委系统救亡团体上街散发传单，还在平民村组织不买仇货的宣誓活动。11月9日，各救亡团体发动4700余人冒雨上街宣传战果。

上海党组织还积极发动群众支援抗战。在群委、工委领导下，各救亡协会组织数以百计的募捐队、慰问队、救护队、运输队和战地服务队奔走于前线后方。9月10日，全市共募得爱国捐款150余万元，各类捐赠物资多达200余种。随后，70万只民众慰劳袋装满慰问品连同棉背心送到前线。在各界运输队、救护队中，上海煤业救护队规模最大。战地服务队以文协的两支战地服务队

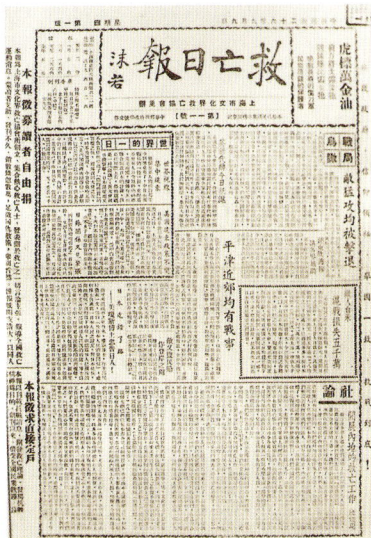
上海文化界救亡协会机关报《救亡日报》

和全国妇女抗敌慰劳总会上海分会的上海劳动妇女战地服务团影响最大。淞沪抗战后，三支队伍分别随军撤离上海。

二、党的工作在"孤岛"展开

孤岛时期是上海抗战特殊阶段。上海党组织遵照中央指示转变策略，在稳步推进组织发展的同时，通过卓有成效的统战工作，努力开创各具特色的群众工作阵地，创造影响深远的"孤岛文化"，抵制日伪"以华制华"，支援新四军和开展郊县武装斗争，为长期坚持抗战作好准备。

群众工作各具特色

面对上海沦为"孤岛"的形势，在中央"转变策略、长期坚持"方针指导下，江苏省委转变领导上海斗争的策略。一是在组织群众方式方法上，将群众团体有计划地分散到生产部门中去。二是积极领导一切群众的日常反日斗争。

三是把党的组织基础放到生产部门中去，特别是在工人中建立巩固党的堡垒。四是加强统战工作，注意利用帝国主义间的矛盾。把上层聚餐会作为开展统战工作的重要阵地，其中"星二""星四"聚餐会规模和影响较大。

在转变斗争策略和领导方式的过程中，上海党员由党组织重建时的 130 人发展到 1938 年 2 月的 300 人。3 月，江苏省委遵照中央《关于大量发展党员的决议》稳妥慎重推进组织工作，1939 年 10 月党员增至 2300 人。同年下半年"孤岛"环境恶化，省委根据中央《关于精干和隐蔽党的组织问题》指示，除指定支部或部门外一律暂时停止发展，而以整理、严密、巩固与加强马列主义教育为主。1940 年后，省委坚决贯彻隐蔽精干政策，进一步落实以巩固为主的组织措施。

上海党组织在孤岛坚持斗争，随着环境恶化愈加重视隐蔽、保存实力，但并非无所作为。根据工作需要，江苏省委相继增设难民运动、外县工作、教育界运动、基督教学校学生运动、近郊区工作、情报工作等委员会。各委在本系统又按重点行业或部门设立分党委加强领导。在省委领导下，各委根据本系统群众职业特点，贯彻群众路线，积极开展上层统战，开辟各具特色的群众工作阵地，为坚持抗战打下坚实基础。

淞沪抗战爆发，近 70 万难民涌入租界。上海党组织把难民安置、教育和疏散工作与武装民众、开辟敌后农村游击战任务结合起来。各系统发动党员、积极分子投入难民工作，还通过上层统战使救济难民成为抗日救亡重要内容。难委成立后，先后抽调 30 名党员赴各难民收容所工作，把难民收容所办成了抗日政治大学校。根据省委指示，难委自 1938 年 8 月开始分三批向新四军输送了 1200 余人，其中党员 80 余人。党中央称赞上海党组织的难民工作是成功的创举。

40 万产业工人是上海党组织的工作重点。工委按照省委指示组织力量扎根重点企业和日伪工厂基层。1939 年 10 月，全市有 76 个重要企业建立支部。1940 年起，工委工作扩大到日占区，并加强重工业、军工企业开辟工作，先后建立了 10 余个产业党委、总支和直属党支部。1940 年后，工委先后成立了

7 个地区工作委员会。

上海金融、商贸业有店职员 27 万人，职委将各业战时服务团改为合法的群众性联谊团体，还依照江苏省委指示将工作重心转向重要行业内部，陆续在金融、海关、电讯及洋商企业、大百货公司等行业系统的基层建立支部。1939年 10 月，职委系统党员有 367 人。截至该年上半年，职委领导下的 11 个职工联谊大团体共吸收会员约 5 万人，占全市职工总数的 1/6。这些团体以上层统战作掩护，支持群众运动，以群众工作推动上层统战，发展了党的力量，壮大了革命队伍。

8 万名学生和上万名中小学教师是"孤岛"重要的群众队伍。学委统一领导各大中学校党组织和学协党团。1939 年底，学委系统有 60 余个支部，党员244 人。江苏省委重视教会学校工作，1938 年底成立基督教学校学生运动委员会。教师方面，1937 年冬小学教师同人进修会率先建立支部。1938 年秋，省委决定在支部基础上成立教育界运动委员会。1939 年 10 月，教委系统有党员38 人。1940 年夏，教委建立小教生活互助社，通过生活互助等渠道发展党的力量。1940 年末，该系统党员发展到约 100 人。

上海党组织重视群众利益，不断为改善群众生活而努力。从 1939 年起，在领导群众开展改善生活的罢工斗争、年关斗争的同时，党组织号召与组织各业工人、城市贫民开展生活互助合作，鼓励有条件的单位创办消费合作社，组织群众共渡生活难关。

"孤岛文化"成绩卓著

江苏省委领导文化界运动委员会在"孤岛"环境下以多种形式重建宣传阵地，创造了著名的"孤岛文化"。

为了应对日军取缔抗日宣传，"文委"通过出版半公开期刊《团结》周报，以及全译自外文稿件的《译报》打破封锁。后利用洋商招牌为掩护，创办《每日译报》，由此带动《文汇报》《导报》等形成"洋商报"群。"文委"还与美商华美出版公司合作出版第一份挂洋商招牌的政治性期刊《华美周刊》，继后又有《译报周刊》面世。八办先后推出《文献》月刊、《公论丛书》《时论丛刊》。1939 年 5 月，租界当局勒令取缔抗日宣传，"文委"从下半年起又创办英商报《上海周报》，以及《学习》半月刊，并出版无须工部局立案登记的不定期丛刊《新中国文艺丛刊》《求知文丛》《奔流文艺丛刊》等，以及接编有国民党背景的报纸开展抗日宣传。其他各委及其领导和影响的各群众团体也出版了不少各具特色的抗日报刊。

1938 年初，"文委"决定翻译出版美国进步记者斯诺的著作《红星照耀中国》。书名改为《西行漫记》，以西北暗示中共中央所在地，引起极大反响。后又翻译出版《续西行漫记》。6 月，20 卷本《鲁迅全集》问世。12 月，再现八一三抗战后一年间民众生活的《上海一日》出版。1939 年 7 月 15 日，主要反映上海 22 个产业及其职工状况的《上海产业与上海职工》，由江苏省委编纂完成出版。在此期间，一批撤往大后方的出版社纷纷返沪设立办事处或分社，相继出版马克思主义著作。首部《资本论》中文全译本也于 1938 年 8 月 31 日至 9 月 30 日由读书生活出版社出齐。进步出版界还推出毛泽东《论持久战》《新民主主义论》等革命书籍，有力地鼓舞了"孤岛"民众乃至全国人民的斗志。

每日译报社出版的毛泽东《论持久战》单行本

为发挥留沪戏剧界人士作用，"文委"将话剧分为职业和业余两部分并成立支部。通过创办青鸟剧社、上海剧艺社等职业剧社，团结支持中法剧社、大钟剧社等职业剧团，又将群众业余剧团组成星期小剧场并取得公开合法地位。通过演出反映抗战生活的时事剧、借古喻今的历史剧和中外名剧，以及反映社会问题的独幕剧、活报剧等，广泛宣传爱国主义。1939 年 7 月，在上海业余戏剧交谊社组织下，各业余剧团举行支援新四军、救济难民慈善义演，盛况空前。

为扭转"孤岛"电影倒退趋势，"文委"抓住影片《茶花女》成为"中日文化提携"这一反面教材，开展揭露电影界腐败倒退的运动。在进步电影界共同努力下，先后拍摄了《木兰从军》《李香君》等弘扬爱国主义的历史影片，以及《花溅泪》《女子公寓》等反映现实的影片，挫败了日寇侵占上海电影市场的阴谋。

抵制日伪"以华制华"

日军侵占上海华界后，开始劫夺租界内国民政府留沪重要机关和企事业单位，图谋"以华制华"。江苏省委把反对日伪渗透接收作为"孤岛"政治斗争的中心。江海关的护关斗争、邮政系统的护邮斗争由上海党组织直接领导发起。

1938年日寇扶持伪南京维新政府成立不久，即传来伪政府准备接收江海关的消息，江苏省委决定发动护关斗争。5月7日，2000多名海关职工举行罢工并通电全国呼吁支持。海关员工的英勇斗争得到各界声援。党中央审时度势，指示护关斗争必须立刻设法结束，以免受到极大摧残。后党员和积极分子37人被调离上海。

邮政是日伪图谋攫取的另一目标。5月4日，邮局党支部公布《上海邮务员工反对接收易帜响应海关宣言》，随后与国民党控制的邮务工会合作成立护邮运动促进会，积极取得法籍邮务长支持，使日伪阴谋流产。护邮斗争长达10个月，翌年3月65名资深华籍邮员被调至大后方。但是，敌伪3月28日伪维新政府成立纪念日易帜的图谋未能得逞。

反接收斗争中，各大中学校在学委领导下掀起反对向伪政权登记的护校斗争。1938年9月底，登报或公开反对登记的学校共有100多所。翌年反汪斗争几乎席卷上海40多所主要大中学校，有力打击了敌伪的气焰。

江苏省委与日伪争夺工运领导权始于1939年纶昌印染厂、纺织厂工人罢工。日伪以改善劳工生活为口号插手劳资纠纷，组织伪工会加紧渗透。江苏省委为提高职工待遇，决定将开展经济斗争与坚持统一战线相结合。尽管劳资、中日、英日、美日多种矛盾交织，但由于党组织正确运用策略方针，团结工人开展有理、有利、有节的斗争，故而在纶昌、新怡和、英电、英汽、法电等罢工中取得了相当成效，遏制了日伪渗透工运的阴谋。

孤岛时期日伪不断制造血腥恐怖，1938年初不到一个月就制造7起人头案，翌年2月又发生血案18起。12月，中国职业妇女俱乐部主席茅丽瑛、法电工人领袖徐阿梅先后遭日伪暗杀。江苏省委决定予以反击。1939年3月，接连发生三起出租车司机在虹口遇害事件。在党组织发动下，3月20日，1000多名行业职工举行大出殡，产生很大影响。12月，江苏省委又发动公祭茅丽瑛活动。茅丽瑛因积极投身抗日救亡，12月12日遭特务行刺，3天后牺牲。16日、17日，大批民众参加吊唁，抗议日伪暴行。这是上海民众继鲁迅逝世后又一次大规模的追悼和公祭活动。

支援新四军，开展武装斗争

支援新四军是中央交给上海党组织的重要任务。江苏省委领导上海人民大力支援新四军，为新四军的发展作出了独特贡献。江苏省委通过《译报》等报纸杂志宣传介绍新四军英勇作战的事迹。1938年12月和1939年2月，省委两次组织上海各界民众慰劳团赴皖南慰问，返沪后又以小型展览会等形式宣传介绍新四军，进一步扩大社会影响。

江苏省委除3次组织难民赴皖南参加新四军外，还先后抽调党员骨干四五十人奔赴浦东、青浦、嘉定和苏常太、苏北通如启海各地，开辟抗日武装斗争。向上海市郊和苏南、苏中抗日游击区输送了近2000余人。据不完全统计，八年中上海输送到新四军的各类人才不下2万人。

物力支援是上海支援新四军的重要内容。1938年至1939年，江苏省委通过各界救亡协会和群众团体开展"节约献金""劝募寒衣""义卖义演"等活动。

据统计，抗战初期支援新四军的捐款就有 120 余万元。此外，江苏省委还两次转送宋庆龄领导的保卫中国同盟上海分会为新四军筹集到的大量紧缺物资。八路军办事处也通过统战关系为新四军筹集了不少物资、钱款。

江苏省委还为新四军后方建设提供有力支援。协助新四军来沪采购物资，主要包括印

1938 年 12 月，上海民众慰劳团成员与新四军政委项英合影

刷设备、军工器材等，还动员技术人员到根据地开厂。在协助党中央揭露皖南事变真相的同时，上海党组织还承担掩护突围人员进入根据地的任务。

1941 年 3 月，华中局和新四军军部决定成立新四军上海办事处，主要工作是输送各类人员、物资赴根据地。江苏省委抽调 40 余人参与工作。新四军办事处还承担护送各根据地领导路过上海或来沪治病，搜集有关报刊信息，采购药品、医疗器械等物资运往根据地等工作，直至 1942 年底撤销。此外，江苏省委还帮助新四军创办江淮大学，办报，采购电影放映机、书籍，筹建印钞厂、军工厂等。

上海党组织还遵照中央指示领导开展外县农村武装斗争。1938 年初，江苏省委建立外县工作委员会，负责领导上海外围地区农村党组织的恢复重建和敌后抗日武装斗争。在沪坚持秘密斗争的中央特科组建了华东人民武装抗日会（简称武抗），直接领导和争取改造了青浦的江南抗日义勇军、川沙边区抗卫第四大队等抗日武装。1939 年初，中央决定武抗在青浦和苏南各地开辟抗日武装的工作划归外县工委统一领导。经过一年多努力，江苏省委在上海外围开辟了 7 处抗日游击活动区、点。

1939 年 7 月，新四军江南抗日义勇军（简称江抗）东进抵达青东地区，

与青浦三支队、外冈游击队会师。9月，江抗部队西撤，除青浦三支队坚持原地战斗外，外县工委领导的十余支地方武装均编入江抗随同行动。

1940年5月，中央决定上海郊县党组织和抗日武装划归新四军东路军政会统一领导。10月成立淞沪中心县委，统一领导浦东、浦西游击区工作。1941年5月华中局成立江南区委，淞沪中心县委扩建为路南特委，工作重点由浦西转到浦东。不久，汪伪全面推行"清乡"，路南特委决定将浦东武装转移至浙东，同时调整充实浦南和浦西地区党组织。10月成立浙东军分会，浦东武装归其领导，为创建浙东根据地打下基础。

三、在上海全面沦陷后坚持斗争

1941年12月8日，太平洋战争爆发的第二天，日军占领租界，上海全面沦陷。翌年8月，江苏省委奉命撤至淮南根据地，所属各系统仍留沪坚持斗争。在沪党组织遵照上级指示，深入隐蔽精干，积极贯彻勤学勤业交朋友方针，在各条战线抗击日伪，发展了党的力量，渡过了最艰难时期。

隐蔽精干，蓄存力量

上海全面沦陷后，日本统治矛头直接对准共产党及其领导的抗日力量。江苏省委遵照中央指示，严格实行平行组织、单线联系，党组织在"孤岛"沦陷时未受直接损失。但在日寇严密搜索下，后来还是发生了几次破坏事件。上海党组织人数一度减少，阵地缩小，开展活动的难度增大。

1942年2月，中共中央《关于上海失业问题的指示》要求：坚持长期隐蔽政策，用一切方法保持有生力量。7月，中央发出《关于取消秘密省委特委组织的指示》，要求秘密党内必须取消省委特委的组织，只保留县委，如某些县委也不能保留者，则只保留支部，明确支部及每个党员的任务是勤学勤业交朋友。为此，江苏省委提出"更深入精干隐蔽"，将工作从适应"孤岛"环境转变到适应日寇直接统治的环境。省委指示各委在组织工作上减少联系，实行精干政策，建立预备关系，加强各级组织的独立性；要求各系统把工作重点转移到市政工业和日伪军事工业中去；在群众工作内容和方式上，要从"孤岛时期"宣传文化活动为主转为以生活福利活动为主，从社会群众活动转为深入基层工作，从争取租界中合法转为争取日伪统治下合法。

1942 年 8 月，江苏省委奉命撤离上海。党员干部 200 余人分批转移到淮南根据地顾家圩子。工委、职委、学委、教委、文委和警察特支 6 个组织系统坚持上海斗争。翌年 1 月，中央撤销江苏省委成立华中局敌区工作部，后改称城市工作部（简称城工部），继续领导沦陷区城市工作。城工部设立交通科，负责护送人员往来，传递文件情报。各委领导人都到根据地汇报过工作，学习文件并撰写工作报告。

勤学勤业交朋友

在全面沦陷后的险恶环境中，只有广交朋友、团结群众才能使党的组织和秘密工作得到最可靠的掩护。"勤学勤业交朋友"是党在国统区和沦陷区的特定政策，是党员职业化、群众化、社会化的发展和深化。为此，各委在组织上进行调整，在力量上统筹安排，实行分散工作、开辟重点、各个负责、互不打通。

经努力，工委在市政、交通、邮电等主要产业部门建立组织。学委、教委调整组织，减少上层，加强基层力量，加强中、大型学校的开辟工作，使储能中学、文化中小学、建承中小学成为党的"堡垒学校"。职委调整银联、保联、华联、益友社等团体的理事会成员，取得合法地位，开展福利服务以增强职工队伍的团结。

留沪坚持斗争的共产党员沉入基层，勤学勤业，首先是掌握生产生活的本领，以精通业务技能来赢得身边人的认同。学生党员则在学校努力成为品学兼优、乐于助人的好学生，从而感染凝聚周围群众，成为团结群众共同前进的核心。同时，注意调查研究，结交技术高、业务精，在群众中有影响的关键性人物。

执行"三勤"政策，不仅使党的基层群众工作获得新发展，而且在党的上层统一战线工作中也发挥了巨大作用，团结了一大批进步人士。由于认真贯彻执行"三勤"政策，使地下工作十六字方针得以具体落实，上海党组织在敌人直接统治下站稳脚跟，保存并发展了力量，坚持在上海的共产党员从1939年底的1610人发展到1945年抗战胜利前夕的约2800人。

坚持抗击日伪

针对日本侵占上海后，有意将其作为以战养战、以华制华重要基地的企图，上海党组织领导广大民众在工业、交通、职业、教育、文化等各界，以及日伪组织内部展开坚韧不拔、不屈不挠的斗争。

拖延、破坏敌人军工生产，是工委开展的一项重要工作。棉纺企业主要采取消极怠工、制造故障等方法打击敌人。在机器造船业，以增加损耗、暗中破坏等方式直接威胁敌人兵器生产。在铁路等交通部门，共产党员带领工人故意造成资源浪费。党组织开展此类斗争讲究策略性，注意运用灵活多样的斗争方式，并将破坏敌人军工生产的斗争同求生存的经济斗争结合起来。

教育战线，日伪强令各校开设日语课并派人到校担任教员或督学，遭到爱国学生的无声抗议。汉奸文人到校演讲，受到学生不停鼓掌的有声抵制。学委还利用各种合法条件，开展勤工俭学等助学活动，进一步团结帮助广大学生。

在文化界，"文委"系统党员加强与进步人士联系，激励民族正气，反抗日伪迫害。孤岛沦陷当月，鲁迅遗孀许广平被捕，系狱76天。虽遭刑讯逼供，但她坚贞不屈，严守进步团体和人士的秘密。夏丏尊、朱维基、柯灵等作家也曾被捕，均表现出知识分子的风骨。郑振铎坚拒日伪让他出任伪职的游说。出版家张元济闭门隐居，鬻字为生。京剧大师梅兰芳蓄须明志，靠卖画典当度日。戏剧界中共党员、积极分子分别建立美艺、华艺、同茂等剧团，各自演出《家》《春》《秋》等进步剧目。1942 年 12 月，话剧界借日本侵略者纪念"大东亚战争一周年"，联合演出 1933 年遭禁的《怒吼吧！中国》。1944 年 5 月京剧《文天祥》公演，弘扬了民族气节。

在出版阵地，"文委"将稍前创办的《时代》改为半月刊复刊，以苏商名义创办《苏联文艺》月刊等，成为全面沦陷后的主要文化堡垒。1943 年 6 月，柯灵接编刊物《万象》，提倡反映现实的新文艺，反击日伪"和平文学"攻势。此外，共产党员恽逸群等还分别打入敌伪机关组织，搜集情报，将敌人的刊物、剧团等变为宣扬爱国精神的平台。

1942 年 7 月，华中局决定成立浙东区党委，将淞沪郊县工作划归该党委领导，路南特委扩建为浦东地委。8 月，汪伪将上海郊县全部划入"清乡"区域。浦东地委组织武工队返回浦东，经过两年艰苦卓绝的战斗，迫使日伪在浦东的近百个据点撤至 10 余个。1944 年 6 月成立浦西工委，将 4 支小型武装合编为新四军浙东纵队浦西支队。郊县武装斗争经受住了反"清乡"斗争考验，渡过了最困难的抗战相持阶段。

1944 年下半年，抗战进入战略反攻阶段。8 月，浦东支队取得朱家店伏

延安《解放日报》刊登的有关上海职工加强对敌斗争的报道

朱家店伏击战遗址

击战胜利，这是共产党军队在淞沪地区一次性杀伤日军最多的战斗。11月，浦东地委改组为淞沪地委，浦东、浦西支队改称新四军浙东游击纵队淞沪支队，发展到2000人，活动范围扩大至上海9个郊县。1945年4月，淞沪地委率部至青浦观音堂地区，恢复青东抗日根据地，奉贤、南汇、川沙、青浦4县和各区成立了民主政权，进一步巩固了根据地。

四、迎接抗日战争的胜利

1944年下半年，德、日法西斯走向败亡。上海党组织遵照上级指示，深入发动群众开展"天亮运动"，秘密组建地下军为配合新四军夺取上海作好准备。后因形势变化，起义取消，上海党组织与上海人民一起迎来抗战胜利。

开展"天亮运动"

1944年，中国共产党领导抗日军民在华北、华中、华南对日伪发起局部反攻，对许多城市、交通要道形成战略包围。6月，中央根据国际形势和中国战场变化发出《中央关于城市工作指示》，提出城市工作要从长期隐蔽、积蓄力量，转到准备武装起义，里应外合占领城市。

7月，城工部按照华中局的部署，组织留守上海的各系统负责人到根据地传达有关文件精神，制定落实措施。明确工委重点是团结争取工人，组建地下军；职委重点是利用统一战线，掩护基层群众活动；学委、教委重点是组织学生、教师和社会青年，参加"天亮运动"；警察特支重点是发展进步力量，掌握要害部门。并对各委的领导班子进行充实和调整。

随着抗战形势的发展，上海民众为"天快亮了"而欢欣鼓舞。为冲破黑暗，上海党组织在 1944 年圣诞节与 1945 年元旦、春节之际开展迎接"天亮运动"。学委系统秘密印刷近千份写有"迎接抗日战争最后胜利"的贺年卡分送师生。工委系统以新四军上海办事处名义向各界上层寄送印有"配合新四军，反攻大上海"的贺年卡。伪军政警特人员收到的则是印有"身在曹营心在汉"的警告信。

一些学校党支部发动学生成立"天亮小组"，写标语，印传单，并成立爆破队、防爆队、救护队等各种专业队。1945 年 2 月，学协还举办全市救济失学义卖市场，吸引 10 万人次参加。

1944 年下半年，教委通过统战关系创办了 10 所义务学校，通过教育讲座和讲习会为教师开展迎接"天亮活动"创造条件。警察特支成立新警同盟会作为外围组织，发展进步警员入党，并掌握了戈登路警察分局枪械库等要害部门，为里应外合做好准备。隐蔽在铁路局中的职委支部，除搜集情报外还配合新四军运输物资。

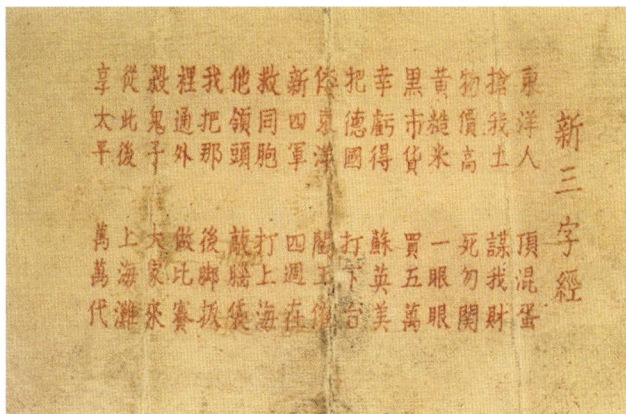

上海党组织印发的"新三字经"贺年片

组建地下军，迎接抗战胜利

组建地下军分两线进行：一是通过工委所属组织在市区组建工人地下军；二是由近郊工委组建近郊地下军。华中局将一批在根据地经过锻炼的干部派回上海作为骨干。

上海地下军的臂章

1945 年春，工委领导的各地区、工厂的工人地下军已发展至 260 余人，其中党员 50 余人。近郊工委以龙华、杨行为重点，在青年中发展了 50 余名地下军。

组建地下军需要武器，主要途径是从敌方夺取。从麦根路火车站日军仓库、同新纱厂地道、日商药厂仓库、吴淞军火库等地点，地下军多处取得武器。连同城工部送来的、淞沪支队支援的，地下军有了 40 余支手枪和一批手榴弹。有枪支后，又组织学习使用。近郊地下军经与淞沪支队取得联系，在观音堂举办了两期骨干训练班。地下军还开展调查研究、搜集情报、惩治汉奸特务等工作。

1945 年 5 月 8 日，德国宣布无条件投降。8 月 9 日，华中局决定成立中共上海市委员会。8 月 15 日，日本广播"终战诏书"，宣布无条件投降。同日，新华社播发消息：新四军军部任命刘长胜、张执一为上海市市长、副市长，命令粟裕率部向沪宁进军。上海党组织按照原定方针，加紧准备，等待命令，发动起义。19 日，华中局下达命令，要求上海召开群众大会，举行示威游行，进行武装起义。为此，专门成立行动委员会，任命张执一、陈伟达分任正、副书记，负责实施起义。派刘长胜火速返沪，就地领导起义。同时，从江浙抽调新四军 4 个团奔赴上海增援。20、21 日，华中局连续致电上海市委、淞沪支队，督促起义举行。

经慎重考虑，上海市委选定沪西信义机器厂作为起义地点。8 月 23 日晨，沪西工人地下军 60 余人携带武器分成 3 个突击队，带领各业工人 2000 余人冲进信义机器厂。正当等待下一步命令之际，工委书记张祺奉刘长胜之命赶来，他向指挥部传达了停止起义迅速将队伍撤走的命令。指挥部立即命令突击队撤走，群众分批列队，喊着"要上工""要吃饭"等口号上街游行，然后散队离去。终止起义是执行中央 8 月 21 日连续两次急电停止上海起义的决定。中央根据全国形势的变化，确定"向北发展，向南防御"，加之上海敌我实力相差悬殊，贸然起义只会导致失败。

起义停止后，上海市委迅速将工作转向发动群众，开展复工、救济和清算汉奸等斗争。暴露身份的地下军人员、共产党员奉命撤往青浦淞沪支队驻地。9 月，成立上海工人部队。10 月 12 日，青东根据地军民举行大会欢迎新四军浙东纵队。会后淞沪支队和工人部队随同北上。而此前的 9 月 2 日，日本签署投降书，世界反法西斯战争和中国抗日战争胜利结束。经过抗战的锻炼，上海党组织准备迎接新的历史使命。

第五章

在壮大群众运动中走向解放

全民族抗战胜利后，中国共产党代表中国人民的根本利益，为争取和平民主作出巨大努力。然而，国民党政府一意孤行，悍然发动全面内战。中国共产党领导解放区军民奋起反击，由积极防御转入战略进攻，经过战略决战，继以战略追击。上海党组织在党中央领导下，将广大人民群众根本利益与党的政治任务相结合，通过开展一系列群众运动，发展壮大人民力量，与人民解放军里应外合，使上海终获解放。

一、为争取和平民主而斗争

抗战胜利后，中国人民希望和平民主。中共上海党组织按照中央部署，领导上海民众深入开展争取和平民主的斗争。

团结群众发展组织

抗战胜利后国民党妄图延续一党专政的统治，独占胜利成果。上海作为全国的经济文化中心，成为争夺的重要目标。

中共上海市委成立于抗战胜利前夕的 1945 年 8 月 9 日，刘长胜抵沪后负责上海党组织工作，上海有共产党员 2800 余名。停止武装起义后，在原属华中局城工部的工人、职员、学生、教育界、文化、近郊工作 6 个系统党的委员会和一个直属的上海警察特别总支的基础上，上海党的组织、人员作了相应调整，近郊工作委员会撤离，警察特别总支改为警委。

根据中央和华中局指示，上海党组织迅速将各界群众组织起来。党组织从组织工会入手开展工作，至 1946 年上半年，各行业工会不断涌现。工会的成立贯穿着与国民党的斗争，在抗战胜利后成立的 153 个产业工会中，党掌握领导权的占较大优势。在职业界，职委积极恢复益友社等群众性社会联谊团体。学生方面，党组织在抗战胜利前夕已在全市近 100 所大中学校建立党的基层组织，成立了多种形式的校内学生团体。教师方面，先后成立上海市小学教师联合进修会（小教联）、上海市中等教育研究会（中教会）、上海大学教授联谊会（大教联）。此外，在学委下还设立了科技部门工作小组。

清算日伪是抗战胜利后上海党组织领导上海民众进行的第一场斗争。党组织领导日企职工开展了要求发放生活维持费和复工的斗争，沪东的大康纱厂率先行动起来。其他行业的职工随后起来斗争，也取得了不同程度的成果。工委针对民营工厂开工不足、国民党官营企业不复工的情况，还适时领导了要求复工的斗争。

检举汉奸是上海党组织领导群众斗争的重要内容。党组织以"庆祝胜利，惩办汉奸"为口号，在各界开展检举汉奸的斗争。国民党对抗战期间留沪的职工、学生动辄扣上"伪职工""伪学生"的帽子，党组织在各系统中又领导群众针锋相对地开展"反甄审"斗争。

1946 年春，上海党组织领导广大职工开展要求改善生活待遇、改善劳动条件的斗争。抗战胜利后国统区经济混乱，国民党用 1 比 200 的低比率收兑伪币，又过量发行纸币引发通货膨胀。加之国民党在上海劫收敌产、中饱私囊尤为突出。各接收大员来沪一律是"五子登科"（指抢金子、车子、房子、位子、女子），民众深受其苦。斗争从上海法商电灯电车自来水公司开始。棉纺织业、商业界、金融界、电信系统的职工在党组织领导下，也开展了增加工资的斗争。上海党组织领导开展的一系列斗争，维护了广大人民的切身利益，团结了更多的群众，为爱国民主运动的开展打下了良好的基础。

揭开反内战序幕

《双十协定》签订后，国民党一方面表示同意和平建国的方针，同意召开政治协商会议，另一方面继续进攻解放区，激起全国人民的坚决反对。上海党组织在中央领导下带领广大民众为争取和平民主进行不懈斗争。

12月15日，美国特使马歇尔来华调停国共冲突，第一站即到上海。上海党组织以"迎接马歇尔来华调停"的名义，组织大中学生举行全市性的请愿。20日，43所学校的4000余名学生在递交公开信的途中，遭国民党特务破坏和殴打，学生奋力反抗。受党领导或影响的进步报刊，均对"迎马"活动作了报道，揭露国民党当局策划破坏的行径。

1945年底，国民党特务、军警在西南联大、云南大学等校制造一二·一惨案，致使于再等4人殉难，并封锁消息。上海进步报刊将事件真相公之于众，在上海民众中激起强烈反响。学委获悉于再的妹妹打算在玉佛寺祭奠胞兄，决定组织举行全市性公祭。1946年1月13日晨，上海大中学校的学生、教师及工人、店职员1万余人陆续来到玉佛寺参加公祭，主祭团由宋庆龄、柳亚子等7人组成。公祭于再是上海党组织领导各界民众第一次大规模联合行动，揭开了全市各阶层民众团结一致开展争取和平民主的群众运动序幕。

发展爱国民主统一战线

1946年1月31日闭幕的政治协商会议，通过《和平建国纲领》《宪法草案》等5项协议。国民党不甘心一党专政遭到否定，4、5月间向东北解放区发动大规模进攻，全面内战危机空前严重。上海党组织根据中央指示，全力动员民众投入反对内战、争取和平的爱国民主运动，在斗争中建立广泛的统一战线。

各民主党派的总部迁沪或设立分部，众多民主人士重新汇聚上海。上海党组织的主要负责人刘长胜、张执一、张承宗等均直接负责统战工作，分头联系部分上层统战对象。刘晓到沪后，也联系部分上层统战对象。党组织通过小教联、中教会、大教联、益友社等职工团体，以及各种聚餐会等在文教、工商、经济、职业界积极开展中上层统战工作。党领导创办或影响的进步报刊联系着一批作者和热心读者。

周恩来率中共代表团在南京与国民党继续谈判的同时，在沪设立周公馆，实为中共代表团驻上海办事处，也是中共中央南京局所属的上海工作委员会机关驻地，为上海统战工作增加了新的向心力。周恩来1946年7月到10月曾4次从南京来到上海，在周公馆接见中外记者，揭露国民党破坏和谈的行径，同时广泛开展统战工作。在与各界人士交往中，周恩来注意倾听尊重他们的意见，及时通报国共谈判的进程，并热情支持他们的进步主张。陶行知突发脑溢血，周恩来闻讯赶去见最后一面。10月4日在上海召开李、闻两先生追悼大会，邓颖超宣读周恩来亲笔书写的悼词，正义之声赢得阵阵热烈的掌声。19日，周恩来在沪出席鲁迅先生逝世10周年纪念大会，他简短精彩的演讲将大会推向高潮。周恩来充沛的人格魅力，团结了社会各界众多精英人物。

1946年周恩来在中共代表团驻沪办事处

迫于全国舆论压力，蒋介石同意6月7日在东北暂时休战，正式开始国共谈判。为争取和平，中共中央南京局决定由上海市各界群众团体选派代表赴南京请愿。为联合各界统一行动，上海市52个社会团体的200余名代表1946年5月5日开会成立上海人民团体联合会（简称上团联）。中共上海市委通过各系统党组织进行发动，参加上团联的团体很快发展到91个。市委决定由上团联和上海学生争取和平联合会出面发动群众推选和平请愿团代表，同时动员组织群众欢送请愿代表并游行示威。经上团联组织发动，经各方协商，推选出马叙伦、黄延芳、盛丕华、胡厥文、包达三、雷洁琼、张䌹伯、阎宝航、吴耀宗9名人民代表，以及陈震中、陈立复2名学生代表。6月23日，各界群众5万多人打着旗帜、标语在火车站外的广场上举行欢送大会。送走代表后，5万群众以学生队伍领头举行反内战大游

1946 年 6 月 23 日，上海各界人士云集北火车站欢送请愿代表赴南京

行。当晚请愿团乘坐的列车抵达南京下关车站时，国民党特务围困殴打代表。消息传来，上海民众群情激愤。上海党组织向在沪各国记者介绍惨案真相，并散发书面抗议书。代表返沪后，党组织又广泛发动各界慰问。六二三运动是抗战胜利后上海民众革命力量的首次大汇合、大检阅，实现了上海民众识破蒋介石反动面目的大转折。

二、开辟第二条战线

1946 年 6 月下旬内战全面爆发，国民党在加强经济搜括的同时，加紧对爱国民主运动的镇压。上海党组织领导广大群众开展斗争，开辟了与人民解放军军事斗争相配合的第二条战线。

迎接革命新高潮

六二三运动后，国民党上海当局强行解散领导权掌握在共产党手中或受党影响较深的产业工会，开除、逮捕大批爱国学生，排斥、打击新闻出版界的进步力量。市委根据中央指示及时调整工作，安排暴露的党员和积极分子等1000 余人撤至解放区。

1946 年 11 月，上海爆发了波及全市的摊贩事件。全面内战爆发后的上海，民族工商业尚未恢复、大量美国剩余物资倾销，大批工厂倒闭。失业与半失业的工人、店职员及破产的中小企业主在街头摆设地摊，到1946 年下半年上海摊贩多达 15 万。国民党当局强行颁布取缔令，使摊贩生活陷入绝境。11月下旬近千名摊贩被捕，百余人受伤。摊贩及其家属奋力反抗，活动规模迅速扩大，上海各区都发生了摊贩与市民的骚动。警委、摊贩中的共产党员因势利导做了不少工作。摊贩和市民坚持斗争，各界进步人士纷起为摊贩鸣不平，迫使当局收回取缔令。毛泽东高度评价摊贩斗争，将此与各大城市抗议驻华美军暴行运动，统称为国统区人民斗争新高潮的标志。

美军帮助国民党打内战，在国统区恶行昭彰。至 1946 年 7 月近一年间，被横冲直撞的美国军车撞死的中国人就有 1000 余人。从 9 月 23 日起，上海各人民团体呼应美国进步团体，也开展"美军退出中国"宣传周活动。就在 22日晚，上海发生美军水手拒付车费、打死人力车工人臧大咬子事件，激起广大群众极大愤慨，宣传周活动逐渐转为揭露和抗议驻华美军暴行。

12 月 24 日晚，北京大学一名女学生被美国兵强奸。北平大学生抗暴的消息传来，上海学生义愤填膺。1947 年 1 月 1 日，交通大学等 27 所大中学校学生 1 万余人，举行抗议美军暴行示威游行。爱国学生的正义行动得到广泛的声援，冲破了全面内战爆发后国民党限制防范爱国民主运动的禁令。

抗暴运动促使上海党组织转变指导思想，抓紧时机进行组织发动群众工作。根据中央指示，中央上海分局1947 年 1 月成立，刘晓、刘长胜为正、副书记。翌月，党组织根据中央指示发动提倡爱用国货、抵制美货的运动。

2 月 9 日，三区百货业工会准备开会成立"爱用国货，抵制美货"委员会。大会正要开始，国民党特务就涌进会场行凶打人。永安公司爱国青年职工梁仁达遭到暴徒殴打不治身亡。在百货业工会党团的领导下，各公司迅速召开群众大会，报告惨案真相，开展抗议特务暴行的活动。百货业广泛开展悼念梁仁达的活动。11日，上团联发起成立二九惨案后援会，各界也纷纷成立后援会。正当准备大出丧之际，2月28日蒋介石部署集中兵力进攻延安，并限令中共代表团驻宁、沪联络处撤回延安。上海分局获悉国民党要对大出丧进行武力镇压，决定另择日期举行公祭。3月15日，治丧会在成都路南弥陀寺举行公祭。

解冻生活指数的斗争

上海党组织继而领导解冻生活指数的斗争。1947年2月16日，国民党政府规定"各指定地区职工之薪金，按生活指数计算者，应以本年1月份之生活指数为最高指数"。2月上旬物价已经成倍上涨，而生活指数冻结在1月份，解冻生活指数成为广大职工最迫切的要求。上海分局把解冻生活指数的经济斗争作为动员群众进行政治斗争的前奏。1947年五一劳动节，国民党动员上海全体劳动者参加反共大会，党组织采取灵活举措，把反共的群众大会变成反对国民党冻结生活指数的大会。

物价继续上涨，到国民党市总工会、社会局请愿的群众至5月初累计已达10万余人。上海分局决定组织集中斗争。同月，中共中央决定将中共中央上海分局改为中共中央上海局。5月8日上午，各区1万多名丝织工人汇集到外滩游行。法电发动由全体工人、职员参加的游行请愿活动。职委也部署了中华第一街南京路的百货公司、商店职工大游行。5月，伴随米价暴涨，上海出现有市无米的严重局面。杭州、无锡、苏州等地都发生规模不等的抢米风潮，上海市区也发生市民抢米事件17起。国民党当局被迫宣布生活指数有条件解冻。

反饥饿、反内战、反迫害

鉴于学生界斗争情绪明显，中共中央上海局根据中央指示精神，提出"反饥饿、反内战"为斗争内容的总口号，决定首先在南京突破，开展声势浩大的学生运动，上海、北平、天津、杭州等地配合响应。

5月13日，上海医学院学生体检，15%的学生因营养不良得了肺结核病，一个学生因贫卖血死亡。15日起，交大、暨大、同济、复旦等校纷起响应南京中央大学学生发起的"吃光运动"，反饥饿、反内战运动迅速向全国发展。上海局部署在南京组织一次有上海、杭州、苏州等大专院校学生代表参加的联合游行示威。19日，复旦、暨大、同济、交大、上法等14所公私立院校7000多名学生，举行欢送沪杭国立院校学生抢救教育危机晋京代表联合请愿团大会，并冲破警察阻挠进行游行。

5月20日，南京、上海、苏州、杭州等地区16所专科以上学校的学生5000人汇集南京举行联合请愿大游行。游行队伍高呼"反饥饿、反内战"等口号。警宪与游行队伍发生冲突，重伤19人，轻伤104人，逮捕28人。

五二〇惨案消息传到上海当晚，上海局提出斗争口号应加上"反迫害"，"反饥饿、反内战、反迫害"运动遂成为全国学生和社会各界反对蒋介石统治集团的统一斗争。学委立即发动上海学生总罢课，抗议国民党的暴行。21日，

1947年5月19日，上海7000多名大专院校学生汇集北火车站，欢送学生代表赴南京请愿，翌日发生五二〇惨案

全市 102 所学校学生代表集会，成立上海市学生抗议五二〇惨案后援会。全市主要大中学校学生都参加了总罢课。反饥饿、反内战、反迫害的革命大风暴迅速波及全国。

五二〇惨案后，国民党继续迫害进步学生。仅 5 月份全国各地被捕、失踪、受伤的就有 6100 多人，上海学生成为镇压的重点。形势严峻，上海局发动学生和中国国际人权保障会、大教联，并组织被捕学生家长，全面开展反迫害斗争。在各界压力下，国民党被迫中止向上海学生的进攻。毛泽东高度评价："中国境内已有了两条战线。蒋介石进犯军和人民解放军的战争，这是第一条战线。现在又出现了第二条战线，这就是伟大的正义的学生运动和蒋介石反动政府之间的尖锐斗争。"第二条战线牵制了国民党的兵力，瓦解了国民党的军心，配合了人民解放军的胜利进军。

三、全国大反攻中的上海人民革命运动

1947 年 6 月，人民解放军开始战略反攻。上海党组织继续在中央领导下带领上海工人、学生开展爱国民主运动，发展壮大第二条战线，密切配合解放军的军事斗争，使国民党政权陷于空前孤立。

冲破"总动员令"

国民党为挽回败局，出台一系列法令、密令加强对爱国民主运动的镇压，在上海被列入黑名单的约有 3000 人。上海党组织决定改变斗争策略，不主动组织大规模的群众运动，而是开展小型分散的斗争。1947 年 6 月，江南造船所以"造船经费困难"为由，大批裁退工人。工委系统的中共上海机器业委员会运用江南造船所的特殊地位，利用敌人内部矛盾，领导江南造船所总支部发起反裁员斗争，率先冲破国民党的"总动员令"。警委还利用警宪冲突的金都血案，成功发动罢岗、请愿、公祭等一系列斗争，进一步冲破了国民党的"总动员令"。

9月，上海局根据中央指示，领导成立新的中共上海市委，张承宗任书记。19日，国民党特务在工委系统的富通印刷公司逮捕上海电力公司工会和教师团体干部，企图以此为突破口对上海工运进行打击。上海党组织领导开展了反迫害的阻击战。在全市职工的坚决反击和狱中被捕人员的顽强斗争下，国民党当局被迫释放被捕者。

反迫害反饥寒斗争

10月29日杭州发生了于子三惨案。国民党为夺取浙江大学学生自治会的领导权，秘密逮捕浙江大学进步学生于子三等4人，将于子三迫害致死，后又编造谎言欺骗社会舆论。上海局决定予以反击。上海学联发表抗议书，上海市国立大学联合会发表《为抗议浙大惨案告同胞书》，交大率先罢课一天。圣约翰大学党总支将于子三被害经过公布在校园壁报上，11月11日全校罢课一天，并召开追悼会。复旦、同济、约大、中华职业等30所学校也举行罢课

学生们在街头向市民劝募寒衣

斗争。

1947年冬季上海特别寒冷，据不完全统计，12月上旬到中旬街头冻尸就从400具增至500具。12月18日，同济大学工学院学生自发在校内为救济贫民发起劝募寒衣活动。学委随即发起全市总劝募。从12月中旬至月底，参加的大中学校近90所，学生3万余人，募得寒衣约15万件，现款约10亿元，受到救济的贫民约30万人。

为揭露国民党力争美援"戡乱"的卖国政策，学委还发起抗议九龙暴行活动。1948年初，港英当局为建九龙机场，以武力强拆民房，致2000名中国居民无家可归。国民党为转移人民的反美斗争目标，发起"反英护权"运动。1948年1月14日，上海学联发表《告同胞书》，提出"抗议英美帝国主义暴行，抢救民族危机"的口号。17日全市学生总罢课，2.5万名学生在外滩公园周围聚集，向英国驻沪领事馆示威。斗争利用国民党的"反英护权"口号，把重点转移到反对美国干涉中国内政，揭露了美国侵华的事实和国民党的奴才外交。

反击武装镇压

救饥救寒运动后，上海学生界又爆发了一场以同济大学学生为主的一·二九斗争。国民党为扼杀学生运动，1947年12月出台《学生自治条例》，压缩学生自治空间。1948年初，同济大学学生自治会改选，遭同济校方阻挠。在同济大学党总支的支持下，学生系科代表大会选举产生新一届学生自治会，但次日校方开除学生。国立大学区委和同济大学党总支确定以"反迫害，争民主"为口号进行斗争。学生与校方交涉无果后，决定赴南京请愿。1月29日凌晨，国民党军警特务将同济工学院及周围封锁，与学生代表谈判无果镇压学生。当晚，学生在工学院礼堂举行"血债晚会"，国民党军警冲进会场逮捕学生。惨案发生后，上海学联立即组织报道真相。学委积极组织营救，被捕学生也在狱中开展斗争。迫于社会压力，国民党当局陆续释放被捕学生。

　　随着农历年关临近，上海棉纺织业工人为年奖而斗争。中纺公司强行通过的年奖方案，遭到工人的一致反对。工委发动工人起来斗争。1月30日，申新九厂7000名工人发动罢工。其间又发生上海舞女为反对"禁舞"令捣毁社会局事件。2月2日，国民党军警强行攻入申新九厂武力镇压，导致3名女工当场牺牲，百余人受伤，200余人被捕。国民党政府污蔑工人，美化镇压，工委迅速开展后援活动，揭露惨案真相，在全社会形成声讨国民党罪行的巨大声势。与学潮、舞潮、工潮三潮并发的局面相呼应，从银行行员罢工至六二八教师反饥饿斗争，金融界、教育界增强第二条战线力量。

　　根据中央指示，上海局推动上海民众掀起反美扶日运动。5月4日，120所大中学校学生1.5万余人在交通大学民主广场举行营火晚会，成立上海市学生反对美国扶植日本抢救民族危机联合会。22日，全市1.5万学生再次集会交大，参加纪念五二〇运动一周年暨庆祝上海学联成立一周年大会，并发起10万人反对美国扶植日本签名运动。6月5日，学联组织全市学生示威，50多名学生被捕，反美扶日的呼声传遍全城。国民党上海市长向交大学生提出"七质八询"。交大学生自治会组织各界人士举行公断会。在社会各界的舆论压力下，被捕学生相继获释。

1948年初申新九厂工人罢工

四、里应外合解放上海

1948年秋，解放战争进入夺取全国胜利的决定性阶段。在人民解放军节节胜利的形势下，上海党组织领导上海人民投入迎接解放的斗争，配合人民解放军的胜利进军，使上海完整地回到人民手中。

在上海解放的前夜

国民党在军事失败之际加紧对国统区的管制，上海党组织的处境愈加险恶。1948年3月因工委委员遭叛徒出卖被捕，导致工委系统等党内外200余人被捕，成为自全民族抗战初期上海党组织重建以来遭受损失最为惨重的一次。3月下旬，一工委委员为反击大逮捕未经工委集体讨论，擅自开会议定由上海电力公司停电罢工，致使上电工会常务理事王孝和等十余名中共党员被捕。9月30日，王孝和牺牲，时年仅24岁。大义凛然、慷慨赴死的王孝和，成为上海市委开展革命气节教育的光辉榜样。

8月22日，根据中央《蒋管区斗争要有清醒头脑和灵活策略》指示，市

解放前的中共上海市委委员合影，前排左起：陆志仁、张本、张承宗、马纯古；后排左起：张祺、吴学谦、梅洛、马飞海

委及时向解放区撤退一批党员和积极分子 1700 余人。上海局把整党作为中心工作，10 月对上海市委进行调整，指定张承宗、马纯古、张本组成上海市委常委，书记仍由张承宗担任。上海局还在香港举办学习班。11 月底，市委及所属各委负责干部陆续赴港参加为期两个月的干部学习班。学习班由刘晓主持，逐段学习毛泽东的《目前形势和我们的任务》，讨论上海解放接管的问题，一致认为在人民解放军占有绝对优势的前提下，不需要采取城市武装起义的直接行动。

国民党的财政日益困难，8 月起推行所谓"经济改革"，发行金圆券，强制收兑个人持有的黄金、白银及外币，物价以 8 月 19 日价格为基准。8 月 26 日，国民党军警冲入各大学校，进行大逮捕。上海党组织以组织工作为重点，党员与群众广交朋友，成立了如读书会、联谊会等组织。同时，分散的、局部的经济斗争此起彼伏。7 月，上海市公共交通公司筹备委员会解雇工人引发工人请愿抗议。8 月下旬，中纺公司各厂发生抢饭斗争。9 月，海关职员的罢工进行了 16 天，口岸海陆空货运全线停顿。上海近郊党组织也发动群众，开展反抽壮丁、反拆迁、反筑碉堡的斗争。这些斗争基本都取得胜利，为迎接上海解放进一步夯实了基础。

迎接解放的斗争

毛泽东在为 1949 年到来所写的新年贺词《将革命进行到底》中庄严宣告："一九四九年中国人民解放军将向长江以南进军。"蒋介石有意以和谈换取喘息的机会。为迅速结束战争、实现真正和平、减少人民痛苦，1 月 14 日新华社发表毛泽东《关于时局的声明》。4 月 1 日，南京政府和平商谈代表团抵达北平，与中共代表团进行会谈，双方最终形成《国内和平协定（最后修正案）》。但是，国民党政府拒绝在和平协定上签字。在邓小平、刘伯承、陈毅、粟裕、谭震林 5 人组成的渡江战役总前委的指挥下，解放军随即发起渡江战役，4 月 23 日南京解放。

上海局按照中央指示，确定了迎接上海解放工作的基本方针。2月上旬，上海市委对全市党组织进行全面调整，将原先按产业划分的党委改为按地区划分，成立沪东、沪西、沪南、沪北、沪中、新静长、北郊、徐龙、浦东9个地区委员会。市委按照中央关于在大城市的工人及学生中"应采取多吸收积极分子入党"的方针，谨慎地吸收了一批新党员，还相继恢复或建立了一批党的秘密外围组织，由恢复后的上海人民团体联合会领导。4月中旬，市委决定将全市各企事业单位已普遍存在的护厂队、护校队、纠察队、消防队、自卫队等集中起来，建立统一的人民保安队和人民宣传队。

上海市委利用国民党的"应变"口号，发动各界群众开展"应变"斗争。京沪铁路工人率先进行争取应变费的2月大罢工。纺织、机器、电信、百货、金融等各行业职工纷纷开展应变斗争。工厂、商店、学校、机关普遍建立以中共党员积极分子为核心的纠察队、护厂队、护校队、消防队等。党组织提出"机器是工人的命根子""保护工厂就保住了饭碗"等口号，使护厂、护校的政治斗争同人民切身利益紧密结合起来。江南造船所、中纺公司、英商自来水公司、美商电话公司、法商电灯电车自来水公司、英商电车公司、上海电信局、国际电台、海关、铁路等成立应变组织开展斗争。全市各大中学校也普遍展开保护学校、迎接解放的工作，建立各种名称的护校队。4月26日深夜，国民党军警包围各大专院校，抓捕356人，这是解放战争期间国民党对上海爱国民主运动进行的最后的、抓捕人数最多的一次大破坏。学委事先获得情报，采取了安全防卫措施。

上海党组织努力挽留爱国的国民党官员和工商、科技、文教界知名人士、专家学者。中共中央社会部驻沪机构、中央上海局、上海市委部署有关人员通过上门拜访、个别交谈、参加聚餐会等多种途径，向有关人士耐心细致地阐明党的各项政策，争取他们留在上海迎接解放，为新中国的建设贡献力量。此外，党组织还发动群众广泛调查国民党在沪党政军警宪特的情况，搜集到上海经济、文教、交通、公用事业等方面的大量资料。

策动国民党军队将领率部起义，是上海党组织的另一项重要工作。在

1948 年 11 月上海局成立的策反委员会多方工作下，有计划、有步骤的起义在国民党军队内接连爆发。1949 年 4 月，预干总队 3600 官兵在嘉兴起义；伞兵三团 3000 官兵将停泊在上海江湾码头的三千吨级坦克登陆舰驶往连云港解放区；驻守上海吴淞口的国民党海军装备精良、火力最强、航速最快的重庆号巡洋舰，500 余名官兵起义驶往烟台解放区。1949 年 1 月至 4 月间，国民党空军驻沪部队官兵 20 余人先后驾驶运输机、通讯机、重型轰炸机等起义飞往济南、石家庄等解放区。

解放上海军政全胜

随着渡江战役的胜利，上海解放被提上议程。党中央对上海的解放和接管极为重视，在中共七届二中全会期间确立"既要歼灭防守之敌，又要完整地保存上海"的方针。解放军渡过长江后，总前委在丹阳开展集训，组织干部学习中央有关城市工作的指示、华东局接管江南城市的原则及平津等市的接管经验，强调接管上海必须严格遵守党的政策和入城纪律。各接管系统的负责人员依靠上海党组织送去的资料，熟悉上海各方面的情况。

为部署上海战役，总前委根据中央指示精神，指出：单纯军事上占领城市是小胜，只有完整地把上海交给人民才是大胜、全胜。第三野战军决定既要打一场城市攻坚战，又不能把城市打烂了，要争取把上海基本完整地接管过来。在制定作战方案中，最终确定把攻击的重点放在吴淞。相对于长期围困，或者选择敌人防御薄弱的苏州河以南主城区实施突击的两种作战方案，这种战法必是一场艰巨的攻坚战、一场激烈的反复争夺战，解放军势必会有较大的伤亡。但是，作为人民的军队，为保护人民的生命财产，付出代价是必要的。

5 月 10 日，第三野战军在苏州发布淞沪作战命令。5 月 12 日，上海战役打响。解放军首先扫清外围，顺利占领上海周围县城，待命攻击市区。但在吴淞口西侧月浦、刘行地区，由于国民党军设置了密集的碉堡群，还有飞机、军舰和要塞炮火的支援，解放军伤亡较大。在浦东，解放军由南向高桥进军。

经过 10 天的激烈战斗，除吴淞口尚未完全封闭外，解放军已从东、南、西三面包围了上海的国民党军。23 日夜，各部队同时发起总攻。进入市区作战的各军，严格执行不使用火炮等重兵器射击的规定，保全市民的生命财产，保全市区的建筑物。在战斗间隙解放军露宿上海街头，不入民宅，受到市民由衷的赞叹。解放军攻克国民党吴淞口西侧防线，并从东岸封锁江面。5 月 27 日下午 3 时，解放军第 27 军在杨树浦受降最后一批国民党军残部。至此，上海市区以及浦西、浦东地区全部解放。6 月 2 日，崇明全岛解放。上海战役中，牺牲的解放军指战员多达 7613 人，[①] 负伤的有 24122 人。此外，还有 72 名支前民工和干部英勇牺牲。

在上海战役特别是在解放军总攻上海市区的过程中，上海党组织与解放军密切配合，并肩战斗。郊区的党组织在嘉定戬浜桥和部队联系上后，作向导一直把解放军带到月浦、吴淞一带。大批国民党军败兵退入市区后，党组织团结带领广大群众，开展对敌劝降工作。为配合解放军在市区作战，党组织派出一批了解敌情、熟悉地形的同志，为解放军先头部队当火线向导，带领部队避开正面敌人的火力点。人民保安队协助解放军肃清残敌，收缴国民党军队的武器，维持社会治安，防止匪特捣乱破坏。从 1949 年 1 月至 5 月 25 日，在上海牺牲的党内外英烈共计 100 人。战斗在情报通讯战线上的共产党员李白、秦鸿钧、张困斋，5 月 7 日在浦东戚家庙英勇就义。上海省吾中学学生、上海人民保安队长宁指挥部第二大队大队长陈仲信为执行任务，5 月 25 日遭国民党残敌枪击牺牲，成为上海解放前最后一个牺牲的共产党员。

5 月 26 日晚，华东局、三野领导饶漱石、陈毅等进入上海会见刘长胜、张承宗等上海局、上海市委负责同志，人民解放军与上海党组织胜利会师。8600 余名上海党员带领全市人民与人民解放军里应外合、协同作战，迎来了上海的解放。上海重要的工厂、建筑物、码头、市政及通信设施都未遭大的破坏，这座中国乃至亚洲最大的城市得以完整地保存下来，回到了人民手中。

---

① 中共上海市委党史研究室、上海市民政局、中国人民解放军上海警备区政治部编：《热血丰碑：解放上海烈士英名谱·序》，上海人民出版社 1999 年版，第 16 页。

解放军进入上海市区后严守入城纪律，露宿街头

　　5 月 27 日，中共中央华东局召开扩大会议，具体部署上海解放后的接管工作。至此，原上海党组织的历史任务即告结束。5 月 29 日发表的经毛泽东修改的新华社社论《祝上海解放》，高度评价"上海的解放在中国人民解放事业中具有特殊的意义"。社论指出："上海是中国工人阶级的大本营和中国共产党的诞生地，在长时期间它是中国革命运动的指导中心。虽然在反革命势力以野蛮的白色恐怖迫使中国革命的主力由城市转入乡村以后，上海仍然是中国工人运动、革命文化运动和各民主阶层爱国民主运动的主要堡垒之一。上海的革命力量和全国的革命相配合，这就造成了上海的解放。"从此，上海人民在中国共产党的领导下开启建设新上海的伟大征程。

第二编

社会主义革命和建设时期

从1949年5月上海解放到1976年10月"文化大革命"结束，是中国共产党领导上海人民进行社会主义改造和开始全面建设社会主义的时期。

解放上海的战火硝烟刚刚熄灭，上海市委根据党中央和毛泽东关于"必须用极大的努力去学习管理城市和建设城市"，以及"将消费的城市变成生产的城市"的指示，领导全市人民围绕生产建设这一中心工作，开展反封锁反轰炸斗争，打击投机平抑物价，用短短三年时间胜利完成恢复国民经济的艰巨任务。其间，上海市委坚决贯彻全心全意依靠工人阶级、团结各界人士的方针，迅速稳定社会秩序，开展抗美援朝运动，荡涤旧社会污泥浊水，进行各项社会改革，巩固了新生的人民政权。1953年党中央正式提出过渡时期总路线后，上海开始有计划的经济建设，制定和执行第一个五年计划；同时基本完成对生产资料私有制的社会主义改造，确立人民代表大会制度这一根本政治制度，创造性地完成了从新民主主义到社会主义的转变，为此后的发展、进步创造了政治前提、奠定了制度基础。

开始全面的大规模的社会主义建设后，我们党在探索符合中国国情建设道路的过程中，提出好好利用和发展沿海的工业老底子，更有力量来发挥和支持内地工业的思想。上海市委抓住这一发展机遇，顺时应势制定"充分利用、合理发展"工业方针，确立工业和科学技术向"高级、精密、尖端"方向发展的目标。聚焦发展新材料、新技术、新工艺、新设备，开展工业改组和技术改造，布局新兴工业部门，建立各具特色的工业区和骨干工业企业，取得了一批中国第一、世界第一的重要成就；积极响应党中央"向科学进军"的号召，在国防尖端技术和基础理论研究领域取得一批接近或达到世界先进水平的重要成果，初步实现了把上海建成我国先进的工业和科学技术基地的目标。

虽然在探索社会主义建设道路的过程中上海曾历经严重曲折，但从总体上来说，这一时期所取得的成就是巨大的。通过几十年的奋斗，上海在党中央坚强领导和全面支持下，不仅全面确立社会主义基本制度，建立起独立的比较完整的工业体系和国民经济体系；而且在文化和社会领域方面，涌现出一批蜚声国内外的文艺作品，人民群众生活水平逐步提高；执政条件下党的自身建设明显加强，在扩大基层党组织覆盖面、提高党员干部整体素质的同时，构建起符合上海特点的大口党委体制和基层组织管理体制。上海不仅实现了自身的发展，而且坚决贯彻中央战略部署，牢固树立"全国一盘棋"思想，通过支援全国重点项目建设、推动大小"三线建设"等方式，全力支援各地工业建设和社会事业发展，为新中国的发展作出特殊贡献。

第六章

从新民主主义向社会主义的过渡

1949 年 5 月 27 日，上海解放。这不仅标志着中国最重要的经济中心城市获得新生，从此开启上海历史的新篇；而且对中国人民解放事业也具有特殊意义，"是中国革命过一难关，它带全党全世界性质"。从上海解放到 1956 年社会主义改造基本完成，上海市委领导全市人民不仅巩固了新生的人民民主政权，完成了国民经济全面恢复的艰巨任务，而且服从我国开展大规模经济建设需要，推动城市自身发展和全国重点项目建设，建立起社会主义基本制度，为上海的发展奠定了根本政治前提。

一、接管上海和人民民主政权的巩固

面对解放之初的复杂形势，如何迅速稳定秩序、安定民心，是新政权必须首先做好的大事。为此，上海市委、市政府通过有条不紊地开展接管工作，使整座城市的社会经济生活在短时间内恢复正常；确立全心全意依靠工人阶级、团结各界人士的基本方针，为上海的发展创造了一个政治稳定、社会安定的良好环境。

快接细收完成全面接管

上海解放当天，中国人民解放军上海市军事管制委员会（简称市军管会）成立，作为全市最高军政权力机关，统一指挥军事、政治、经济、文化等管理事宜。为顺利实现对上海的接管，早在 1949 年 3 月党的七届二中全会召开期间，党中央和毛泽东就开始对解放和接管上海的领导班子组成进行慎重考虑和精心选择。在初步确定的领导班子中，既有熟悉接管工作的解放区干部，也有长期领导上海地下斗争、熟悉上海各方面情况的中共中央上海局领导，其中邓小平为中共中央华东局第一书记，饶漱石为上海市委书记，陈毅为上海市市长。华东局直接领导上海的工作，华东局部分领导成员同时担任上海市委领导职务。直至 1950 年 1 月，华东局与上海市委领导机构分开，陈毅担任上海市委第一书记。

5 月 28 日，市军管会接管国民党上海市政府，上海市人民政府宣告成立。以此为标志，上海的接管工作全面展开。市军管会充分吸收我们党接管沈阳、北平、天津等大城市的成功经验，贯彻"按照系统，整套接收，调查研究，逐渐改造"的方针，按政务、财经、文教、军事四大系统，分接收、管理、改造三个阶段，有序展开各项接管工作。接收阶段，是在不打乱国民党政府统治时期旧制度、不影响军管时期日常业务工作继续开展的基础上，办理清点移交。管理阶段，主要是开展调查、研究、考察，并着手开始局部改造和整顿，清除旧制度、旧痕迹，建立人民民主制度以及与人民民主制度相适应的市政府各局、处新的组织机构和市区基层政权，开展民主建政，召开人民代表会议。改造阶段，全面肃清反动制度，建立和巩固人民民主专政的新制度、新规程。根据机构的不同性质，采取不同的接收办法；对于军事、政治、官僚、特务机构等旧政权在上海的权力机器，实行彻底打烂的办法；对于带有技术性的业务管理机关，采取部分改造的办法；对旧政权机构人员采取慎重负责、区别对待、量才录用、基本上"包下来"的政策。

1949 年 10 月 2 日，上海市人民政府举行庄严隆重的升旗典礼

在接管过程中，市委、市政府始终将入城后上海的工厂是不是冒烟、生产是不是照常进行作为衡量接管工作好坏的一项重要标准，广泛团结工人阶级和各类技术管理人才，全力恢复和发展生产。在接管我国官僚资本中最大的垄断组织——中国纺织建设公司过程中，各厂在解放后3天内就大部分恢复了生产，沪西区各厂甚至一直没有停止生产。在接管资源委员会过程中，也把争取和团结科学技术人才作为接管工作中的重要任务，不仅顺利完成了对资源委员会所属机构的接管，而且成功争取和团结了集中在资委会系统内的一大批科技和管理人才。

通过采取快接细收的办法，至1949年7月底，仅用两个月时间，以接收为主的接管工作基本完成，粉碎了"中国共产党管不了上海这样的大城市""共产党维持不了三个月"的谰言，也为建设新上海奠定了基础。

在接管市级政府机构的同时，政务接管委员会对市区20个区和郊区10个区开展接管工作。至1950年6月，各区撤销接管委员会，成立区人民政府，在市区各区下设办事处，郊区各区下设乡政府。同时，在各区接管专员办事处指导帮助下，上海部分里弄自发成立居民福利会、冬防服务队等组织。以此为基础，逐步在全市建立居民委员会这一基层群众性自治组织，从而初步形成上下贯通、集中高效、具有高度组织动员能力的行政体系，为党的执政奠定了坚实的组织基础。

团结各界人士建设新上海

上海是工人运动的发源地之一，也是全国工商业最集中的城市，汇聚了大批工商业者和民主人士。因此，上海市委明确要求在建设新上海过程中必须贯彻全心全意依靠工人阶级、团结各界人士的基本方针。

1949年5月31日，中共中央华东局和上海市委召开上海职工纪念五卅代表大会。陈毅市长在会上说道："上海的工人老大哥、老大姐们，我们归队来了"，清晰地表明了党和人民政府同工人阶级之间的紧密关系。会议同时宣布成立工人阶级群众组织的筹备机构——上海总工会筹备委员会，以此把全市工人组织到工会中来，为巩固政权、迅速恢复和维持生产、保护工人利益而奋斗。1950 年 2 月，上海总工会正式成立，组织起来的工人占当时全市职工总数的 91%。

在进入上海半个月内，上海市委、市军管会、市政府主要领导不仅先后拜访宋庆龄、张澜、张元济、颜惠庆等知名人士，还召开科学文化教育界座谈会、青年代表会、中小学教师代表会、大学教师座谈会、工程师座谈会、产业界座谈会等会议，与各界人士亲切交谈，宣传解释党的各项政策，广泛听取他们对建设新上海的意见。通过与各界人士的广泛接触，许多人消除了思想顾虑，增强了对党和政府各项政策的理解和支持，积极向党和政府靠拢。

为了与广大人民群众建立起紧密联系，在召开普选的人民代表大会条件尚不具备的情况下，上海于 1949 年 8 月召开第一届第一次各界人民代表会议，听取各界意见，共商政府工作大计。毛泽东对此作出高度评价，指出："你们已召开上海各界代表会议，甚好。此种会议有很大用，可以依靠它去联系群众，帮助我们克服困难。"[1]9 月 30 日至 10 月 4 日，松江县第一届第一次各界人民代表会议在华东局的直接指导下举行。毛泽东对松江县召开各界人民代

1949 年 8 月，上海市第一届第一次各界人民代表会议召开

---

[1]　中共中央文献研究室编：《毛泽东年谱（1893—1949）》（下卷），中央文献出版社 2013 年版，第 547—548 页。

表会议的经验非常重视，指出"这是一件大事"，并"请即通令所属一律仿照办理"①。

至1954年8月上海市第一届人民代表大会第一次会议召开前，市各界人民代表会议共历三届，举行过9次会议，各区也全部召开各界人民代表会议。各界人民代表会议作为当时党和政府联系和团结各界人民的极为重要的组织形式，从开始时咨询、协商、参政议政，发展到代行市人民代表大会职权，讨论决定全市性的方针任务，选举政府领导人员，协助政府完成各项重大任务，为过渡到普选的人民代表大会制奠定了良好的基础。

全面整治社会秩序

上海解放初期的政治、社会情况十分复杂，反革命残余分子、潜伏下来的特务分子、反动会道门头子以及大量被打散的国民党散兵游勇，乘新生政权立足未稳之际，进行反革命破坏活动，甚至有反革命分子将装有子弹的信封寄到陈毅市长的办公室。这些破坏活动严重扰乱社会秩序，危害人民生命财产安全。

为了营造稳定的政治和社会环境，中共中央华东局和上海市委决定采取先打击有现行活动的特务、盗匪，再清理历史反革命的步骤，开展肃特、剿匪、缉盗的斗争。从1949年6月中旬开始，市军管会和市公安局会同有关部门采取积极防范和侦察等手段，集中破获一批特务潜伏电台，抓获一批特务组织首犯，初步打击了特务分子的破坏活动。同时，市公安机关贯彻"镇压与宽大相结合"的方针和"首要必办、胁从不问、立功受奖"的政策，依靠警备部队紧密协作和群众积极协助，围剿武装股匪，一批惯盗惯匪纷纷落网。

国民党军队溃散时还在上海留下约4万人的散兵游勇，这些人在上海流窜作恶，破坏社会秩序。为清除战争留下的这一祸患，1949年6月，中共中央

---

① 毛泽东：《开好县的各界人民代表会议是一件大事》（1949年10月13日），《毛泽东文集》第6卷，人民出版社1999年版，第4页。

华东局和上海市委决定，在市军管会领导下成立由淞沪警备司令部、市公安局和市民政局等单位联合组成治安委员会和军警民联合办事处，统一领导治安工作和指挥收容散兵游勇工作。在淞沪警备司令部发出责令散兵游勇限期报到听候处理的命令后，仅 6、7 两个月内就收容散兵游勇 2.2 万余人，并收缴一批枪支弹药。对于收容的散兵游勇和确无生活来源的在乡军人，由公安机关会同民政部门进行遣送回乡和安置就业。对于社会上的大量无业游民，市委、市政府也采取收容与改造相结合的方针和以突击收容为主、零星经常收容为辅的方法，进行集中的收容改造，培养他们的劳动习惯，使之逐步改造成为自食其力的劳动者。由此，上海的治安环境得到明显改善。

开展抗美援朝和镇压反革命运动

朝鲜战争爆发后，党中央于 1950 年 10 月作出抗美援朝、保家卫国的历史性决策，组成中国人民志愿军，出兵援朝。

上海和全国其他地区一样，迅速掀起了轰轰烈烈的抗美援朝运动：一是开展时事宣传和爱国主义教育，消除部分群众的亲美、崇美和恐美心理，增强民族自信心。二是动员全市工人、农民、学生等报名参军参干上前线，医务工作者志愿参加抗美援朝医疗队，铁路员工、汽车司机志愿参加赴朝运输队，上海著名越剧演员徐玉兰、王文娟等也带领玉兰剧团集体参军，赴朝鲜前线演出。三是组织订立爱国公约，引导群众把爱国热情倾注于具体工作之中。工商界开展不欠税、不漏税、不逃税的爱国运动，宗教界开展自治、自强、自尊的"三自"革新反帝爱国运动。在爱国公约的推动下，上海人民积极响应全国抗美援朝总会发出的捐献飞机大炮的号召，捐献的人民币折合战斗机 566 架，超计划70%，占全国捐献总额的 15.3%。四是贯彻中央边抗、边稳、边建的方针，开展爱国增产节约运动。为了保障前线所需物资供应，全市工人提出大量增产节约和生产合理化建议，创造许多生产新纪录，涌现出一批生产能手和劳动模范。

1950年"二六"轰炸前后及朝鲜战争爆发后，上海的反革命分子破坏活动更为猖獗。根据党中央关于严厉镇压反革命的指示，华东局和上海市委于1950年11月对镇压反革命运动的方针、政策和步骤作出具体规定。1951年4月召开的上海市第二届第二次各界人民代表会议通过《关于严厉镇压反革命的决议》。上海市委坚持领导与群众相结合、专门机关与群众工作相结合，镇压与宽大相结合的方针，以及坦白从宽、抗拒从严、立功者受奖的政策，对土匪、恶霸、特务、反动党团骨干、反动会道门头子等五个方面的反革命分子进行重点打击。通过历时三年的镇压反革命运动，摧毁了国民党政府遗留下来的残余反动势力，上海的社会秩序出现从未有过的安定局面。

二、实现国民经济的全面恢复

上海解放后，能否迅速地把经济形势稳定下来，把生产恢复起来，使自己在经济上和政治上站稳脚跟，成为必须做好的一件大事。围绕生产建设这一中心工作，上海市委、市政府依托国营经济的领导地位，采取有力的经济措施和必要的行政手段，在短短三年内实现国民经济的全面恢复，建立起稳定的经济秩序。

组建国营经济

随着人民民主政权在上海的建立，迅速组建社会主义性质的国营经济，使之成为整个国民经济的领导成分，是从半殖民地半封建经济转变到新民主主义经济的重要步骤和关键所在。而没收官僚资本归国家所有，则是建立国营经济最重要的物质前提，并构成国营经济的主体部分。

国民党政府统治时期，官僚资本在上海经济中占有相当大的比重。上海解放后，市军管会按照"自上而下，原封不动，按照系统，整套接收"的方针和保持"原职、原薪、原制度"不变的方式，首先把官僚资本企业原有的组织机构和生产系统完整地接收下来，实行监督生产，然后逐步进行民主改革和生产改革，把官僚资本企业改造成为社会主义性质的国营企业。对于官僚资本金融机构，采取对其中具有政权机关性质的金融机构推倒重来，建立人民政权自己的金融体系的方式，利用中央银行原有机构组建人民银行上海分行的公库部、第二营业部和信托部。接管官僚资本贸易企业，迅速建立起国营贸易机构。1949 年 6 月，上海市贸易总公司成立，随后陆续建立粮食、花纱布、煤业、化工原料、日用品等专业公司和中国进出口公司等内外贸易企业。同时成立上海市供销合作总社，作为国营商业的重要助手。

通过接管国民党市政府及属于中央政府的工交企业和金融贸易机构，使约占全市 41% 左右的纱锭、1/3 的机器制造设备、1/5 的钢铁冶炼设备和小部分的轻工业设备成为人民政权手中直接掌握的经济力量。虽然这一时期国营经济在上海国民经济中所占的比重不大，但就它在经济全局中所处地位来说，已经掌握了主要命脉。经过初步的改革、改组，随着经营方向的变化和企业素质的改善，职工群众主人翁觉悟的提高，国营经济迅速得到巩固，并居于各种经济成分中的领导地位，成为党和政府恢复国民经济、对非社会主义经济成分进行社会主义改造的基础。

反封锁、反轰炸

上海解放不到一个月，自 1949 年 6 月 23 日起，败退台湾的国民党当局在美国的支持下宣布对上海口岸实行武装封锁，企图以此破坏上海生产建设，窒息上海经济。封锁对上海的经济发展和社会生活产生明显影响，生产资料和生活资料库存严重不足，最严重时全市存粮不足 1 亿斤，仅够半个月的消费，存棉只够纱厂开工 1 个月，煤炭只够一周耗用，并导致工业停顿，商业萎缩，劳资矛盾突出。

针对这种情况，中共中央华东局和上海市委制定反封锁六项任务，即积极支援人民解放军南下作战；有计划有步骤地实行疏散人员和实行将部分学校工厂内迁；改变上海生产方针与发展方向；动员大批共产党员、干部和工人、学生到乡村去开展农村工作；发展内地交通，鼓励城乡物资交流；实行节衣缩食、精简节约等。

在中财委主持下，组织铁路等运输力量，从各地抢运粮食、棉花和煤炭等重要物资，保证上海工业生产和人民生活之需。上海市委、市政府还领导全市人民开展厉行节约、清仓利旧、试制代用品、改装设备等活动。上海公共交通公司职工设计制造白煤炉公共汽车（简称白煤车）代替使用汽油的公共汽车，保证市内公共交通的正常运行。中纺公司各厂工人也调整设备，使上海的棉纺织业全部用国内棉花代替进口原料。

国民党当局不仅对上海实施封锁，还经常出动飞机对上海进行骚扰破坏。特别是1950年2月6日，十余架国民党飞机分4批空袭上海市区，不仅造成大量市民伤亡、民房被炸，而且使得上海多家电厂被炸，作为上海主力电厂的杨树浦发电厂三分之二发电设备被损坏，全厂无法发电。市区供电因此大部分停止，工厂大都被迫停产，市民生活受到很大影响。

"二六"轰炸后，市政府于当天下午召开紧急会议，布置抢修、抢救和维护社会秩序等各项应急措施。经过日夜抢修，杨树浦发电厂仅用42个小时就

各地棉花运抵上海支援纺织厂生产

恢复部分发电，至 2 月底已恢复原有发电量的 80% 以上，[①] 市民生活及工业生产得以照常维持。

为了从根本上解决国民党飞机对上海的空中威胁，1950 年 1 月至 3 月，上海市委、市政府连续 5 次电请中央军委加强上海的防空力量。为此，中央军委抽调两个高炮团南下增援。正在苏联进行访问的毛泽东向斯大林提出由苏联提供空军保护的要求。3 月，苏联派遣一个混合空军防空集团来上海协助解放军开展空中设防，取得三战三捷、连续击落 5 架敌机的战绩，同时帮助培训新组建的中国人民解放军空军飞行员。随着 5 月舟山群岛全部解放，打破了台湾国民党当局利用舟山为基地对上海实行封锁、轰炸的计划。

打赢"银元之战"与"米棉之战"

旧上海是国内外投机资本的聚集地，国民党政府统治时期长期的恶性通货膨胀，造成市面上投机成风。虽然上海解放第二天市军管会即宣布人民币为唯一合法货币。但当时上海市场通货仍以银元为主，甚至出现人民币早晨从人民银行发出，当天晚上就基本上如数回到人民银行的情况。一些人公开叫嚣："解放军可以打进上海，人民币则进不了上海。"一些投机者操纵银元、黄金、美钞的价格，带动物价上涨，直接影响广大市民的生活。

面对日益猖獗的银元投机活动，市委、市军管会、市政府经请示中央同意，于 6 月 10 日突击查封上海金融投机的大本营——上海证券交易所大楼，拘捕 238 名重要投机分子，沉重打击上海的投机活动。华东军区司令部还颁布《华东区金银管理暂行办法》，严禁金银外币流通与私相买卖，结束商品价格与黄金、银元和美元挂钩的情况，使人民币在上海真正站稳脚跟。

在"银元之战"中受到打击的上海投机资本把目标转向与人民生活和生产恢复休戚相关的大米、纱布和煤炭，俗称"两白一黑"。1949 年 7 月，投机商

---

① 《一年来上海人民的战斗》，《市政公报》第二卷第三期，第 17 页。

1949 年 6 月，上海市委、市军管会和市政府查封上海证券交易所大楼

人掀起以粮食、纱布、煤球为主的"七月涨风"，从 6 月 23 日至 7 月 30 日，全市物价上涨一倍。市委通过行政机构采取配售平价米、抛售物资和加强市场管理等措施，有效控制物价涨势。从 1949 年 10 月开始，投机商又以花纱布为突破，掀起"十月涨风"。这次物价上涨风波不仅持续时间长达 50 天之久，物价上涨创解放后物价涨幅最高纪录；而且以上海、天津为先导，在短时间内迅速波及全国各地。在中财委统一部署下，上海从各地调运大批纱布、粮食、煤炭等物资，并于 11 月 25 日与全国各大城市统一行动，集中敞开抛售，一连抛售 10 天，使得投机商资金周转失灵，囤积物资贬值，两头失踏，遭到沉重打击。从 1950 年 1 月开始，针对投机商人利用农历新年哄抬与春节消费有关商品的价格、重新掀起物价上涨风的企图，市委、市政府组织国营贸易公司在市场上抛售货物，使投机商人推动物价上涨的图谋没能实现。

通过"银元之战"和"米棉之战"，国营经济逐步取得市场的领导权。毛泽东高度评价平抑物价和统一财经这两场斗争的胜利，认为其意义不下于淮海战役。[①] 从中也初步显示了我们党管理经济能力的不断增强，一位工商界人士

[①] 中共中央文献研究室编：《毛泽东传 1949—1976》（上），中央文献出版社 2003 年版，第 62—63 页。

表示，"六月银元风潮，中共是用政治力量压下去的，此次则仅用经济力量就能稳住，是上海工商界所料不到的"。[①]

召开上海财经会议与调整工商业

为了从根本上制止持续多年的通货膨胀，稳定物价，进而实现整个经济社会的稳定，受中共中央委托，1949年7月27日至8月15日，中财委主任陈云在上海主持召开由华东、华北、华中、东北、西北五大区财经领导干部参加的财经会议，即上海财经会议。会议主要讨论如何稳定物价、稳定市场，如何为统一全国财政经济做好准备、制订方案这两大紧迫问题，强调解决全国的困难，必须从上海突破，集中优势力量先解决上海的问题；同时提出要从金融、财政、物资三个方面推动统一财经工作，争取实现财政经济状况根本好转，使国家经济生活逐步走上正轨。1950年3月，政务院作出《关于统一国家财政经济工作的决定》，统一全国的财政收支、物资调度和现金管理。

按照《决定》要求，上海市委、市政府统一财政收支，通过精简机构和开展节约运动、动员认购人民胜利折实公债、整顿税收等方式增加国家财政收入；统一物资调度，加强国营商业机构；统一现金管理，建立贸易金库，大量吸收存款，回笼货币。统一财经以后，加强国营经济在金融市场和商品市场上的领导地位，上海市场上物价剧烈波动的现象从根本上得到扭转；但同时社会虚假购买力骤然消失，导致市面清淡，商品滞销，私营工商业在生产经营上遇到一定困难。

为帮助私营工商业克服暂时的困难，上海市委、市政府对工商业作出调整：一是调整公私关系，通过扩大对私营工业的加工订货，调整税收、减轻工商业者的负担，调整地区差价、批零差价，调整经营范围、国营零售店让出部分阵地给私商经营等方式，扶持私营工商业的发展；二是调整劳资关系，在私

① 陈云:《上海工商界情况》(1950年1月1日)，《陈云文选》第2卷，人民出版社1995年版，第52页。

营企业中确认工人的民主权利，建立劳资协商会议，签订集体合同，救济失业工人，促进劳资关系的正常化和生产的恢复发展；三是调整产销关系，通过分行业召开产销专业会议，在国营经济领导下实行公私企业供产销的合理分工，限制私营企业生产经营活动的盲目性，使其根据市场实际需要，步入产销平衡正轨。

通过调整公私关系、劳资关系和产销关系，上海私营工商业生产经营情况渐趋好转，在国营经济领导下发挥积极作用，在实际上开始变成受国家扶持和控制、并能够决定其发展方向的国家资本主义经济。

开展"三反""五反"运动

为了支援抗美援朝战争，促进国民经济恢复发展，从1951年10月开始，增产节约运动在全国范围内蓬勃开展。但随着运动的深入，暴露出大量贪污浪费和官僚主义问题，这引起中央的高度重视。1951年12月，党中央作出《关于实行精兵简政、增产节约、反对贪污、反对浪费和反对官僚主义的决定》。

上海于同年12月发出指示，按照发动群众揭发检举、定案处理和组织建设三个阶段，推动"三反"运动首先在市级机关中开展，通过领导带头、层层检讨，发动群众普遍检查贪污、浪费与官僚主义现象，随后推广至国营公营及公私合营工厂、高等院校、文艺界等领域。党中央对上海"三反"运动的开展十分关注，要求上海先集中力量开展"三反"运动，再开展"五反"运动。为加强对上海"三反"运动的领导，指派陈毅、谭震林坐镇上海，派中央增产节约委员会主任薄一波到上海帮助指导工作，还从苏南、山东、福建等地抽调一批领导干部充实上海市党、政、群等有关方面的领导力量。通过"三反"运动的开展，在国家工作人员中普遍树立廉洁奉公、艰苦朴素、为人民服务的作风，厉行节约、艰苦奋斗、爱护国家财产等新风气在社会居于主导地位。

随着"三反"运动的开展，揭露出许多贪污分子的违法行为和社会上不法商人的违法活动有着密切的关系。1952年1月，党中央决定在工商界开展一场反对行贿、反对偷税漏税、反对盗骗国家财产、反对偷工减料和反对盗窃国家经济情报的"五反"运动。

上海是我国资本主义工商业最集中的城市，因此党中央和毛泽东对上海"五反"运动的开展高度重视，将上海的"五反"运动推迟到3月全面开始。针对上海资本主义工商业面广量大，且重点行业、重点企业多，大资本家亦较多的特点，上海市委作出谨慎从事，区别对待，分期分批，取得经验，然后全面铺开的部署；强调贯彻"反而不乱"和"五反"、生产两不误的方针。工商界上层人士303户（主要包括工商界中的人民代表、政协委员、工商联及民主建国会委员、同业公会主任委员等）由市委直接掌握，主要采用"互助互评"的方法，严肃教育，团结生产，保护过关；一般工商业户由各区委掌握，大都亦采取"互助互评、启发交代"的方式，只对不肯坦白交代的违法工商户才派"五反"检查队入厂、店检查。在运动后期，依据中央"过去从宽，今后从严；多数从宽，少数从严；坦白从宽，抗拒从严；工业从宽，商业从严；普通商业从宽，投机商业从严"的原则进行定案处理，划分为守法户、基本守法户、半守法半违法户、严重违法户和完全违法户。

上海的"三反""五反"运动至1952年7月结束。经过"五反"运动，在工商业者中开展守法经营的教育，廉洁奉公蔚然成风，也在私营企业里确立工人阶级的监督地位，为后来用和平方式逐步改造资本主义工商业作了重要铺垫。

三、文化社会事业和党的建设步入新轨

在巩固政权、恢复经济的同时，上海市委领导全市人民在市郊农村和城市厂矿企业中分别开展土地改革和民主改革，荡涤旧社会遗留下来的污泥浊水，社会风气为之一新，人民生活得到明显改善。党的自身建设也得到完善和加强，为各项任务的胜利完成提供组织保障。

开展土地改革和民主改革

新中国成立时，全国尚有约占人口总数2/3的农民被束缚在封建土地制度之下。为解放农村生产力，发展农业生产，党中央作出在全国开展土地改革的决定，并颁布《中华人民共和国土地改革法》草案。上海市委于1950年12月制订《关于郊区土地改革的计划》，有领导有步骤地推动市郊土地改革的开展。在土地改革过程中，市委、市政府在贯彻执行"依靠贫农、雇农，团结中农，中立富农，有步骤有分别地消灭封建剥削制度，发展农业生产"路线的同时，结合郊区土地关系和阶级关系比一般农村更为复杂的特点，在执行土改政策时特别注意严格区分地主、工商业者、富农、小土地出租者的界限；对近郊杂居的村镇的劳动人民阶级成分的划分，力求切实简便，以利基本群众内部的团结。1951年11月，市郊土地改革基本完成。通过改革，废除地主阶级的土地所有制，提高了农民的生产积极性和组织程度，从根本上改变了农民在农村中的地位。

在市郊农村开展土地改革的同时，上海市委根据中央关于在厂矿企业开展民主改革的要求，于1951年9月作出《关于国营工厂中加强民主团结运动的指示》。上海的民主改革首先在国营工厂中进行，随后向私营工厂和搬运、码头、手工业等比较分散的行业推开。改革主要是通过开展阶级教育，启发提高工人阶级的思想觉悟，划清新社会与旧社会、革命与反革命的界限；通过开展批评与自我批评，改善领导与群众、职员与工人以及工人之间的相互关系，加强工人阶级内部的团结，暴露和清除隐藏在企业内部的反革命分子和封建帮会势力；通过加强工厂民主建设，培养和组织企业中的领导骨干和群众骨干，建立有工人代表参加的工厂管理委员会（私营企业是选举或改选劳资协商会议代表）制度、职工代表会议、生产小组制度、按劳取酬的新工资制度等生产管理制度，实现企业民主化管理。

民主改革至1953年11月基本结束，通过废除企业中各种压迫工人的旧制度，使工人阶级队伍更加团结、主人翁意识和生产积极性进一步提高，在企业中体现社会主义的新型生产关系。

荡涤污泥浊水

旧上海被称为"十里洋场"，淫乐、毒品、赌博等业畸形发展。上海解放之后，市委、市政府积极开展社会改造工作，仅用短短几年时间就基本扫除这些丑恶现象，赢得了世人的赞誉。

上海对妓女改造实行分步推进的方式。1949 年 7 月，市政府发布《管理妓女妓院暂行规则》，加强对妓院和妓女的限制和管理，支持妓院自动停业和妓女自行跳出火坑，并着手组织已经停业和希望转业的妓女参加劳动技能的训练。在禁娼条件基本成熟后，市委于 1951 年 11 月制订关于全市处置娼妓的计划。同月，市各界人民代表会议协商委员会第七次会议作出取缔残存妓院，废除妓女制度的决定，宣布妓院非法，责令其停业，然后封闭妓院、收容妓女。至 1957 年底，娼妓制度在上海被扫进历史的垃圾箱。上海还从开展以吐苦水和挖苦根为中心的阶级教育、医治性病、帮助学习文化和生产技能等四个方面入手，对妓女进行教育改造，使其成为自食其力的劳动者。美国哈佛大学一位社会学家对上海的妓女改造工作作出高度评价，认为像上海这样解决娼妓问题，全世界没有先例。

旧上海制造、运输、贩卖毒品的人员及吸毒者人数众多，街头巷尾到处可见"烟馆多于米店"的奇怪现象。为消除烟毒的祸害，市委、市政府根据政务院 1950 年 2 月发布的《关于严禁鸦片烟毒的通令》，一方面组织公安、司法等部门选派精干力量，抓紧侦破制毒、贩毒的大案要案，以断绝烟毒的流通；另一方面深入发动群众，进行广泛的禁烟禁毒宣传。为了使吸毒者戒除烟毒走向新生，人民政府还对全市吸毒者采取戒毒措施。在市委、市政府的领导和人民群众的积极配合下，烟毒的祸害终于在上海被彻底铲除。赌博也是滋生在旧上海的又一丑恶现象。上海解放后，市委、市政府封闭公开的赌场，兴建公共娱乐场所；在全市范围内取缔赌博活动，收容聚赌人员。经过一段时间的深入工作，上海的赌博之风得到基本制止。

通过扫除嫖娼、吸毒、赌博等旧上海遗留下的污泥浊水，上海社会风气日趋良好，人们精神面貌为之一新。

文化教育事业除旧布新

上海是我国的文化教育重镇。解放后，市委、市政府按照中央关于发展民族的科学的大众的文化教育的要求，有步骤地接收和改造旧有文化教育事业，使学校教育制度和思想文化建设能够适应新旧社会的转化，有利于推进生产事业的恢复和发展。

在文化领域，上海市委、市政府坚持"广泛团结、稳步改造""推陈出新"方针，开展戏曲界"改人、改戏、改制"工作。举办三届地方戏曲研究班，对艺人进行政治启蒙教育；改革旧剧，清除舞台上的不健康形象，创排越剧《梁山伯与祝英台》《西厢记》、沪剧《罗汉钱》、淮剧《王贵与李香香》等一批新剧目。成立人民京剧团、人民评弹工作团、人民杂技团等国营剧团，对民间职

1951年9月，人民广场举行开工典礼

业剧团进行规范管理。

同时，对文化设施进行改建扩建。将跑马厅改建为人民广场和人民公园，跑马总会大楼改作上海图书馆和上海博物馆，跑狗场改建为文化广场，东方饭店改建成有着"工人的学校和乐园"之称的上海工人文化宫，解放前曾以藏垢纳污闻名的"大世界"也被改造成为市民休闲娱乐的场所。

在市委、市政府的推动下，群众性文化活动得到蓬勃发展，先后举办全市性的群众歌咏比赛、工人戏剧观摩演出、工人红五月美术展览会等活动，市工人文化宫成立文工团，建话剧分队，许多工厂也纷纷建立业余戏剧组织，一批工人作家从中脱颖而出。

在教育方面，市委、市政府在接管和整顿旧有学校教育的过程中，贯彻"教育必须为生产建设服务，为工农服务，学校向工农开门"的方针，积极发展人民教育。举办识字夜校、识字班和识字组，开展扫盲运动，工农速成教育和业余教育也得到迅速发展。1952年8月，市委、市政府根据中央"以培养工业建设干部和师资为重点，发展专门学院和专科学校，调整和加强综合性大学"的要求，对全市高校院系开展大规

1952年8月，国棉九厂的工人在识字班学习

模调整，沪江大学、圣约翰大学等12所高校停办或并入其他高校，同济医学院、东南医学院等4所高校外迁，新建华东政法学院、华东化工学院、上海第二医学院等5所高校。至1953年，全市高校数量由1949年底的37所降为15所，形成以单科性院校为主的格局。

贯彻城市建设"两为"方针

解放前的上海，城市建设畸形发展，多数劳动人民聚居的地区生活环境和居住条件恶劣。1951年4月，市委、市政府提出城市建设要贯彻"为生产服务，为劳动人民服务，并且首先是为工人服务"的方针，把有限的资金用于对原有基础设施逐步进行改建、扩建，有重点地修理和建设工人住宅，改进工人居住区的条件；增加劳工医院医疗设施，改善医疗条件。在对药水弄等180处棚户区开展改造的基础上，从1951年9月开始辟建上海第一个工人新村——曹杨新村。曹杨新村设施完善，配套齐全，建有商店、菜场、学校、图书馆等，方便居民生活。从1952年起，又在曹杨、凤城、鞍山、天山、日晖等工人居民相对集中的地区，分九个基地兴建2000个住宅单位，因每单位居住十户，故称"二万户"。

针对市区原有道路通行能力不强等问题，市政府决定于1951年夏先后开工建造蕴藻浜和长寿路两座大桥，使市区到吴淞、沪西工业区到沪东工业区的道路通行能力大为增强。1953年12月，开筑当时上海最宽阔的市区通道——人民广场大道。1954年10月起，市政府对肇嘉浜开展改造工程，通过以工代

1952年6月，曹杨新村举行第一批居民的搬迁庆贺活动，一批先进生产者在掌声中步入新村

1954 年 10 月，肇嘉浜改造工程动工

赈方式，填浜埋管，修筑道路，昔日"龙须沟"成为一条集交通、排水、环境绿化等功能于一体的林荫大道。

开展整风运动和整党运动

上海解放后，为改变一个单位中党员分属于不同组织系统、且党的组织和党员身份尚未公开的状况，市委首先着手统一党的组织设置，以按地区建立党的组织为主，对在全市拥有垂直系统的产业部门建立党委。上海还探索建立并不断完善大口党委体制，将大口党委作为市委派出机构，以加强党对专业条线部门的纵向管理。同时，开展公开党的工作，向人民群众公开党组织的活动和党员的政治身份，密切党与群众的关系。

在此基础上，针对部分干部存在的官僚主义作风、脱离群众现象和骄傲自满情绪，根据中央关于在全党全军开展整风运动的指示，上海市委于 1950 年 8 月制订《中共上海市委整风计划》，开展新中国成立以来的第一次党内整风。整风运动以全市科、处以上党员干部为重点，然后逐步推向一般党员干部。基本方法是结合中心工作，举办整风轮训班，召开在职干部的整风会议。市委、市政府在整风运动中发挥示范带头作用，率先召开整风会议，由主要负责干部作整风报告，总结检讨本部门的工作和自己的思想作风，然后深入地开展批评与自我批评，带动全市各单位整风会议的召开。

上海的整风运动至 1950 年底基本结束。通过整风，广大干部的思想政策水平显著提高，骄傲自满、官僚主义、命令主义、事务主义作风有较大改进，与人民群众关系更为密切，同时也检查处理一批贪污腐化、违法渎职案件。

随着整风运动的开展，党中央认识到，必须对党的组织有计划、有准备、有领导地进行一次普遍的整理。1951 年 3、4 月间，中共中央召开第一次全国组织工作会议，作出《关于整顿党的基层组织的决议》和《关于发展新党员的决议》。同年 10 月，市委作出整党建党计划，开始为期三年的整党运动。运动分为准备和组织整顿两个阶段，通过对全体党员开展共产党员标准八项条件的学习，组织党员联系实际对照检查，根据八项条件作出个人思想小结，开展认真严肃的批评与自我批评；随后进行党员登记填表、鉴定和组织审查处理工作，对不具备党员条件的分别作出处理。

这次整党运动的一个重要特点是紧密结合各项政治运动和工作任务，机关整党结合批判资产阶级思想、革命到头的思想，反对贪污、浪费、腐化堕落和官僚主义作风等进行；工厂企业结合正在开展的"三反""五反"运动和民主改革、生产改革，着重批判资本主义的经营管理方法，端正全心全意依靠工人阶级的思想，树立共产主义劳动态度。

在整党的同时，还有计划地开展建党工作。市委及各区委举办工人政治学校、夜党校，对在各项运动中涌现的积极分子开展共产党、共产主义的教育和考察，并按照积极慎重的方针从中发展一批党员。通过整顿党的基层组织和发展新党员，使党的队伍更加壮大，增强党组织的纯洁性和战斗堡垒作用。截至 1956 年底，全市共有党员 193503 名，占全市人口的 3.05%，[①] 为 1949 年 7 月时的 10.75 倍；共有支部 9044 个，为 1949 年 7 月时的 12.61 倍。[②]

---

① 《中共上海党志》，第 306 页。
② 《上海解放以来党的发展工作概况》，上海市档案馆藏档。

四、"维持利用、调整改造"方针的实施

在国民经济迅速恢复的基础上，上海市委根据党中央提出的过渡时期总路线要求，开始进行有计划的社会主义经济建设。从我国开展大规模经济建设的大局出发，上海积极贯彻"维持利用、调整改造"方针推动城市自身发展，同时从资金、设备、技术、人才等各方面为全国重点建设项目和新兴城市发展提供支持。

制定和实施第一个五年计划

经过三年的努力，我国于 1953 年底胜利完成恢复国民经济的任务。1953年，党中央确立党在过渡时期总路线，即"要在一个相当长的时期内，逐步实现国家的社会主义工业化，并逐步实现国家对农业、对手工业和对资本主义工商业的社会主义改造"。为实现过渡时期总路线规定的社会主义工业化主体任务，保证大规模经济建设有计划、按比例地进行，从中央到各个地区和部门均开始五年计划的编制工作。

在中央人民政府财政经济委员会和上海市委的领导下，上海于 1952 年底开始编制第一个五年计划。经过边实施边讨论修改，于 1955 年 3 月编制完成《上海市发展国民经济第一个五年计划纲要草案（初稿）》上报国家计委。11月，国务院正式下达《上海市发展国民经济的第一个五年计划》。上海"一五"计划的基本任务是：采取"维持利用、

1956 年，国营上海第二纺织机械厂欢庆提前完成"一五"计划总产值目标

调整改造"的基本方针,在国家的统一计划下,充分利用并发挥现有企业的潜力,对主要工业部门的生产管理进行改革和技术设备的改进;有步骤地积极地对农业、手工业和资本主义工商业进行社会主义改造;在人力、物力、财力等方面,大力支援国家经济建设,提高人民物质文化生活水平。

在实施"一五"计划过程中,市委、市政府通过抓好经济建设中的几个重大问题,推动各项建设取得良好开局。一是采取优先发展重工业的指导方针,工业结构开始发生变化,从以轻纺工业为主的工业城市向以重工业为中心的综合性工业基地转变。二是通过对原有的工业基础挖潜改造利用,广泛推广新技术新工艺,工业生产的技术装备和技术水平显著提高,尤其是原来以修配为主的机械制造工业已能独立生产汽轮发电机、精密机床等成套设备和部分精密关键设备。三是贯彻"郊区农业为城市服务"的方针,推动郊区农业结构性调整,由过去以粮棉油种植为主过渡到粮棉油与林牧副渔并举。四是在积累和消费的比例关系上,把发展生产和改善人民生活恰当地结合起来,五年中上海职工工资总额增长60.1%,人民生活水平得到较大改善。至1957年,上海全面超额完成"一五"计划时期的各项计划任务。

实行统购统销

早在新中国建立前夕,《中国人民政治协商会议共同纲领》就已经明确,凡属有关国家经济命脉和足以操纵国民生计的事业,均应由国家统一经营。大规模经济建设开始后,我国的经济规模迅速扩大,实现国家对粮食和其他重要农产品的计划收购和计划供应更显迫切。1953年10月,党中央作出《关于实行粮食的计划收购与计划供应的决议》,决定对粮食实行统购统销,由国家严格控制粮食市场,严禁私商自由经营粮食。此后,统购统销的范围进一步扩大到油料、棉布和棉花。

为避免对上海的市场供应、特别是主食——大米的供应造成波动,1953年10月,市军管会和市政府首先对食油和面粉进行统购统销。从12月起,上海开始实行粮食的统购统销，重点是在全市范围内实行粮食统一经营、凭证定点定量供应。1954 年 9 月，上海又对棉花实行统购，对工业品棉布实行统购统销。

统购统销制度通过对食油、粮食、棉布等主要商品实行计划收购和计划供应，把主要农产品大部纳入计划管理，对于保障全市人民基本生活需要和稳定物价，保障国家经济建设的物资供应，促进上海对个体农业、手工业和资本主义工商业的社会主义改造具有重要意义；对于计划经济体制和城乡二元结构的形成关系密切，被称为继稳定物价、统一全国财经工作之后"新中国财经战线上第二次大战役"。但这一政策也具有明显的局限性，主要是由于产品统购统销，农民缺乏经营自主权与积极性，影响了农村商品生产的发展和经济效益的提高。1985 年以后，这一政策实际上已被取消。

支援国家重点建设

"一五"计划期间，上海虽然不是国家重点建设地区，但上海市委始终强调要从国家建设大局出发，充分利用自身工业基础较好、技术力量较强的优势，出产品、出资金、出技术、出人才，大力支援国家大规模经济建设。

上海支援国家重点建设首先体现在人力支援方面。从 1953 年到 1956 年，上海支援全国各地工业建设的熟练技工、技术人员、管理人员及政治干部 21 万人。[①] 他们为长春第一汽车制造厂、鞍山钢铁公司、哈尔滨电机

1955 年 7 月，341 名五金工人从上海出发，支援第一汽车制造厂建设

---

① 《中共上海党志》，第 252 页。

1956 年，交通大学师生为西迁西安做好设备装箱起运准备

厂、汽轮机厂和锅炉厂等"156 项"建设项目顺利建成投产发挥重要作用。上海还利用技术和管理先进的有利条件，积极为外地厂矿企业培训艺徒。

"一五"计划期间，上海为国家重点建设项目承担了大量加工协作任务，提供大批配套设备。包括为鞍钢建设工程提供的 78 种产品，为长春第一汽车制造厂提供的 43 种产品，为西北石油工业生产的 400 多种机械配件，为安徽佛子岭、梅山、官厅水库工程制造的巨型闸门等。[1] 对于洛阳拖拉机厂、洛阳滚珠轴承厂等重点建设项目必需的配套企业，上海积极组织相关企业进行整体搬迁，推动这些项目形成完整的生产体系。

大规模经济建设的开展，也带动西安、兰州、洛阳等一批新兴城市的迅速发展。上海不仅组织轻工、纺织等行业的工厂外迁，实现资金、设备、技术和人才的一次性转移；还选择一批经营有特色、在社会上有影响、服务质量优秀的商业企业进行整体搬迁，推动当地商业的繁荣，以满足人们物质生活的需要，并为重工业的发展提供配套。此外，上海针对新兴城市文化教育设施不足的现象，根据国务院要求组织交通大学等学校西迁，做好剧团输送等工作，为新兴城市文化教育事业发展奠定良好基础。

---

[1] 《上海人民政府志》编纂委员会编：《上海人民政府志》，上海社会科学院出版社 2004 年版，第 444 页。

　　上海还为国家提供大量的建设资金，全市绝大部分财政收入都上缴国家，为国家进行基本建设投资作出贡献。五年中，上海上缴国家的财政收入相当于同期国家基本建设投资总额的 30%，上海企业上缴的利润相当于同期国家对上海投资额的 6 倍。[①]

五、社会主义制度在上海确立

　　为保障社会主义工业化建设的顺利开展，根据过渡时期总路线的要求，上海市委、市政府采取从中低级形式到高级形式逐步过渡的方式，以和平手段基本完成对农业、手工业和资本主义工商业的社会主义改造，社会主义制度建立起来了。

建立人民代表大会制度

　　在推进民主建政过程中，人民群众的组织程度觉悟水平以及管理国家事务的积极性明显提高，在普选的基础上召开人民代表大会的条件已经成熟。1953年 1 月，中央作出召开由人民用普选方式产生各级人民代表大会，并在此基础上召开全国人民代表大会的决定。

　　从当年 11 月起，全市统一进行人口调查登记，并结合进行选民登记。随后，全市的选举工作普遍展开，有 96% 以上的选民参加选举，广大选民怀着强烈的翻身感，认真行使自己的选举权利。1954 年 7 月，全市 20 个市区、10个郊区以及 1 个水上区分别召开区第一届人民代表大会第一次会议。8 月 16日至 21 日，上海市第一届人民代表大会第一次会议召开。会议听取、讨论《关于宪法草案讨论情况的报告》《关于实行粮食定点供应问题的报告》，审议

[①] 《中共上海党志》，第 253 页。

1954 年 8 月，上海市第一届人民代表大会第一次会议召开

通过《关于上海市一九五三年决算和一九五四年预算草案的报告》，并采用无记名投票方式，选举宋庆龄、沈钧儒、陈云、陈毅等 63 人为第一届全国人大代表。上海市、区、乡（镇）三级人民代表大会通过民主选举正式建立，标志着人民代表大会制度作为党领导下的一项根本制度在上海得到确立。

实行人民代表大会制度以后，人民政协的性质、地位、作用任务也相应作出改变。上海市各界人民代表会议休会期间的常设机构——市协商委员会不再代行人民代表大会的职能，但其机构暂时保留，作为代行中国人民政治协商会议上海市地方委员会职权的人民民主统一战线组织。直至 1955 年 5 月，根据《中国人民政治协商会议章程》的规定，成立中国人民政治协商会议上海市委员会。其作为中国人民政治协商会议的上海市地方组织、上海人民的爱国统一战线组织和中共上海市委领导的多党合作和政治协商的重要机构，对国家大政方针、地方重要事务和群众生活中的重要问题履行政治协商、民主监督、参政议政的职能，为建设中国共产党领导的多党合作和政治协商这个基本政治制度发挥了重要作用。

推动农业合作化运动

　　土地改革之后，市郊农民摆脱封建土地制度的束缚成为土地的主人，生产积极性空前高涨。但土地改革并未改变中国农业分散的、个体的、落后的基本形态，农民在发展生产过程中逐步产生开展劳动互助的要求。1951 年 12 月党中央印发《关于农业生产互助合作的决议（草案）》后，市郊开始组建互助组。互助组作为开展农业互助合作的初级形式，在劳力、耕畜、农具方面互相支援，生产经验上互相交流，推动劳动生产率实现较大提高。

　　在发展互助组的同时，部分农民产生举办初级农业生产合作社的要求。根据 1953 年 12 月公布的《中共中央关于发展农业生产合作社的决议》，市郊农业合作化运动进入以发展初级农业生产合作社为主的第二阶段。初级社以土地、耕畜、大农具等折股入社，统一使用，保留了农民的所有权，生产成果按入股份额和劳动工分以一定比例进行分配。郊区农业初级社绝大部分实现增产，社员收入也有进一步的提高。

　　1955 年 10 月党的七届六中全会审议通过《关于农业合作化问题的决议》，以及 1956 年 1 月由毛泽东主持选编《中国农村的社会主义高潮》一书的出版，对在全国迅速掀起农业合作化高潮起到直接推动作用。上海市郊农民的入社积极性空前高涨，并且产生举办土地、耕畜、大型农具等主要生产资料归集体所有，完全实行按劳分配，具有社会主义

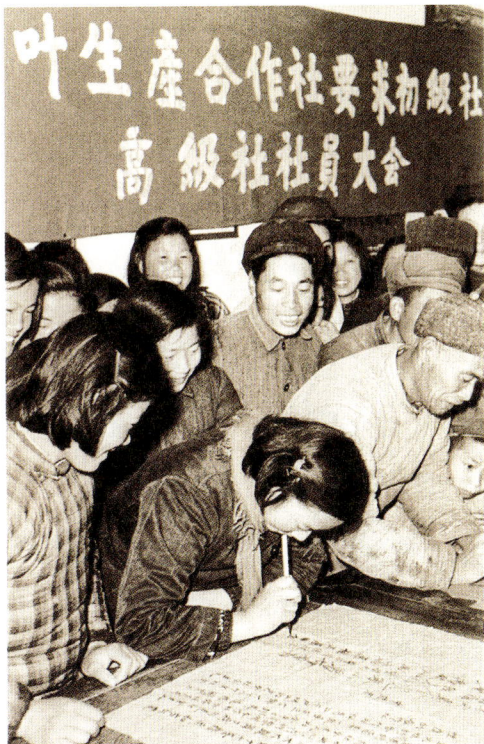

生产合作社社员签名要求办高级社

性质的高级农业生产合作社的要求。1956年1月18日，全市召开农业生产合作社代表会议，上海市委和市人委根据北京郊区7天全部转为高级社的做法，批准全市郊区1794个初级社与原14个高级社一起经过合并转为348个高级社，基本上完成全市对农业的社会主义改造。通过农业社会主义改造，把分散、脆弱的农业个体经济改造成为集体经济，使农业经营制度发生根本性变化，促进农村生产力的发展，也为大规模工业建设的起步准备了重要条件。

引导个体手工业者走合作化道路

个体手工业在上海的经济生活中占有相当重要的地位，对于支援农业生产、满足城乡人民生活需要、弥补大工业产品不足以及特种工艺品出口等方面都发挥着积极作用。但上海的手工业规模较小，只能用简单工具从事手工劳动，劳动生产率不高，生产经营也并不稳固。因此，需要逐步引导手工业劳动者在自愿的基础上组织起来，通过合作化走社会主义的道路，把个体所有制改变为社会主义的集体所有制。

根据1951年6月第一次全国手工业生产合作会议制订的手工业合作社章程草案要求，上海市委、市政府采取说服、示范、国家援助等方法，启发和帮助手工业劳动者按照自愿互利原则组建手工业合作社。过渡时期总路线公布后，结合本市生产发展的需要和手工业劳动者的接受程度，采取供销生产小组、供销生产合作社和生产合作社三种组织形式，通过从低级到高级的发展，有计划、有重点地推进手工业合作化。

进入1956年之后，在农业合作化和资本主义工商业全行业公私合营浪潮的推动下，1万余名手工业者于1月19日举行庆祝全市手工业合作化胜利大会，3.27万户共7.1万名个体手工业者，连同划归手工业改造的工场手工业，共3.4万余户、8.6万人，经市人民委员会批准全部参加生产合作社，全市基本实现手工业的合作化。

1956 年 1 月，工商界代表（左起：荣毅仁、胡厥文、盛丕华）带着申请书步入申请公私合营大会会场

开展资本主义工商业的社会主义改造

上海资本主义工商业在全国占有举足轻重的地位，这决定了上海资本主义工商业的社会主义改造工作能否顺利开展对全国具有重要影响。

在国民经济恢复时期，上海市委、市政府在优先发展国营经济的前提下，贯彻"公私兼顾、劳资两利"方针，对私营工商业在扶助其有利于国计民生的部分，使其得到一定程度发展的同时，逐步把私营企业纳入国家资本主义的初级形式，限制其盲目生产经营和投机活动。鉴于金融业的重要性和特殊性，上海按照金融业先于一般工商业的步骤，首先对私营金融业开展社会主义改造。在一般工商业的改造方面，对私营工业企业主要采取收购、加工订货、统购包销为主的国家资本主义的初级形式；对私营商业则是加强市场管理，把以私营商业为主体的交易市场改组成由公私工商企业参加的交易市场。

过渡时期总路线公布后，上海市委、市政府积极贯彻中央对资本主义工商业采取"利用、限制、改造"的政策，在继续扩展资本主义初级形式的同时，开始转入有计划地扩展公私合营阶段。公私合营是国家资本主义的高级形式，其特点是社会主义成分同资本主义成分在企业内部合作，公方占有相当股权，公私双方共同经营企业，公方代表居于领导地位，企业利润按国家所得税、企业公积金、职工福利奖金和资方股息红利"四马分肥"的形式进行利润分配。这样，企业利润大部分归国家和工人所有，基本上是为国计民生服务的，公私合营企业因而更多具有了社会主义性质。

随着1955年党中央明确扩展合营工作实行统筹兼顾的方针，采取个别合营与按业改造相结合的方式，上海对资本主义工商业改造的重点从个别企业的公私合营转向全行业的公私合营。全行业公私合营企业的生产关系发生根本变化，资本家的生产资料归国家所有，企业基本上是社会主义性质的。在主要农产品实行统购统销，绝大多数农民加入农业合作社的形势下，资本主义工商业者从原料和市场两头受到严格控制，全行业公私合营已成为大势所趋。

1956年1月20日，在北京宣布对资本主义工商业全部实行全行业公私合营的推动下，市人委召开上海市资本主义工商业公私合营大会，市工商联主任委员盛丕华代表上海全体工商业者向市领导递交要求公私合营的申请书，副市长曹荻秋代表市政府宣布批准全市205个行业、106274户资本主义工商业实行公私合营。《人民日报》为此发表社论，宣布"上海市的社会主义改造已获得了全面胜利"。

社会主义改造的基本完成和社会主义制度在上海的确立，是上海历史上最伟大、最深刻的变革之一。虽然实施过程中在一定程度上存在着要求过急、步子过快、工作过粗、形式过于简单划一等缺点和偏差，但从总体上看，在上海这样一个有几百万人口的大城市和几乎涉及全市每个家庭的情况下进行如此复杂、困难且深刻的社会变革，不仅没有造成社会动荡和生产停滞，而是保持国民经济基本上稳定发展，并得到人民群众的普遍拥护，是难能可贵的。社会主义制度的建立，为上海此后的发展奠定了根本政治前提和制度基础，具有深远的历史意义。

第七章

社会主义建设的全面展开

从 1956 年到 1966 年 "文化大革命" 爆发前，中共上海市委和市人民政府率领全市人民积极探索适合市情的社会主义建设道路，制定实施 "充分利用、合理发展" 工业方针、确立工业生产和科学技术向 "高精尖" 方向发展目标，纠正 "大跃进" 和人民公社化运动等严重失误，全面完成国民经济调整任务，把上海初步建设成为中国先进的工业和科学技术基地（简称 "两个基地"），为中国建立独立的、比较完整的工业体系和国民经济体系发挥了重要作用。

一、制定贯彻 "充分利用、合理发展" 工业方针

社会主义基本制度建立后，为适应全面开展社会主义建设的新形势，市委和市政府抓住党中央发展沿海工业的历史性机遇，制定并贯彻 "充分利用、合理发展" 工业方针，迅速扭转 "一五" 前期上海工业发展落后于全国平均水平的被动局面，夯实重化工业的基础，有计划地发展高精尖科学技术，使上海探索社会主义建设道路有了一个良好的开端。

召开中共上海市第一次代表大会

1956 年对生产资料私有制的社会主义改造基本完成后，中国共产党人努力探索和开辟一条适合中国情况的建设社会主义道路。1956 年 4 月 25 日，毛泽东发表《论十大关系》的讲话，提出把国内外一切积极因素调动起来为社会主义服务的基本方针。他还提出："好好地利用和发展沿海的工业老底子，可以使我们更有力量来发展和支持内地工业。如果采取消极态度，就会妨碍内地

工业的迅速发展"。①由此，发展沿海工业成为国家工业化战略的重要组成部分。5月3日，国务院副总理陈云到上海，向市委和工商界人士传达了毛泽东关于"上海有前途，要发展"的指示精神，进一步阐明中央关于利用和发展沿海工业老基地的方针政策。这为上海解放和发展生产力提供了重大机遇。

市委和市政府在回顾总结"一五"计划前期的经济建设，具体分析上海工业情况的基础上，进一步深入思考上海未来发展的方向和路径，提出了"充分利用上海工业潜力，合理发展上海工业生产"（简称"充分利用、合理发展"）的方针，并提交中共上海市第一次代表大会讨论。

1956年7月11日至26日，中共上海市第一次代表大会（简称市一届党代会）在中苏友好大厦（今上海展览中心）友谊电影院举行。775名代表、80名候补代表出席会议，197人列席会议。会议的中心议题是讨论制定上海工业发展方针。国务院总理周恩来、副总理陈毅出席会议并讲话。市委第一书记柯庆施代表市委作《调动一切力量，积极发挥上海工业的作用，为加速国家的社会主义建设而斗争》的报告。

1956年7月，中共上海市第一次代表大会召开

① 《论十大关系》(1956年4月25日),《建国以来毛泽东文稿》第六册，中央文献出版社1992年内部版，第85—86页。

会议讨论通过的"充分利用、合理发展"工业方针，其核心是要充分利用上海近百年来形成的工业基础，利用它原有的设备和技术力量，更好地满足国家和人民的需要，为加速国家的社会主义建设服务。同时，"充分利用"与"合理发展"是密切相联的，要达到充分利用的目的，必须积极改造、合理发展现有工业；而改造和发展现有工业，必须照顾到国家和人民的需要，必须照顾到全国工业生产的合理布局以及供产销的平衡，要最大限度地符合加速国家社会主义工业化的要求。根据该方针，大会初步规划了全市工业在第二、第三两个五年计划的发展规模和发展方向。

大会讨论通过了《中国共产党上海市第一次代表大会决议》，选出了上海市出席中国共产党第八次全国代表大会的正式代表、中共上海市第一届委员会委员和候补委员。会后，市委第一次全体会议选出市委常委 14 人，柯庆施为市委第一书记。

市一届党代会是上海探索适合市情建设社会主义道路中一次重要的会议。大会制定的"充分利用、合理发展"工业方针适应了当时国家经济建设的需要，符合上海工业的实际情况，为上海经济和城市建设的发展明确了方向、开辟了新路。同年 8 月 12 日，上海市第一届人民代表大会第四次会议通过了该方针。

夯实重工业发展基础

1956 年下半年起，上海结合贯彻党的第八次全国代表大会关于集中力量发展生产力，尽快把我国从落后的农业国变为先进的工业国的精神，贯彻实施"充分利用、合理发展"工业方针。

1956 年下半年到 1957 年初，为解决原有工业企业数量多、规模小、产品重复、技术落后和比较分散的问题，上海采取先管后改的办法进行第一次工业改组。通过成立 83 个行政性专业公司，对 2 万余户地方工业企业按行业实行归口管理，合并了 7992 户，外迁 233 户。同时，按照"分片管理、以点带面"的方法和"产品相同、地区相近"的原则，建立了1790个中心厂和840个独立厂，通过中心厂带动卫星厂，加强对所属厂的领导，改善生产管理。到1956年底，全市1.8万余户工业企业中，国营和公私合营占比91.3%，高度集中的管理体制开始形成。与此同时，开始在近郊新辟桃浦、彭浦和漕河泾三个工业区。

为调动全市各界建设社会主义的积极性，各工厂企业组织开展社会主义竞赛，从政治、经济、文化、生活等各方面关心职工群众；对有实际经营管理经验或有技术专长的资方人员，尽可能按其特长安排工作，使其有职有权，并注意搞好公私双方共事；召开市人代会、政协会议和双周座谈会，使各民主党派切实能够参政议政，反映情况，提出批评和建议；各科研单位、高等学校和工厂企业认真贯彻执行《上海市1956年到1957年知识分子工作纲要（草案）》，在工作上和生活上进一步加强对知识分子关心和照顾的同时，积极开展从知识分子，特别是从科学、教育、工程、卫生、文艺等部门的高级知识分子中吸收党员的工作。

1958年，市委根据中央对沿海工业的新要求，结合国家赶英超美的发展战略和支援全国建设的现实需要，将发展高级的、精密的、大型的产品、新产品作为工业发展方向。市经济计划委员会起草的《1958—1962年上海工业发展规划纲要》提出了"二五"期间要把上海建设"成为全国一个以重工业为中心的具有先进技术水平的综合性的工业基地"。市三届人大一次会议提出要积极改组上海的工业生产组织，向高级、大型和精密的方向发展。市二届党代会提出：根据全国的统一计划，上海的工业生产要进一步向高级、精密、大型的方向发展。

"蚂蚁啃骨头"——小车床加工大部件

在党中央关心和全国人民的支

援下，上海人民以高昂的干劲，充分发挥积极性和创造性，广泛开展技术革新和技术革命，创造了"蚂蚁啃骨头"等加工方法，解决了大量关键性生产技术，提高了劳动生产率，提高了钢铁、铸锻、化工等行业技术装备的机械化、半机械化、自动化、半自动化水平，使二三十万工人摆脱了手工操作。

与此同时，进行了第二次工业改组，建立了一批骨干工厂，扩大了上海的工业门类。扩建、新建了上钢一、三、五厂，重型机器厂、闵行发电厂、吴泾热电厂、吴泾化工厂等一批工厂，通过裁并、改建、扩建，将许多原来搞修配的小厂组成大型骨干工厂，使之形成大批量、能成套生产的能力，并调整部分轻纺企业转产仪表工业和新产品。

在1958年1月、11月国务院先后批准将江苏省的上海、宝山等10个县划归上海市管辖后，市委及时调整工业布局，加快建设卫星城和新工业区。在将工业布局调整与卫星城建设有机结合的思想指导下，第一个建成的闵行卫星城于1959年7月开始建设，并仅用78天就基本建成"闵行一条街"。同时，上海汽轮机厂、上海电机厂、上海锅炉厂和上海重型机器厂等重型机械制造"四大金刚"企业相继改、扩、迁建至此，闵行由此成为以机电工业为主的工业基地。此后，上海继续开工建设了吴泾、安亭、嘉定、松江等卫星城镇，并

1958年10月，上海电机厂等单位研制成功世界上首台双水内冷发电机组

1960 年 4 月，国产第一艘万吨远洋货轮"东风"号下水

逐渐形成一批各具特色的工业基地。

到 1960 年底，全市大中型企业达到 234 个 ①，重工业得到快速发展，工业自行设计、制造能力提高，试制成功了世界首台 1.2 万千瓦双水内冷发电机、万伏高压电桥、2.5 万吨合成氨设备、2500 吨水压机、万吨远洋货轮等国家和各地建设急需的新产品，改变了钢铁工业"缺铁、缺优质钢材"的困境和只能生产普碳型钢和线材的落后面貌，夯实了钢铁工业基础，逐步建立了精密合金、高温合金、精密机械、汽车、拖拉机、石油化工、新型塑料、精密仪表、手表、合成洗涤剂、合成纤维等新兴工业部门，为以后上海的发展奠定了基础。

科学技术向"高精尖"发展

1958 年，市委明确提出科技要有重点紧紧抓住已确定的几十个重大项目，抓尖端科学技术与解决当前生产技术问题并重的工作方针，并对科技事业的发展作出了一系列重大决策和部署。

为加强对全市科技工作的领导，1958 年，先后成立了中共上海市委科学技术领导小组、上海市科学技术委员会（简称市科委）、上海市科学技术协会和中国科学院上海分院。1960 年，又成立了上海市生产技术局和上海市赶超国际先进办公室。

---

① 上海市统计局编：《1983 上海统计年鉴》，上海人民出版社 1984 年版，第 75 页。

为发展新技术和新兴工业，市委决定建立原子核、计算技术、技术物理、电子学和力学等 16 个新技术研究所，并抽调科技骨干力量、调配大学毕业生和肄业生从事新技术的开拓工作，抽调一批领导干部配备各新建研究所，加快建设嘉定科学城，为原子核等研究所开展工作创造条件。同时，在复旦、交大、同济、华东师大等高校开设尖端技术课程，创办上海科技大学、上海工学院、上海业余大学，建立冶金、机械等各工业局局属高等专科学校和中等专业学校及各种职工业余学校，培养积蓄新技术人才。

上海编制和落实 1958 年科学技术研究计划、1959 年全市科学技术重点任务的发展规划、全市 1960 年科技工作提要和 1960—1967 年科技发展纲要，对生产技术、尖端科学技术和基本理论研究的任务进行了统一安排，促使各项科研工作有序推进。

为推动我国重工业的发展，市委承接下万吨水压机的研制任务。为配合国防科技和国防工业的发展，市委为 1958 年迁沪的中科院力学所 1001 设计院补充了一大批技术骨干、大中专学生和技术工人，以及用于加工试验的若干个定点工厂，建设研制基地，并经过争取，使导弹试制技术基地落地上海。1960 年，上海成功研制、试射了我国自行设计的第一枚探空七号模型火箭和我国第一枚探空七号液体燃料火箭，并开始着手研制导弹配套的新材料和关键设备。

1960 年 1 月，市委在闵行召开全市科技工作会议，动员全市争时间，抢速度发展高精尖（即高级、精密、尖端）科学技术。会议明确提出：上海应发展成为国家新产品试制和新技术研究的重要基地；科学技术工作要为经济及国防建设服务；工业技术改造要贯

1960 年，在市郊南汇县老港镇沙滩上探空七号模型火箭在发射前加注推进剂

彻"土洋结合"两条腿走路的方针，大力更新设备，提高机械化程度；要加速发展尖端科学技术，对原子能、电子学、半导体、计算技术、新型材料的发展以及基础理论研究提出了要求。会议提出了保证规划实现的各项措施。会后，各行各业都先后制订并组织实施向高精尖发展的规划，全市科研单位得到充实和加强，并新建了30多个独立科研单位，许多企业建立了自己的研究室或中心试验室。同年，周恩来总理向上海下达了攻关分离膜元件和氟油的科研任务。

工业方针的贯彻，使上海工业在1956年就迅速扭转了"一五"计划前三年增长速度低于全国、1955年出现下降的被动局面，到1959年，基本完成了全市"二五"计划的主要生产指标，工业结构和布局发生了重大变化，重化工业总产值大大超过轻纺工业，新增不少门类，新兴的电子工业成为独立的工业部门，工业技术水平得到提高，并在近郊和卫星城镇建起了一批工业区和工业基地。尖端科技的发展和基础理论的研究开始起步。社会主义建设有了一个良好的开端。

二、探索社会主义建设道路中的曲折

为巩固党的执政地位和社会主义制度，加快经济建设，上海根据党中央的指示精神，先后开展整风运动和反右派斗争，"大跃进"和人民公社化运动。然而，由于党对社会主义条件下阶级斗争形势的误判，对社会主义建设规模速度的急于求成，上海社会主义建设道路的探索过程出现了曲折。

整风运动和反右派斗争扩大化

为正确认识和应对波匈事件及国内出现的罢工、闹事事件等新情况、新问题，1957年2月27日，毛泽东发表《如何处理人民内部的矛盾》的讲话，第一次明确提出了正确处理人民内部矛盾理论。3、4月间，毛泽东、刘少奇、周恩来来沪作辅导报告，为广大党员干部正确认识和处理人民内部矛盾指明了方向。在市委领导下，干部、党员深入群众，进行调查，正确加以引导和处理。到7月，全市各类人民内部矛盾得到了较为妥善的解决。

5月11日至20日，市委召开宣传工作会议，传达毛泽东在全国宣传工作会议上的讲话，贯彻中央《关于整风运动的指示》，宣布上海党组织整风运动开始，号召党外人士对党的工作和党员干部提出批评意见。同月16日，市委召开全市党员干部会议，号召各级领导放下架子，认真整风，改造自己，主动整风。上海整风运动由此全面展开。在此前后，市委和各级党组织多次召开知识界、工商界代表人士座谈会和小组会，动员他们提意见，帮助共产党整风。

广大人民群众、民主党派和共产党员积极响应市委的号召，对各级党和政府的工作及中共党员干部作风方面存在的缺点和错误提出了许多有益的批评和建议。但是，也出现了极少数资产阶级右派分子乘机攻击中国共产党和新生的社会主义制度的复杂情况。在6月8日，党中央发出《关于组织力量准备反击右派分子的猖狂进攻的指示》，《人民日报》发表《这是为什么？》的社论，7月1日《人民日报》发表社论《文汇报的资产阶级方向应当批判》后，上海的整风运动转入反右派斗争。9月12日，市委发出《关于克服右倾思想，深入反右派斗争的指示》后，上海的反右派斗争进入高潮。到1958年夏季，上海整风和反右运动完全结束时，共有15419人[①]被划为右派分子。

应该说对反对党的领导、反对社会主义道路的思潮和右派分子的进攻进行批判和反击，是必要的、正确的。但由于党对极少数右派分子的进攻缺乏充分的思想准备和应对的政治经验，对阶级斗争的形势作了过于严重的估计，把大量的人民内部矛盾当作敌我矛盾，把大量的思想认识问题当作政治问题。市委虽然尽可能地保护了一批党内干部和从事自然科学研究的高级知识分子，却仍有许多好同志、同党有长期合作历史的朋友、有才能的知识分子、政治上热情

---

① 《中共上海党志》，第254页。

而不成熟的青年被错划为右派分子。反右派斗争的严重扩大化不仅给个人、而且也给党和国家的事业造成巨大的损失。

"大跃进"和郊区人民公社化运动

为尽快改变中国贫穷落后的面貌，1958年5月，党的八大二次会议正式制定了社会主义建设总路线，通过了15年赶超英国和提前5年完成全国农业发展纲要的目标，以及"苦干三年，基本改变面貌"等口号。会后，上海也掀起了"大跃进"运动。

为适应全国各地大力发展地方工业对各类设备的需求和全国重点建设项目要求尽早提供各种协作设备的要求，满足人民群众日益增长的物质文化生活的需求，工业生产指标多次加码，计划反复修订，最终确定1958年的工业总产值计划176亿元，比上年增长55%。8月，市委根据中央政治局扩大会议关于1958年钢产量比上年翻一番决定的精神，提出当年的钢产量为120万吨，比上年增长1.3倍。[①]

市委为动员全市完成"大跃进"指标，号召各条战线迅速掀起"比思想，发扬共产主义精神；比作风，同工农群众打成一片；比智慧，大闹技术革命和文化革命；比干劲，跃进再跃进"的社会主义友谊竞赛，并抽调干部组成声势浩大的万人检查团，分头到各基层单位检查"大跃进"计划和措施。行业间、单位间随即普遍开展了挑战、应战活动，生产指标不断加码。

为了在1958年最后4个月左右的时间里完成钢铁生产高指标，除发动大型钢铁厂的职工以现代设备和生产工艺开展"大、洋、群"炼钢外，还发动各行各业的群众在众多小型分散的生产点使用土炉子开展"小、土、群"炼钢，并要求各行各业为"钢帅"让路，甚至出现了把完好的铁门或家用铁锅砸碎用作炼铁炼钢原料的情况。由于全力保钢，当年完成钢产量122.26万吨，但其

---

① 《中共上海党志》，第255页。

中也包含了一些质量低劣、不能使用的"粢饭钢"。

与此同时，电力、机械和化学工业加快了发展速度，交通、邮电、教育、文化、卫生等各项事业开展"全民大办"，上海"大跃进"运动进入了高潮。为了完成高指标，一些工厂废除了一些必要的规章制度，降低了产品质量。然而，这种违反客观规律的大规模群众性的盲目蛮干，不仅影响了群众的日常生活和工厂企业的正常生产，而且造成国民经济比例失调，人力、物力的浪费。

根据《中共中央关于在农村建立人民公社问题的决议》精神，郊区农村迅速开展了人民公社化运动。1958年9月21日，上海郊区农村第一个人民公社——七一人民公社成立。它规模很大，包括6乡3镇74个高级社，有8万人、10万亩土地。人民公社实行政社合一，既是基层经济组织，又是基层政权机构，统一领导工农商学兵。到9月30日，全郊区实现了人民公社化，郊区各县原有796个高级农业生产合作社合并组成了23个人民公社。

人民公社成立初期，一度实行生产资料公社所有制，搞"一平二调"（平均主义、无偿调拨），刮"共产风"，自留地、自养牲畜、自营果树都收归社有，这种做法削弱了队有经济，影响了社员分配。同时，郊区各县都按生产队举办食堂，实行"吃饭不要钱"的制度。有些地方还实行看病、理发、上学不要钱，扩大了平均主义的范围。

各人民公社在估算1958年夏季、秋季作物产量和制订冬季生产计划时普遍出现了高指标和浮夸风，生产管理上随之出现了瞎指挥风，过度深耕、密植，浪费了人力、物力，影响了正常农业生产，大大挫伤了农民的劳动积极性。

1958年11月到1959年上半年，市委、市人委贯彻中央两次郑州会议，党的八届六中、七中全会精神，纠正"大跃进"和人民公社化运动中一些错误做法。整顿人民公社，以生产大队为基本核算单位，生产大队对生产队实行包产、包工、包本和超产奖励的"三包一奖"制度，发还社员自留地，恢复社员家庭副业，调整社队规模；停止了"小、土、群"炼钢，坚决压缩和严格控制基本建设项目，适当降低了 1959 年工业生产总值和主要产品的生产指标，强调要将冲天干劲与科学精神结合起来，更加注重产品质量的提高。

国民经济遭遇挫折

1959 年下半年，市委贯彻庐山会议精神，在党内开展了"反右倾"斗争，打断了纠"左"的进程，高指标、"共产风"、浮夸风再度泛滥。

为实现比上年更好的"大跃进"，上海提出争取 1960 年生产实现"开门红、节节高、全面好"的口号，并制订了工业总产值增幅 45%，钢产量达到 250 万吨的高指标。市郊农村部分地区重现大办社队工业，大办水利，大办养猪场，自留地和家庭副业重新收归集体经营。"一平二调"的"共产风"再度刮起，侵犯了社员群众的利益。在市区进行城市人民公社试点，兴办城市人民公社的工业和各项事业中，亦出现了无偿平调国营企业和居民财物的"共产风"等问题。

高指标、浮夸风的再度发生，使上海原本就存在缺口的能源、原材料更为紧张，加剧了国民经济比例的严重失调。受全国工农业生产"大跃进"逐渐停摆及自然灾害的影响，5 月下半月起，各棉纺织厂因原料缺乏和电力供应不足而陆续停工。下半年，一些化工厂也开始减产或停产。与人民生活息息相关的市场供应十分紧张，不仅日用工业品短缺，而且粮食库存一时几乎挖空，并有脱销危险。中共中央于 5、6 月间连续两次发出关于调运粮食给京、津、沪、辽的紧急指示。市区居民蔬菜日供应量也从 1 斤锐减至 2 两。

到 1960 年底，经过全力"保钢保粮"，工业总产值比上年增长 20%，钢产量达到 251.94 万吨[①]。粮食和棉花的总产量低于 1958 年，林、牧、副业产值也都出现下降。这一切都表明：国民经济比例严重失调，人民生活深受影响，已到了非调整不可的时候。

---

① 参见《1983 上海统计年鉴》，第 80、97 页。

三、调整国民经济和社会政治关系

上海认真贯彻"调整、巩固、充实、提高"的八字方针，着力调整国民经济和社会政治关系，促使国民经济形势全面好转，党群关系得到改善，重新调动起全市人民群众建设社会主义的积极性和主动性。

全面调整国民经济

1961年，党的八届九中全会后，上海贯彻八字方针，对国民经济进行了初步调整，但当年未能根本扭转困难局面。1962年七千人大会后，根据周恩来"先抓吃穿用，实现农轻重，搞好综合平衡"及陈云关于国民经济要退够等意见，市委、市人委采取全面调整国民经济的措施。

调整首先从压缩基建规模和高指标入手。钢产量从1960年的252万吨调至1961年的150吨、1962年的120万吨。同期，机械工业总产值也从128.51亿元调至61.08亿元、35.71亿元[①]。在大幅压缩生产性建设和重工业投资比例的同时，安排少量基建投资，解决了"大跃进"时期部分建设项目"缺胳膊少腿"的问题，使其能够正常投产和使用，尽快形成生产能力，提高投资效益。

同时，发展轻纺工业，加强支农产品、日用工业品和市场急需产品的生产。胶鞋、面盆、热水瓶等日常生

为解决上海城市农副产品的供应不足，首批围垦大军进驻崇明岛滩涂筑堤造田

---

① 《中共上海党志》，第258页。

活用品产量成倍增长。各工业企业通过贯彻《工业七十条》和《手工业三十五条》，整顿生产秩序，恢复建立了一系列必要的规章制度，并更加注重提高产品质量，增加产品品种。

精简职工是贯彻八字方针的一个重要方面。通过采取组织动员家在农村的职工参加农业生产、部分符合条件的职工退休退职、社会青年和闲散劳动力到外省参加农业生产、辞退部分家居城镇的里弄工和临时工等措施，到1962年，共精简重工业、基建等部门职工35.6万人，减少城镇人口39.5万人。

在商业调整中，1962年8月，永安公司二楼开设纺织品专用购买券商品柜台供应化纤纺织品

为了改善市场供应，商业部门除支持和引导工农业部门增产市场所需轻纺工业品和农副产品外，积极派员深入兄弟省、市、自治区大力组织货源，扩大凭证定量供应商品范围，对少数商品实行高价供应。同时，恢复供销合作社和城乡集市贸易，调整零售营业网点布局，发扬经营特色，恢复货郎担和流动饮食摊等。

贯彻党中央《关于农村人民公社当前政策问题的紧急指示信》和《农业六十条》，普遍开展以反对"共产风"、浮夸风、命令风、瞎指挥和干部特殊化等"五风"为中心内容的整风整社，调整农村政策。清理退赔了农村人民公社无偿调用的集体财产和侵占社员个人的生活资料，废除"吃饭不要钱"的供给制，陆续恢复按劳分配制度，严肃处理个别错误严重、违法乱纪的干部。同时，普遍实行以生产队为基本核算单位的制度，缩小人民公社、生产大队和生产队的规模。恢复社员家庭副业、自留地及农村集市贸易。为发展农业生产，还增加了机电排灌设备，修理和添补大批中小型农具。

改善社会政治关系

在经济调整过程中，市委执行中央一系列方针政策，注意调整党内外关系，调动各方积极性。

市委先后试行科研、高教、文艺等工作条例，继续贯彻落实党的知识分子政策和"百花齐放、百家争鸣"方针，建立健全各项规章制度，恢复正常的工作秩序。三年经济困难时期，对上层民主人士和高级知识分子在蛋、猪肉等副食品供应方面给予适当照顾。

与此同时，根据党中央有关指示精神，对"反右倾"斗争中受过批判和处分的党员，对文艺、卫生、科技系统在批判资产阶级个人主义和自觉革命运动中受到批判和处理的知识分子，对郊区农村在"拔白旗"、整风整社、社会主义教育运动中受到批判和处理的党员、干部和群众开展甄别工作，对批判错了或基本错了的予以平反，恢复原来的工作或安排其他相当的职务，恢复党籍。对被错划为右派分子的人，继续分批摘帽，给予一定的工作安排。

为改善党与民主人士的关系，市委、市政府多次召开座谈会，听取民主人士和人民代表的意见，并组织他们检查全市各项工作。一批民主人士还被推选为市、区人大代表和政协委员。

耐心细致的工作，逐步消除了党员、干部、知识分子、党外人士和普通劳动者的思想顾虑和压抑情绪，切实改善了党与他们的关系。

发挥党的政治优势

根据党的八届九中全会精神和七千人大会精神，市委对各级党组织提出了工作上大兴调查研究之风，作风上贯彻执行"党政干部三大纪律八项注意"（"三大纪律"：一切从实际出发、正确执行党的政策、实行民主集中制。"八项注意"：同劳动同食堂、待人和气、办事公道、买卖公平、如实反映情况、提高政治水平、工作要同群众商量、没有调查没有发言权）的要求。市委书记处带头执行，严格要求，并推动一级抓一级，使各级领导班子认真贯彻党的各项方针政策，保持廉洁奉公的优良作风。

同时，对全市17级以上干部进行轮训，帮助他们学习七千人大会文件，提高思想认识水平，掌握社会主义建设规律，克服思想认识上的片面性和工作中脱离实际、脱离群众、违反政策、违反纪律的错误。之后，又组织党员领导干部学习马列著作和毛泽东著作，并督促各级干部认真参加生产劳动。

思想认识的提高，领导干部作风的改进，促使上海广大党员自觉发挥先锋模范作用。他们带头贯彻八字方针，主动上缴粮票、布票、肉票，支援农业第一线，并经常深入基层，调查研究，虚心听取群众意见，团结群众克服暂时困难，保证了国民经济全面调整各项工作的顺利进行。

经过艰苦的努力，到1962年底，全市国民经济形势开始好转。

四、社会文化事业蓬勃发展

在全面调整国民经济的同时，市委、市政府贯彻执行党的方针政策，发展社会主义文化教育事业，培育社会主义新风尚，满足人民群众对物质文化生活的需求。

文教事业成绩斐然

市委、市政府贯彻党的"百花齐放、推陈出新""古为今用、洋为中用"方针，坚持文艺为人民服务、为社会主义服务的方向，组织文艺工作者深入工厂、农村和部队，向工农兵学习，鼓励他们刻苦钻研业务，创作反映社会主义革命和建设题材的文艺作品，不断提高思想认识水平和艺术技巧。同时，组织开展挖掘、整理、改编传统剧目、群众业余文艺活动和向国庆十周年献礼的重点创作。1960年，上海举办首届"上海之春"音乐会演后，每年一届，到

1966年共连续举办7届。会演的活
动，既有声乐演唱、器乐演奏，也
有歌舞、舞剧表演，还有研讨会、
音乐比赛和基层演出等，充分展示
了上海优秀的音乐舞蹈创作。上海
整理出版了《上海市戏曲传统剧目
汇编》和一批文艺理论著作，创作
了《激流勇进》《红色娘子军》《梁

首届"百花奖"最佳故事片《红色娘子军》剧照

祝》《白毛女》《接过雷锋的枪》等众多题材广泛，体裁、风格多样，思想性和
艺术性俱佳的优秀文艺作品，极大丰富了人民群众的文化生活。同时，一大批
优秀文艺人才脱颖而出，不少人登上了世界比赛的领奖台。民族的、科学的、
大众的社会主义文化建设取得了丰硕的成果。

在贯彻为人民服务，为社会主义服务的出版方针中，上海出版界不仅承
担了部分《斯大林全集》《毛泽东选集》第四卷和《毛泽东著作选读》甲种本、
乙种本部分印刷和发行任务，而且先后出版了大量中外学术著作、古典和当代

1960年5月，举办首届"上海之春"音乐会演

的中外文学作品、科技类书籍和普及性读物，在学习宣传马列主义、毛泽东思想和党的方针政策，开展学术研究，推进技术革新和技术革命，满足人民的精神生活等方面发挥了积极作用。同时，《永乐宫壁画》《上海博物馆藏画》等书籍参展莱比锡国际书籍艺术博览会并荣获金质奖章。

在党的教育方针指引下，市委、市政府组织开展"教育革命"，集中力量重点建设一批各具特色的小学、中学和大学，创办各类成人教育，选送劳动模范和先进工人接受高等教育，试行《高教六十条》《中学五十条》和《小学四十条》，并鼓励工厂企业、农村人民公社和私人办校，逐步推行半工半读的教育制度和亦工亦农的劳动制度，从而基本普及了小学教育，为全国各地、各行各业培养输送了大批社会主义建设的合格人才，造就了一批至今发挥巨大作用的专家学者，并逐渐建立起与经济发展相协调的教育结构。到 1965 年，上海全日制高校在校生、各类中等学校在校生、小学在校生分别比 1956 年增长30%、102%、82%。[①]

社会主义新风尚蔚然成风

1963 年 3 月 5 日，毛泽东"向雷锋同志学习"的题词发表后，同年 5 月，国防部授予中国人民解放军某部八连"南京路上好八连"的光荣称号。该连自 1949 年 5 月进驻上海南京路后，自觉抵制资产阶级思想侵蚀，发扬我党我军全心全意为人民服务和艰苦奋斗的优良传统，乐于为人民做好事。8 月，毛泽东专门写下了《八连颂》。全市迅速掀起了学雷锋、学习集体的雷锋——南京路上好八连的热潮。雷锋和好八连的先进事迹使许多青年深受触动，他们把雷锋比喻为"一面镜子"，当作衡量与检查自己思想言行的"一把标尺"，他们像好八连一样不断地发扬好思想，培养好品德，树立好作风，以自己的思想和行动去移风易俗，倡导社会主义好风尚。一时间，扶老携幼、助人为乐、爱护公

---

① 据周亚、朱章海主编：《光辉七十载——上海历史统计资料汇编（1949—2019）》，中国统计出版社 2019 年版，第 408 页上的《历年各级各类学校在校学生数》计算所得。

1963 年 7 月，市民在参观"南京路上好八连事迹展览"

物、拾金不昧的事迹层出不穷，职工群众不计报酬的共产主义劳动到处可见，青少年更是见义勇为，热心做好事，将雷锋的崇高精神化为实际行动。新道德、新风尚蔚然成风，遍及社会生活各方面。

1964 年到 1965 年，市委响应党中央"工业学大庆、全国学解放军""农业学大寨"的号召，发出通知，要求各系统、各部门订出切合实际的规划，全面、系统地学习解放军和大庆油田的经验，逐步建立起各级政治工作机构，加强政治思想工作。通过学解放军、学大庆和学大寨，人民群众的社会主义觉悟大大提高，精神面貌发生深刻变化。在国家经济困难时期，他们顾大局、识大体，主动帮助国家承担困难，勤俭办厂、爱厂如家的人越来越多；在科技攻关中，发扬自力更生、艰苦奋斗、奋发图强的优良传统和共产主义风格，把革命干劲和科学精神结合起来，把困难留给自己，把方便让给别人；在改变农业生产条件中，顽强地与各种自然灾害斗争，积极增产农副产品，保证城市供应。

伴随着学先进、赶先进活动的开展，各行各业涌现出民主 5 号轮服务员杨怀远、上海第一棉纺织厂工人杨富珍、复旦大学校办玻璃厂工人蔡祖泉等大批先进人物，他们在平凡的岗位上创造出了不平凡的事迹，赢得了人们的尊敬和爱戴。同时，在全国工交工作会议上，上海第三钢铁厂、德新金属冶炼厂、永鑫无缝钢管厂、上海机床厂等企业被命名为大庆式企业。

自力更生、奋发图强、艰苦奋斗、勤俭建国的精神得到弘扬，见义勇为、助人为乐成为全社会的新风尚。

人民生活得到提高

随着各项事业的建设和发展，人民的生活逐步得到改善和提高，突出地表现在：

为保障和促进人民的身体健康，从1958年起全市连续掀起了以除四害（老鼠、苍蝇、蚊子、麻雀，1960年4月将麻雀改为臭虫）、讲卫生、消灭疾病为中心的爱国卫生突击活动高潮，整治环境，加强食品卫生，提高市民讲卫生的意识。同时，对于流行于市郊各县、严重危害人民健康的血吸虫病，市委根据毛泽东关于一定要消灭血吸虫病的指示精神，迅速建立了市、县、乡、镇

1958年5月，上海西郊八万大军分块消灭钉螺

各级防治血吸虫病领导小组和专业防治科研机构，建设专业血防队伍和群众性血防队伍，结合兴修水利、改良土壤、积肥等工作，大力开展血防工作。1958年春，各疫区党委先后发动组织200多万人次，抽干了5000多条有螺河道的河水，消灭了95%的钉螺，做好了粪便的科学管理和血吸虫病患者的治疗。同年9月，各疫区的螺情和血吸虫病患者的人数大幅下降。到1965年底，共治愈了60万血吸虫病病人。为适应人民群众医疗保健的需要，建立了城乡三级医疗卫生网，根据1965年毛泽东提出"把医疗卫生工作的重点放到农村去"的"六二六"指示精神，开始培训"半农半医保健员"（赤脚医生），为广大农民服务，并广泛开展群众性体育活动。男女平均期望寿命分别从1957年的65.23岁、68.21岁，增加到1965年的69.62岁、73.24岁。[1]

同一时期，通过工厂企业招工、举办街道里弄生产、生活服务事业、大办国营农场、动员回乡职工参加农业生产、动员社会青年参加边疆建设等各种途径，增加就业岗位，为改善人民生活创造物质条件。到1965年，全市从业人员从1957年的365.53万人增至460.76万人，增幅26%。每一职工家庭的就业人口由1957年的1.5人提高到1.75人。由于就业人口的增加，市场供应情况的改善和物价的下降，全民所有制单位职工家庭成员平均生活费支出从1957年的242元增至1965年的262元，提高了8.3%[2]。

随着工业的发展，在近郊工业区和卫星城建造了大批工人新村，并逐步提高了住宅的质量标准。1963年正式启动了成片棚户区的改造，拆除了全市人口密度最高的棚户区蕃瓜弄的房屋，并在原地建起了41幢五层楼住宅，建筑面积8.86万平方米，绿地覆盖率达22%，就地安置了1818户居民。1958年到1965年，全市累计住宅竣工建筑面积512.35万平方米。城镇人均居住面积从1957年的3.1平方米增至1965年的3.9平方米。到1965年，全市自来水普及率为99.1%，煤气家庭用户由1957年的3.25万户增至16.79万户[3]。

---

[1] 《光辉七十载——上海历史统计资料汇编（1949—2019）》，第50页。
[2] 《光辉七十载——上海历史统计资料汇编（1949—2019）》，第64页。
[3] 《光辉七十载——上海历史统计资料汇编（1949—2019）》，第141、226页。

五、全面完成国民经济调整任务

在经济形势好转的情况下，积极发展新技术、新工艺、新材料、新装备（简称"四新"），推动工业生产和科学技术向"高精尖"方向发展，全面完成了国民经济的调整任务，初步将上海建设成为中国先进的工业和科学技术基地。

确定建设"两个基地"的目标

1963年，党中央决定再用3年时间，对国民经济继续进行调整、巩固、充实、提高工作。此后，市委围绕党中央提出的把我国逐步建设成为一个具有现代农业、现代工业、现代国防和现代科学技术的社会主义强国，及在第三个五年计划实现建立独立的、比较完整的工业体系和国民经济体系，使我国工业比较接近世界先进水平打下更扎实的基础的战略目标，结合本市工业生产和科学技术方面要赶超国内和国际先进水平、每年要完成国家分配给上海的比重越来越大的新产品试制任务和科学研究任务的现实，提出了建设"两个基地"的目标。

1963年12月，中共上海市第三届代表大会（简称市三届党代会）召开。大会明确提出，要"努力把上海建设成为我国先进的工业和科学技术基地之一，使上海工业生产和科学研究工作，在中央的统一规划下，有计划、有重点地向高精尖方向发展，积极赶上国际先进水平，并能够在先进科学技术上积极发挥样板作用，进一步支援全国的社会主义建设"[1]。围绕这一目标，大会提出了近期的重点工作。

建设"两个基地"，是上海服务国家发展战略，提升城市能级和服务全国水平的重要举措，它意味着上海要力争做到：凡是上海生产的工业产品

---

① 中共上海市委党史研究室、上海市档案馆编：《上海市党代会、人代会文件选编》（上册），中共党史出版社2005年内部版，第267页。

都达到全国第一流的水平；应该有计划、有重点地向高精尖方向发展，积极赶上国际先进水平；能够在探索新技术、试制新产品方面，积极发挥样板作用。

市三届党代会是上海继续贯彻国民经济调整八字方针、建设"两个基地"的动员大会，对上海社会主义事业的建设和发展具有重要的现实指导意义和深远的历史意义。次年9月，市五届人大一次会议通过决议，要求尽快把上海建设成为"两个基地"，更好地发挥上海基地的作用，在人力、物力、财力和技术等方面，对国家的社会主义建设作出更大的贡献。

大力发展"四新"

为了发挥科学研究工作在工业向"高精尖"发展中的先导、引领作用，1963年到1964年初，根据周恩来提出的发展科学技术要"实事求是，循序前进，相互促进，迎头赶上"[1]的要求，以及既确保国防尖端技术过关，又保证吃穿用科研任务完成的原则，市科委系统调查国内外科学技术发展水平和趋势，及全市科学技术现状和工业基础，并重点调查了新型材料、电子元件、精密仪器仪表、精密机械、特殊设备、测试技术和计量基准等国防尖端科技的七个方面，排摸技术关键，寻找薄弱环节，逐渐摸清发展国防尖端技术和工业生产技术之间的内在联系。围绕建设"两个基地"的目标，完成了市1963年到1972年各专业科学技术发展规划的编制，制定了上海市1964年到1965年科学技术工作发展纲要，部署发展"四新"。

为适应工业生产向高精尖发展，进行了第三次工业改组。在关、停、并、转部分工厂的同时，扩建一批骨干工业企业，并根据经济合理、专业化生产的原则，有计划地调整部分工厂和车间的生产方向，成立了产品、零部件、工艺和辅助作业各自的专业厂，提高生产专业化水平，使工业各行业逐渐形成协作

---

[1]《建成社会主义强国，关键在于实现科学技术现代化》(1963年1月29日)，《周恩来选集》下卷，人民出版社1984年版，第412页。

配套比较齐全的生产体系。同时，开展工业技术改造。1964年，市经济计划委员会、市科学技术委员会、市工业生产委员会联合下达以"四新"为重点的工业技术改造计划，推广了新技术和新工艺，使全市一半以上役龄二三十年的陈旧生产设备得到了改造和更新，创制和增添了新的专用设备和高级精密的关键设备，改造与加强了工模具、测试、机械保修、热处理等技术后方。此外，对广大职工进行全面观点教育，树立高标准思想，强调必须坚持好字当头，把质量、品种放在第一位，在坚持质量的前提下，把需要的品种、产量以及原材料的节约和综合利用工作带上去。

为了更有效地使用人力、物力、财力，加快科学技术发展的速度，由市科委统一管理全市的科研计划和科研经费，充实原有专业研究机构，新建工模具、半导体器件、自动化、合成纤维、计量测试等研究机构，使各主要工业部门都有自己的专业研究机构，并在工业、高校和医疗事业等基层单位中建立和健全中心试验室或优先设置专业研究室。同时，改进科学技术研究成果的登记、交流和保密工作，加强计量和标准化的工作及科学技术情报工作，改善科学器材的供应和维修工作。

在科研实践中，实行科研与生产相结合、专业研究与群众革新相结合、理论与实用相结合的原则，充分利用自身工业门类比较齐全、科研机构和高校的学科和专业比较集中、工人技术水平较高、科技人员知识面广等有利条件，组织不同范围、不同专业、各种形式的大协作，集中力量抓新型金属材料、新型化工材料、新型硅酸盐材料、电子技术、精密仪器仪表、精密机床与特殊设备等六个重点，研制出一批重要成果、攻克一批技术关，打好"四新"技术基础。同时，将解决生产中急需解决的问题与有重点地进行技术改造结合起来，将有计划地集中力量搞比较重大的革新项目与发动群众开展简单易行、立竿见影的小项目结合起来，将革新创造时的敢想敢干与应用推广中的认真试验鉴定结合起来。为了将科研成果及时推广到生产实践中去，除按计划实施国家统一安排在上海的中间试验项目外，还认真清理了过去技术革新和科学研究成果，列出了一批比较重要的"四新"和解决吃穿用、支援农业的项目，进行中间试验和推广应用。此外，重点培养、大胆提拔德才兼备的优秀青年，让大批青年研究人员担纲专题组长，上万名优秀革新者成为科技干部，使他们在科研攻关和新产品试制的实践中锻炼品格、发挥专长、增长才干。

　　1965 年，根据党中央提出的建设"四个现代化"的社会主义强国目标，完成了 1966 年到 1970 年的上海科学技术发展规划的编制工作。1966 年起，市委动员和组织全市有关工厂、研究所、高校和设计单位，围绕高温合金和精密合金、石油化工和高分子合成材料等 6 个重点新兴工业和红外技术、激射光技术等 18 项新技术，集中优势力量，一个个攻关。

初步建成"两个基地"

　　到 1965 年底，上海全面完成了继续调整国民经济的任务，初步建设成为中国先进的工业和科学技术基地。

　　工业生产有较大的发展。1965 年工业总产值 230.77 亿元，比 1957 年增长

上海建成的第一个卫星城——闵行卫星城，也是上海机电工业基地

94.2%[1]，钢产量242万吨，比1957年增长3.67倍[2]，其他各类产品都有较大幅度的增长。主要工业产品98%以上达到当时的技术标准，80%以上达到一类产品的水平。工业年生产能力在全国居于重要地位，其中钢约占1/5、钢材、机床、棉纱各约占1/4、缝纫机约占2/3、手表约占9/10。同时，建立起一批冶金、机械、化工、电子仪表、纺织的骨干企业以及一批以机电、煤化工、钢铁、石化、机械、电子仪表、汽车制造为主的工业基地。

1962年6月，我国首台1.2万吨水压机试车成功

工业生产技术水平迅速提高。"四新"的发展，不仅使主要工业部门掌握并应用双真空冶炼、纯氧顶吹转炉炼钢、喷气织布等新技术、新工艺，而且研制成功1.2万吨水压机、20万倍大型电子显微镜等70多项赶上和超过20世纪60年代国际先进水平的新产品，一批发展航空、原子能、无线电尖端产品和精密机械需要的特殊、优质的新材料，多种特殊光学玻璃等新型无机非金属固体材料及乙烯、丙烯等重要化工原料。同时，工业自行设计制造能力大幅提高。到1966年，基本上已经能够配套制造全市生产用87种主要成套设备中的78种。各工业部门突破传统工业的产品、技术结构，发展了精密、高温合金、石油化工、精密机械、照相机、合成纤维等一批新兴行业。上海拥有了当时全国除采掘业外几乎所有的工业门类，成为一个生产门类比较齐全、物质技术基础逐步增强、大中小企业结合更为紧密的先进的综合性工业基地。

---

[1] 《光辉七十载——上海历史统计资料汇编（1949-2019）》，第284页。
[2] 《1983上海统计年鉴》，第97页。

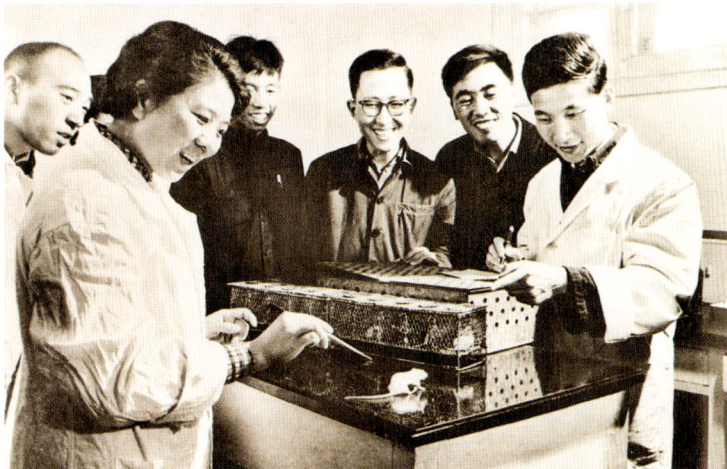

1965 年 9 月，中科院上海生化所等单位科研人员在世界上第一次人工合成牛结晶胰岛素

在向高精尖技术进军的过程中，上海从无到有地开拓了半导体、集成电路、原子能、电子计算机、电子显微镜等当时新兴科学技术领域，促进了新兴工业的建立，并开辟了激光技术、红外技术、真空技术、超高压技术、深低温技术、微生物发酵技术、特殊金属材料、新型硅酸盐材料等新领域的研究，为工业生产发展开辟了新的途径。同时，在国防尖端科技方面，分离铀的关键设备元件"甲种分离膜"和导弹的制造技术取得重大突破，完成了"两弹一箭"（原子弹、导弹和火箭）的大批配套协作项目，确保了在 1964 年 10 月我国成功爆炸第一颗原子弹，在 1965 年导弹打靶试验三发三中。在基础理论研究方面，培育成功世界上第一批"没有外祖父的癞蛤蟆"，并在世界上首次人工合成具有生物活力的蛋白质——结晶牛胰岛素，标志着人类在探索生命奥秘的征途中向前跨出了重要的一步。医疗技术水平有很大提高，取得了深低温体外循环心脏直视手术、大面积烧伤治疗、针刺麻醉、断肢断指再植手术等大量先进的科研成果。随着科研基地的建设，科研攻关和新产品研制的实践，一支又红又专的科学技术队伍迅速成长起来。1956 年，上海只有 29 个科研机构、6265 名职工。到 1965 年底，已有 88 个科研机构，3 万多名职工（其中科研人员 1.17 万余名），15.7 万人的自然科学技术

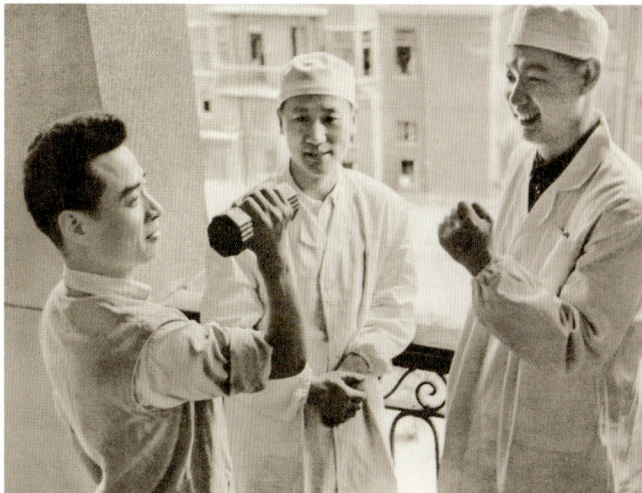

国内首次成功实施断手再植手术，该病人在上海市第六人民医院两位医生指导下
进行康复治疗

队伍^①，初步形成了能适应当时经济建设需要的科研体系。

"两个基地"的初步建成，积蓄了发展后劲，提升了服务全国的能级，为中国建立独立、完整的工业体系和国民经济体系，赶超国际先进科学技术，提高综合国力，发挥了重要的作用，并为上海继续探索适合市情的社会主义建设道路奠定了较为雄厚的物质、技术、资金、人才和经验基础。同时，随着国民经济调整任务的基本完成，市委根据中央指示精神和上海党组织的实际情况，重新部署党员发展工作。到1965年底，全市共有党员34.55万名，比1956年的19.35万名增长78.55%。全市共有基层党组织22622个，比1956年底的9940个增长1.28倍。到1966年上半年，全市基层单位普遍建立了党的基层组织或有了党员^②。

① 陈沂主编：《当代中国的上海》上，当代中国出版社1993年版，第527页。
② 《中共上海党志》，第306—307、291—292页。

第八章

社会主义建设事业的严重挫折

　　1966 年至 1976 年的"文化大革命"，是一场由领导者错误发动，被反革命集团利用，给党、国家和人民造成严重灾难的内乱。这场内乱打断了上海经济恢复发展的正常进程，破坏了安定团结的局面，使各方面工作遭受严重的挫折和损失。面对全局性、长时间的"左"倾错误，由于广大党员干部群众的抵制和抗争，"文化大革命"的破坏性作用受到一定限制，经济建设仍取得一定进展。

一、"文化大革命"的发动和全面内乱

　　经过 1961 年至 1965 年贯彻"调整、巩固、充实、提高"的正确方针，上海的国民经济逐步好转，重新出现欣欣向荣的景象。然而同时，意识形态领域"左"倾错误的不断发展，最终导致"文化大革命"的发生。

"文化大革命"序幕在上海揭开

　　1965 年 11 月 10 日，在江青和张春桥的策划下，上海《文汇报》刊登了姚文元的长篇文章——《评新编历史剧〈海瑞罢官〉》。文章将北京市副市长、明史专家吴晗创作的《海瑞罢官》中所写的"退田""平冤狱"同当时所谓的"单干风""翻案风"联系起来，将《海瑞罢官》诬为"一株毒草"。此文的发表，以及随之而来的在文艺学术领域里的批判运动，揭开了"文化大革命"的序幕。

　　1966 年 2 月，江青取得林彪的支持后，在上海召开部队文艺工作座谈会。这次座谈会的《纪要》，污蔑文艺界自新中国成立以来"被一条与毛泽东思想相对立的反党反社会主义的黑线专了我们的政"。5 月 10 日，《解放日报》《文

汇报》头版同时刊登姚文元的《评"三家村"——〈燕山夜话〉、〈三家村札记〉的反动本质》①。文章宣称要扫涤"三家村"在新闻、教育、文化、学术界中的赞赏者和追随者。各地随即开展了批判所谓"黑店""黑帮",挖大小"三家村"的斗争。

同年5月16日,中央政治局扩大会议通过了《中国共产党中央委员会通知》(即"五一六通知"),号召进行无产阶级"文化大革命"以彻底揭露、彻底批判"混进党里、政府里、军队里和各种文化界的资产阶级代表人物",即所谓的"反革命的修正主义分子"。会议决定成立中央文化革命小组(简称中央文革小组)。江青、张春桥、姚文元成为小组成员。"五一六通知"的下发,宣告了"文化大革命"的开始。

"一月夺权"狂潮

1966年6月1日,《人民日报》发表社论《横扫一切牛鬼蛇神》。当晚,中央人民广播电台全文广播北京大学聂元梓等人攻击北大党委的大字报。在这些事件的影响下,上海大、中学校相继成立各种学生组织,张贴大字报,揪斗教师、"反动学术权威"。市、局、区、县机关亦出现张贴大字报高潮。8月初,党的八届十一中全会召开,并通过了《关于无产阶级文化大革命的决定》(即"十六条")。消息传来,上海街头情绪激昂的游行队伍络绎不绝,通宵达旦。运动开始急遽升温。

与此同时,毛泽东写给清华附中红卫兵表示支持的信和在党的八届十一中全会上发表的《炮打司令部——我的一张大字报》,通过各种渠道传到上海后,8月11日,复旦大学出现全市第一个以"红卫兵"命名的造反组织——红卫兵战斗组。随后,在很短时间里,全市红卫兵组织一轰而起,最多时达到5340个。

---

① "三家村"源于以吴(即吴晗)南(马南邨即北京市委书记处书记邓拓)星(繁星即北京市委统战部部长廖沫沙)署名联合写作的《三家村札记》。

8月23日，受北京红卫兵破"四旧"行动和《人民日报》《好得很！》社论的影响，上海各大、中学校红卫兵纷纷走上街头，冲击一切被认为与"封、资、修"等"四旧"（即所谓旧思想、旧文化、旧风俗、旧习惯）沾边的事物，进而发展到抓人、揪斗、抄家、游街示众。对此，市委会议作出"不要抄家""不要破坏公物"等10条规定，通知各区、县、局党委宣传贯彻，力图阻止混乱局面。但形格势禁，这些努力已难以奏效。

上海是全国最大的工业城市，中央曾明确规定工业交通系统不得成立跨行业的群众造反组织。然而在中央文革小组的支持下，1966年11月9日，上棉十七厂等10多个单位的造反派串连组织的"上海工人革命造反总司令部"（即"工总司"）自行召开成立大会。市委根据中央精神，决定"不参加、不承认、不支持"。"工总司"王洪文等声称要进京控告上海市委，并卧轨拦截火车，制造了举国震惊的安亭事件。此后的近两个月内，上海相继发生了在全国造成恶劣影响的《解放日报》事件、市委机关"后院起火"事件以及康平路武斗事件，导致全市各级党政机关逐渐被迫停止工作，许多领导干部受到冲击和迫害，上海经济生活和社会秩序陷于极度混乱之中。

1967年1月初，《文汇报》和《解放日报》造反派宣布夺了报社领导权。两报夺权成为"一月夺权"狂潮的前奏。在张春桥、姚文元策划指挥下，1月6日，全市造反派组织在人民广场召开十万余人参加的打倒上海市委大会。造反派在中心会场揪斗了陈丕显、曹荻秋、魏文伯等中央华东局和上海市委主要领导人。全市共设369个分会场，通过14个广播中转站向全市广播，电视台同时进行实况转播。大会发出三个通令：宣布即日起不再承认曹荻秋为上海市委书记处书记和上海市市长；要陈丕显七日内交代所谓"反革命罪行"；请求中央对上海市委彻底改组。此次大会后，市委和市人委所有工作陷入瘫痪，全市的实际领导权落入张春桥、姚文元之手。1月11日起，夺权活动达到高潮。三天内，市、区、县、局级单位有49个被夺权。1月22日，《人民日报》发表社论，肯定和支持上海的夺权，号召全国"无产阶级革命派大联合"，"自下而上地夺权"。上海掀起的"一月夺权"狂潮，开始刮向全国。

2月5日，经中央同意，上海召开大会，宣布成立"上海人民公社"，后改称"上海市革命委员会"（简称市革委会）。市革委会取代市委、市人委，成为党政合一的权力机构，其领导成员由各参加夺权的造反组织派出代表拼凑而成。

"大联合"与"三结合"

夺权狂潮一经引发便不可收拾。全市各级部门和各工厂、企业、学校，在夺权和建立新领导班子的过程中，造反组织各为其利，派性膨胀，在江青"文攻武卫"口号的煽动下，武斗时有发生，其中尤以"八四武斗"和青浦武斗最为突出。武斗冲突使国家和人民生命财产蒙受较大损失。

"八四武斗"发生时，毛泽东正在上海。根据他的指示，报刊连续发表社论、文章，号召要"实现无产阶级革命派大联合"，实行"革命群众组织的负责人、人民解放军当地驻军的代表、革命领导干部组成"的"三结合"。在中央一系列指示推动下，上海加紧了大联合步伐。至1968年3月，全市各区、县、局基本完成大联合，组成新的"三结合"领导班子。

张春桥、姚文元、王洪文等为巩固其从"一月夺权"狂潮中获得的权力，在通过市委写作组控制宣传阵地的同时，还建立起一支以造反派为基础的"文攻武卫"武装组织，控制上海局势。为达到"改朝换代"的图谋，他们在"清理阶级队伍""一打三反"[①]等运动中制造了包括上海地下党冤案在内的大量冤假错案，对广大干部群众造成极大伤害。另外，1968年4月初，全市各级机构开始"精兵简政"，市、区、县、局以至公司各机关一律被划分成大小两套班子。除少数人作为小班子成员继续工作外，大班子成员另找场所集中搞"斗、批、改"[②]。掌握各级机关大权的造反派借机将绝大多数原机关干部排挤

---

① "一打三反"，即"打击反革命破坏活动，反对贪污盗窃、投机倒把和铺张浪费"。

② "斗、批、改"，即"斗垮走资本主义道路的当权派，批判资产阶级的反动学术'权威'，批判资产阶级和一切剥削阶级的意识形态，改革教育，改革文艺，改革一切不适应社会主义经济基础的上层建筑，以利于巩固和发展社会主义制度"。

出工作岗位。当年 10 月以后，市区陆续建立"五七"干校，大班子成员等被全部送去干校，主要从事体力劳动，重点开展"清理阶级队伍"。1969 年，市革委会动员布置机关干部参加"四个面向"①，以彻底赶走在"五七"干校的原党政机关工作人员。

面对"左"倾错误和极左思潮造成的空前混乱的无政府主义状态，上海广大党员干部和人民群众开展了不同形式的抵制和抗争。1966 年 9 月，部分老劳模联合署名散发传单《我们老工人要讲话》，并致电党中央，反对北京红卫兵在上海乱揪乱斗，主张拥护在市委领导下开展运动。1967 年"七一"前后，原市委宣传部几个干部发起成立"共产党员心向毛泽东"（即"共向东"）群众组织，秘密恢复党的组织生活，公开批判"文攻武卫"口号与造反派怀疑一切、打倒一切的错误。上海音乐学院院长、著名音乐家贺绿汀，在 1968 年 4 月的一次电视批斗大会上，对强加于他的罪名和伪证据理严词驳斥，从"被批者"转为批判者和审判者，使张春桥不得不下令中途停止电视转播。许多革命领导干部和原中共地下党员，在残酷迫害面前坚贞不屈，坚持抗争，以事实驳斥强加在身的莫须有罪名，努力维护党的形象。

二、正反两种力量的交锋

在"文化大革命"运动中，江青集团及其亲信骨干以上海为主要基地，在觊觎党和国家最高权力的过程中不断兴风作浪，猖狂反对周恩来的纠"左"和邓小平的全面整顿。上海亦成为深受其害的"重灾区"。与此同时，江青反革命集团的倒行逆施遭到了上海广大党员干部群众的抵制和反对，冲破桎梏的力量在抗争中孕育成长。

---

① "四个面向"，即"面向边疆、面向农村、面向工矿、面向基层"。

纠 "左" 与反纠 "左"

1971年9月13日，林彪反革命集团妄图夺取最高权力、策动武装政变的阴谋被彻底粉碎，林彪等人乘飞机外逃，机毁人亡，酿成震惊中外的九一三事件。该事件促使更多干部和群众从个人崇拜的狂热中觉醒，希望以此为契机纠正一些明显的 "左" 的错误，落实一些党的有关政策。此后，周恩来在毛泽东支持下主持中央日常工作。为消除极左错误造成的恶果，周恩来把批判林彪集团的罪行和批判极左思潮结合起来，鼓励干部抓生产、抓业务，并着手从各个领域开展纠 "左"，使社会主义建设事业重现生机。然而，江青集团及其在上海的帮派骨干从各方面干扰周恩来的纠 "左"。

根据周恩来指示，国务院于1971年底起草了《一九七二年全国计划会议纪要》，提出整顿企业的措施，国家计委于1973年起草了《关于坚持统一计划，加强经济管理的规定》，规定十条不得违反的纪律。对此，张春桥等却指使上海代表在全国计划工作会议上发难，反对企业整顿、健全规章制度，指责这是 "右倾回潮"，导致上述两个文件没能正式下发。随后，上海市革委会不仅不向全市企业单位传达全国计划工作会议关于企业整顿的精神，还将因忽视规章制度导致产品质量下降被国务院通报批评的上海手表厂树为典型，在全市推广。

1972年4月24日，《人民日报》发表由周恩来审定的社论《惩前毖后，治病救人》，重申了党的干部政策。社论在上海激起强烈反响，人们纷纷要求落实党的干部政策，对长期拖而未决的审查给予结论、重新分配工作。张春桥、王洪文等却逆势而动，发起批所谓 "右倾回潮"，拖延落实干部政策。

1972年10月6日，《人民日报》发表北京大学物理学家周培源《对综合大学理科教育革命的一些看法》，阐述了周恩来关于要在文教系统批判极左思潮，加强基础理论研究，恢复正常教学和科研秩序的讲话精神，在全国文教领域得到积极响应。然而，张春桥、姚文元却视之为异端，在上海连续召开各种座谈会围攻此文。《解放日报》《文汇报》则开辟专栏连续发表针对性的批判文章，在此影响下，全市科研系统各单位把刚刚恢复的学部和各研究所的基础理论课题重新砍去。

1973 年底，周恩来针对全国港口因缺乏必要规章制度导致严重压船的情况，要求推广广东黄埔港计件工资的经验。全国港口形势一度好转。然而，次年 1 月，《解放日报》《文汇报》发表专文，指责上港五区领导推广黄埔港经验、抓运输定额和管理的做法是不坚持无产阶级政治挂帅，而是吨位挂帅。随后，姚文元授意《人民日报》全文转载，导致全国各行业逐步恢复起来的一些生产规章制度再遭冲击。

从整党建党到"第二次夺权"

1968 年 9 月，中央批转上海市革委会《关于在产业工人中有步骤地发展新党员的请示报告》。随后，市革委会将王洪文等造反派的原单位上棉十七厂等作为全市第一批建党单位。党的九大后，上海全面开展整党建党。张春桥、王洪文等借机大搞突击入党、突击提干的"双突"活动。其间，大批帮派分子被突击发展入党，以"工总司"为主体的帮派骨干被突击提拔为全市各主要单位的领导。据 1985 年统计，全市在"文化大革命"期间突击入党而又不符合党员条件，予以开除与取消党员资格的共 5413 人。[①]

整党建党普遍开展后，全市半数以上的区、县、局建立了新党委。1971 年 1 月，中共上海市第四次代表大会召开。这次在"文化大革命"错误理论指导下的会议，选举产生了新的市委领导班子，其中绝大多数都是江青集团成员及其亲信骨干。

党的十大以后，王洪文、张春桥、江青、姚文元更加紧密地勾结在一起，在党内形成了"四人帮"。为夺取党和国家最高领导权，"四人帮"千方百计进行安插上海亲信到中央的阴谋活动。1974 年底，全国四届人大召开前夕，"四

---

① 《中共上海党志》，第 307 页。

人帮"加紧阴谋"组阁"活动，准备要上海的中央委员都到中央工作，后受到毛泽东的严厉批评。1975年1月，全国四届人大选举朱德为委员长、周恩来为总理，由周恩来主持确定国务院人员组成名单。"四人帮"的"组阁"活动失败。

1974年1月，江青在北京召开两次万人"批林批孔"动员大会，影射攻击周恩来纠"左"和解放老干部等工作是"复辟"。2月2日，作为呼应，上海市总工会召开全市工人"批林批孔"大会，号召各单位联系实际狠批所谓"复辟倒退"。此后，市革委会召开各种会议，贯彻布置"第二次夺权"，强调重新站队，发动各单位树典型，并提出"老干部把老造反的权夺回去了，现在要重新夺回来"。"踢开党委闹革命"的阵势重又出现。因局面一度失控，加之广大干部群众的强烈不满，"第二次夺权"被紧急制止。

"反击右倾翻案风"

1975年初，邓小平在毛泽东、周恩来的支持下，逐步全面主持中央和国务院的日常工作，展开了大刀阔斧的全面整顿，使"批林批孔"运动给社会经济秩序造成的破坏得到有效遏制。然而，在"四人帮"的驱使下，上海不仅竭力封锁邓小平的讲话精神和国务院关于整顿的一系列文件，而且污蔑中央和其他省市的全面整顿是"复辟倒退""走回头路""唯生产力论"，并突出宣传一批"批唯生产力论"典型，以同邓小平全面整顿作消极抵抗。

虽然邓小平主持的整顿得到党内外大多数干部群众的支持，但其否定"文化大革命"的趋势令毛泽东不满。同年11月起，矛头直指邓小平的"反击右倾翻案风"运动从北京逐渐扩大到全国。"四人帮"企图通过这一运动，打倒一大批支持全面整顿的中央和地方领导同志。当时，复旦大学、上海师范大学被树为"反击右倾翻案风"的两个"窗口"。江青授意中央新闻纪录制片厂专门到复旦大学拍摄纪录片；姚文元将《解放日报》记者采写的上海师范大学报道加工修改，在《人民日报》发表，流毒全国。1976年2月至4月间，"四人帮"布置上海亲信进一步发动"反击右倾翻案风",公开点名批判邓小平,造成恶劣影响。

在正反两种力量的不断交锋中,人心的向背一再得到彰显。九一三事件后,一批老干部重新走上工作岗位,他们坚持党的实事求是原则,与胡作非为的造反派开展斗争。1971 年 5 月南汇县召开的党代会,6 月市商业二局党代会以及上海县鲁汇公社党代会,都否认本单位有"走资产阶级道路的当权派"。尽管坚持正确意见的党员干部遭到打击迫害,但是他们并没有就此屈服。党的十大后,广大干部和群众对"文化大革命"不满、厌倦和怀疑的情绪愈加强烈。面对"反击右倾翻案风"使上海趋于稳定的局面再度出现混乱的情况,广大党员干部群众早已有了自己的是非判断,大多选择不再盲从,并采取消极应付等办法加以抵制。

正是由于广大党员、干部和人民群众对极左思潮的长期抵制和斗争,才使得"文化大革命"的破坏受到一定程度的限制,并为最终粉碎江青反革命集团,奠定了广泛而深厚的群众基础。

三、各项事业的艰难进展和"文化大革命"的结束

1966 年至 1976 年这十年,正是世界科技突飞猛进、经济快速发展的十年。然而,受"文化大革命"运动的影响,上海错失了宝贵的发展机遇,同国际先进水平之间的差距逐渐拉大。在动荡而复杂的社会环境下,广大党员干部群众始终以党和人民的利益为重,恪尽职守,克服困难,排除干扰,辛勤劳作,使上海的社会主义建设事业在挫折中仍取得一定进展。

经济建设的曲折发展

由于"文化大革命"的冲击和极左路线的长期干扰,工厂企业中无政府主

义泛滥，许多行之有效的规章制度被废止，导致亏损情况严重，产品质量和经济效益有所下降；农业产量不稳定，品种单调，使城市副食品供应紧张；商业遭受相当程度的破坏，服务水平明显下滑；生产性建设与非生产性建设投资失调，导致城市建设进展缓慢，人民生活水平得不到提高。

然而，与此同时，因为战备、三线建设、支内、援外等任务需要上海发挥作用，在党中央、国务院的支持下，上海在基本建设投资及原料、燃料等方面均得到了相较之前14年更多的投入，加之广大职工在极其困难的条件下坚守岗位，逆风而上，努力生产，尽量减少"文化大革命"带来的损失，上海的经济建设还是取得了一些成就。

整体而言，十年间，上海工业经历了"三起三落"。1966年由于调整政策的惯性和市委对经济工作的抓紧，工业总产值仍比上年增长16.2%，而1967年后全市工农业总产值下降9.4%，地方财政收入下降20.9%。是为第一次起落。1969年后，在周恩来主持经济工作的形势下，上海工业重新恢复和发展，至1973年，全市财政收入年均增速显著。然而，1974年江青集团将矛头对准周恩来的纠"左"，蓄意制造一系列事件，导致上海工业遭到重创，当年增长率跌到"四五"期间最低点，许多主要工业产品产量大幅下降。是为第二次起落。1975年邓小平主持全面整顿后，国民经济扭转停滞、下降局面，上海工农业总产值比上年增长5.1%，而1976年"反击右倾翻案风"使正趋好转的形势再度恶化，上海工业生产总值仅比上年增长2.1%，财政收支出现负数，国民经济濒临严重危机。是为第三次起落。

在中央统一部署下，1966年至1973年，上海共完成以重工业为主的301项三线搬迁工作。1969年珍宝岛事件后，上海工业开始加强支援四川、贵州、云南等地大三线军工建设的力量，相继在这些地区建立了一批军工、机械、化工、冶金等重工业工厂。1970年以后，三线建设进入高潮，上海的机械工业又为后方基地的设备进行了大量补充。此外，上海先后在皖南的徽州、安庆、宣城三个专区和浙江临安等十三个县（市）境内建成81个单位，成为全国各省市小三线中门类最全、人员最多、规模最大的以军工生产为主的综合性后方工业基地，为国防建设和国民经济建设作出一定贡献。1969 年至 1972 年，上海根据中央的安排，先后动工开发了江苏梅山和大屯、山东张家洼、安徽新桥 4 个外省原材料基地，缓和了城市工业发展日益突出的原材料缺乏的矛盾。

仪表电子工业成为十年期间发展较快的一个工业部门。根据毛泽东 1967 年提出的发展仪表电子工业产品的要求，上海于 1968 年至 1970 年组织开展了全市性的发展电子工业大会战，为仪表仪器、电子计算机以及电视机、收音机等仪表电讯行业整机产品升级换代、品种更新提供了元件基础。上海仪表电讯工业局的工业总产值从 1967 年至 1976 年上升了 4 倍，年均增长 18.9%，远超同期全市工业总产值年均增速。航空航天工业发展速度加快。1969 年 8 月，党中央、国务院向上海下达了不仅要搞好导弹科研和生产，而且要研制人造卫星和运载火箭的任务。上海立即开展了以机电二局为骨干，涉及 300 多个协作单位的大会战。中央也从全国各地抽调大批技术骨干充实上海的研制力量。1970 年初，成功研制生产出我国第一台 19 英寸电子管彩色电视机，并按计划完成第二期工程，用彩色图像显示了"阿波罗 12 号"登月实况。1975 年 7 月，"风暴一号"运载火箭成功地把我国第一颗重达一吨的卫星送上预定轨道，标志着我国研制火箭和卫星的高科技产业已步入世界先进行列，上海成为我国重要的航天基地。1976 年 9 月，制造完成我国第一架载重 100 吨级的大型客机——运十飞机。4 年后，运十飞机试飞成功，让我国飞机制造业迈上了一个新的台阶。

1972 年 8 月，上海研制的"风暴一号"运载火箭首次实弹飞行成功

作为国家重点建设项目的上海石油化工总厂在金山湾畔崛起。这项工程是解放以来本市最大的建设项目，也是全国最大的引进外国技术的大型石油化工

1972 年 9 月 25 日，正在安装的上海电视塔

基地之一。建成后的石化总厂能够生产多种合成纤维和塑料，可解决一亿人的穿衣问题。为配合石油化工总厂的建设，上海建成了黄浦江上第一座公路、铁路双层的跨江大桥——松浦大桥；在软土地基中"豆腐里打洞"，建成全市第一条穿越黄浦江底的隧道——打浦桥隧道。另外，在市区兴建了一批公共建筑，提高了设计和施工的技术水平，建成能容纳 1.8 万名观众的上海体育馆、刷新本市建筑高度的高达 210.5 米的上海电视塔、成排崛起的漕溪路高层住宅建筑群、技术精湛的上海国际卫星通信地面站等。上海还采用人工回灌自来水的办法成功控制地面沉降，亦属世界首创。

当然，这些成就决不是"文化大革命"带来的成果，而是源于老一辈革命家对上海的关心和全国的大力支援，更是源于上海广大党员干部和人民群众的共同奋斗和忘我奉献，如著名桥梁力学专家李国豪、数学家苏步青等爱国知识分子，身处逆境坚持科学研究，为中国建筑大型桥梁和造船工业作出宝贵贡献。这些多方面成就的取得，生动彰显了上海人民在党的领导下，在爱国主义、社会主义旗帜下长期凝聚形成的磅礴力量。

《中美联合公报》在上海发表

20 世纪 70 年代初，随着国际形势的变化，经过多方面的努力，我国的国际战略实现重大调整，外交工作打开新局面。而局势转变的关键一环，是中美关系的缓和。上海，在两大国间的交流互动中扮演了重要角色。

为做好中美两国首脑直接会谈的准备工作，上海接待了与美国总统尼克松访华有关的多批美国客人。1972 年 2 月 27 日，尼克松在周恩来的陪同下访问上海。此前，中美双方经过反复磋商，终于达成协议，于 2 月 28 日在上海发表《中美联合公报》。《中美联合公报》的发表，是中美关系史上的里程碑，标志着中美两国政府经过 20 多年的对抗，开始向关系正常化方向发展，为两国建交奠定基础。

中美关系的缓和直接推动了中日关系的改善。1972 年 7 月 10 日，上海舞剧团一行两百多人，受日中文化交流协会和朝日新闻社的邀请抵达日本，进行为期一个多月的访问。在东京日生剧院，他们首场演出了芭蕾舞剧《白毛女》，大获成功。日本方面做了异乎寻常的高规格招待，外相大平正芳和首相田中角荣先后接见了孙平化团长等人，孙平化表达了中国方面邀请田中访华的意向，中日建交的大门就此打开。紧接着，田中角荣访华，并于 9 月 29 日来到上海参观访问。当天，中日双方签署建立外交关系的《联合声明》，宣告中日之间的不正常状态业已结束。

当时，在毛泽东关于三个世界划分的思想指导下，我国作为第三世界的一员，努力建立和发展同第三世界国家的友好合作关系，积极开展援外建设。在中央的领导和部署下，上海派出精干队伍，承担了加纳、坦桑尼亚、苏丹、赞比亚、阿尔巴尼亚等 10 多个第三世界国家的经济援助建设任务，完成了冶金、纺织、轻工等工业项目和会议厅、体育馆、办公楼等公共建筑的建设，赢得了受援国家的高度赞扬，加强了同广大第三世界国家的团结合作，扩大了我国的国际影响。

全市欢庆粉碎"四人帮"

1976年1月8日，周恩来总理逝世。上海人民和全国人民一样陷入巨大悲痛之中。但"四人帮"及其在上海的亲信却竭力压制人民的悼念活动，以市革委会名义下达禁令：不准戴黑纱，不准设灵堂，不准制花圈，不准开追悼会。这更加激起人们的愤怒和抗争。各单位普遍设立灵堂，群众自发地佩戴黑纱、敬送花圈，举行各种形式的悼念活动，寄托上海人民对周总理的无限哀思。

1976年9月9日，毛泽东主席逝世。"四人帮"加紧了夺取党和国家最高领导权的活动。10月6日，华国锋、叶剑英代表中央政治局，执行党和人民的意志，对"四人帮"实行审查。"四人帮"在上海的亲信骨干探知江青等被审查的消息后，立即实行紧急动员，制定武装叛乱的方案，妄图为挽救江青反革命集团作最后挣扎。紧急关头，党中央及时采取有力举措，控制住了上海局势，使这一叛乱阴谋未及实施就宣告失败。10月14日，"四人帮"被粉碎的消息正式传达，全市人民一片欢腾，热烈庆祝这一历史性的伟大胜利。

党和人民在经历十年的磨难和挫折之后，终于结束了"文化大革命"这场灾难。上海的社会秩序得以恢复正常，各项工作重新走上健康发展的轨道。历史自此翻开了新的一页。

粉碎"四人帮"，上海人民欢庆胜利

第三编

改革开放和社会主义现代化建设新时期

1976年10月，"文化大革命"结束。广大干部群众强烈要求纠正"文化大革命"的错误理论和实践，彻底扭转"文革"造成的严重局面。1978年12月，党的十一届三中全会召开，开启了我国改革开放和社会主义现代化建设新时期。在党的十一届三中全会精神指引下，上海广大干部、群众认真贯彻党的路线、方针、政策，解放思想，全面完成拨乱反正的各项任务，实现了工作重点的转移。进入20世纪80年代，作为我国国有经济重镇和改革开放"后卫"的上海，受到了财政统收统支和工业效益滑坡的双重压力，发展进入相对困难时期。在中央支持下，上海制定了《关于上海经济发展战略的汇报提纲》《上海市城市总体规划方案》，积极推进国有企业改革，改造传统产业；探索土地批租、发行股票等多元化筹资渠道，为振兴上海作出了艰苦的努力。在党中央指引下，上海着力培养造就一支革命化、知识化、年轻化、专业化干部队伍，为上海90年代改革开放积蓄能量。

20世纪90年代初，党中央全面研判国际国内形势，统筹把握改革发展大局作出了开发开放浦东的重大决策。邓小平要求上海抓住浦东开发开放不要动摇，一直到建成。江泽民总书记在党的十四大进一步作出把上海建设成为"一个龙头、三个中心"的战略定位。上海广大党员干部和全市人民抓住机遇，勇立潮头，敢为人先，积极探索具有中国特色、时代特征、上海特点的发展之路，经济运行体制实现了从计划经济体制向社会主义市场经济体制的重大转变，城市功能实现了从传统工商业城市向经济中心城市的华丽转身，经济运行从相对封闭转向对内对外全方位开放，城市国际竞争力和影响力显著提升。

随着我国加入世界贸易组织及经济全球化的深入发展，上海作为我国对外开放的前沿，在快速发展的过程中遇到了土地、劳动力等商务成本上升，环境、资源、能源约束加大等问题。党中央高度重视和关心上海的发展，胡锦涛总书记希望上海率先转变经济增长方式，率先提高自主创新能力，率先推进改革开放，率先构建社会义和谐社会，为上海的发展进一步指明了方向。上海积极贯彻党中央指示精神，以海纳百川、追求卓越、开明睿智、大气谦和的精神和胸怀，深入推进浦东综合配套改革试点等各项改革；按照国际先进水平高起点、高标准推进"四个中心"建设，努力提升城市综合服务功能；成功举办上海世博会，使"城市，让主活更美好"深入人心；在创新驱动、转型发展中迈出了新的步伐，成为了我国改革开放和社会主义现代化建设新时期的重要窗口。

第九章

实现伟大历史转折和全面展开改革开放

1976 年 10 月，党中央粉碎"四人帮"，结束了"文化大革命"。随着拨乱反正的逐步深入，上海和全国一样，各方面工作走上新的发展轨道。党的十一届三中全会作出把党的工作中心转移到经济建设上来、实行改革开放的历史性决策，实现了中华人民共和国成立以来党的历史上具有深远意义的伟大转折。上海由此也进入了改革开放新时期。市委深入贯彻党的十一届三中全会、十二大、十三大精神，推进以城市经济体制为中心的全面改革，在扩大对外开放和发展外向型经济等方面迈出了新的步伐。

一、拨乱反正与全市工作重点的转移

上海是"文化大革命"的"重灾区"。粉碎"四人帮"后，党中央及时向上海派遣了工作组，改组上海市委。在新的上海市委领导下，全市进行了拨乱反正和恢复发展国民经济等工作。党的十一届三中全会召开后，上海贯彻党的十一届三中全会的路线、方针和政策，胜利完成了拨乱反正的各项任务、实现了工作重点的转移，为新时期上海的改革开放打下了基础。

开展"揭批查"与平反冤假错案

为尽快摧毁"四人帮"在上海经营多年的帮派体系，把被"四人帮"帮派骨干篡夺的上海党政大权夺回来，1976 年 10 月 20 日，中央派出以苏振华为组长，倪志福、彭冲为副组长的中央工作组到上海，领导揭批"四人帮"的斗争。10 月 25 日，中共中央任命苏振华兼任中共上海市委第一书记、市革委会主任，倪志福兼任中共上海市委第二书记、市革委会第一副主任，彭冲任中共上海市委第三书记、市革委会第二副主任。同时撤销张春桥、姚文元、王洪文在上海的党内外一切职务。市委根据中央"既要解决问题，又利于大局的稳定"的指示，领导上海广大党员、干部和群众开展大规模的"揭批查"江青反革命集团及其帮派体系的斗争。1977 年 1 月，中央决定对上海原市委和市革委会进行改组，任命了新的市委常委会。同时，对"四人帮"在上海的帮派骨干停职立案审查，并结合中央下发的《王洪文、张春桥、江青、姚文元反党集团罪证》三批材料，召开五次全市性的揭批"四人帮"及其在上海的帮派骨干大会。

在揭批"四人帮"的同时，市委根据中共中央指示，对与"四人帮"篡党夺权阴谋活动有牵连的人和事以及"四人帮"在上海的帮派体系进行清查。经过清查与"四人帮"有牵连的人和事、清理打砸抢分子、"两案"（即林彪、江青反革命集团案）审理、清理打砸抢分子补课和处理"双突"对象，共查处在"文化大革命"中犯有"三种人"（造反起家的人、帮派思想严重的人和打砸抢分子）的错误或罪行以及严重政治错误的人共 1.4 万人。基本查清了与"四人帮"篡党夺权阴谋有牵连的人和事，摧毁了"四人帮"在上海的帮派体系。清查"四人帮"的帮派体系，对恢复党的组织路线，纯洁党的干部队伍起到了积极的作用。

随着"揭批查"斗争的深入，根据中共中央指示精神，1977 年市委先后成立复查小组和复查办公室，开展冤假错案平反工作。1978 年 6 月和 8 月，市委先后为遭受江青反革命集团迫害含冤去世的上海市原市长曹荻秋、副市长金仲华举行骨灰安放仪式，为他们平反昭雪，恢复名誉。12 月，召开了有 30 万人参加的全市党员、干部和群众大会，宣布对在所谓"一月夺权"中被公开点名批判的中共中央华东局和上海市委的主要领导陈丕显、魏文伯、杨西光等人和所有受迫害的群众组织和干部、群众，以及一切冤案、假案和错案，予以彻底平反，恢复名誉。1979 年 3 月，上海市委批转市委组织部《关于上海地下党案件的调查报告》，在政治上为上海地下党作出彻底平反。到 1987 年，在

"文化大革命"中被立案审查的 10 多万名干部的冤假错案全部得到平反。平反冤假错案，使大批干部、知识分子和群众在政治上得到解放，心情舒畅地走上工作岗位。

在平反冤假错案的同时，市委根据中央的指示，还对"文化大革命"之前历次政治运动中遗留下来的一些重大历史问题重新作出历史结论，全面落实党的政策。主要是对在反右派斗争、"反右倾""四清"运动等大规模政治运动，以及"胡风反革命集团"案件、"潘扬事件"等影响较大的历史事件中受到错误处理的党员干部以及部分历史老案进行了复查，并予以纠正和平反。市委还妥善落实党的老干部政策、民族政策、宗教政策、原国民党起义投诚人员政策、侨务政策、对台政策等，调动了上海广大人民群众建设社会主义现代化事业的积极性。

贯彻党的十一届三中全会精神

1978 年 12 月 23 日，在党的十一届三中全会公报发表的当天，市委发出《关于认真组织学习〈党的十一届三中全会公报〉的通知》（以下简称《通知》），要求全市党员干部解放思想，开动脑筋，结合本地区本单位的实际，群策群力，同心同德，团结一致向前看，胜利地实现党的中心工作的转移，把大家的智慧和力量集中到搞社会主义四个现代化建设上来。《通知》下发后，全市党员干部和群众纷纷认真学习贯彻党的十一届三中全会精神。为推动全会精神在上海的贯彻落实，市委又于 1979 年 1 月至 2 月召开工作会议。与会同志结合学习党的十一届三中全会精神，对照上海实际，对全市党员干部普遍关心的一些重大问题，特别是粉碎"四人帮"后两年多来市委领导开展真理标准问题讨论等工作，进行了深入的讨论。

为进一步解放思想，市委把真理标准问题讨论的补课同学习、贯彻党的十一届三中全会精神结合起来。1979 年 6 月 30 日《文汇报》发表评论员文章《把真理标准问题的讨论深入下去》。7 月 4 日，《解放日报》也发表评论员文章《进一步搞好真理标准的讨论》。7 月 27 日至 8 月 4 日，市委召开宣传工作会议，会议要求深入开展真理标准问题的讨论，补好这一课。1979 年下半年，上海从市委到各基层单位，普遍进行了真理标准问题讨论的补课，使上海的广大党员、干部和群众进一步冲破"两个凡是"的思想禁锢，为从理论上、思想上深入揭批"四人帮"和全面拨乱反正，端正思想路线，恢复党的优良传统，起到了积极的作用。

国民经济的恢复和调整

粉碎"四人帮"后，上海面临着如何消除"文化大革命"对上海的严重破坏，尽快把上海国民经济搞上去的紧迫任务。在改组后的新市委领导下，通过积极贯彻党中央和国务院关于整顿企业的精神，上海从整顿和健全企业规章制度入手，落实党的各项经济政策，使经济得到了初步的恢复。

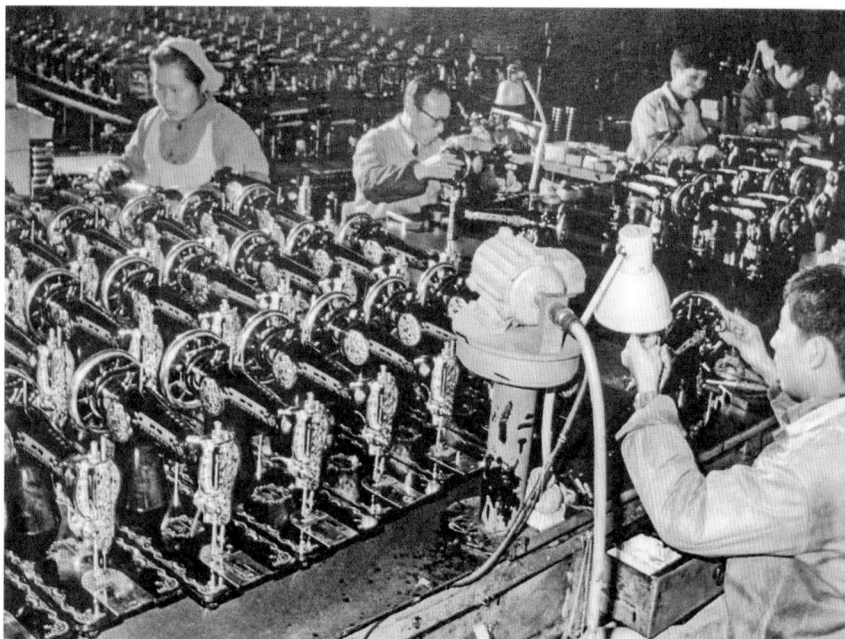

上海缝纫机企业职工正在检查产品质量

针对"文化大革命"中无政府主义盛行，企业管理无章可循的状况，结合开展工业学大庆运动、"质量月"活动、增产节约运动，上海进行了企业整顿，初步健全了党委领导下的厂长负责制，各企业都逐步恢复和健全了"文化大革命"中被取消的管理机构，重新恢复了岗位责任制、质量责任制等一些行之有效的规章制度，职工劳动纪律松懈现象有所好转。经过上述各项整顿工作，上海工业企业的生产逐步走上正轨。在农业生产方面，在加强粮、棉、油生产的同时，认真落实党的农村政策，特别是贯彻了国务院关于农副产品统一奖售的政策，使"文化大革命"中被禁止的农村多种经营得到了恢复，使郊县农村的副业经济有了比较大的提高。1978 年，全市工农业总产值达 565.94 亿元，比1976 年增长 12.6%，全市财政收入达 190.67 亿元，比 1976 年增长 32%，上海国民经济得到了基本恢复。在恢复发展的同时，上海国民经济中一些重大比例关系严重失调的状况和经济工作中急于求成的现象也日益暴露出来。国民经济内部结构性矛盾比较突出。

根据 1979 年 4 月中央工作会议制定的"调整、改革、整顿、提高"八字方针，市委 5 月召开工作会议，提出上海此后三年经济工作的总要求是：全面规划，综合平衡，边调整边前进，在调整中改革，在调整中整顿，在调整中提高，既要把比例关系严重失调的状况逐步改变过来，又要保持一定的增长速度。为了实现这一要求，着重采取缩短基本建设战线和调整固定资产投资方向的措施。在 1979 年共停建、缓建 320 个基建项目，压缩投资 19.1 亿元。接着在计划安排上加快轻纺、手工业和电子工业发展，增加非生产性建设的投资。解决城市建设和人民生活方面的一些突出问题，妥善安排 1980 年和 1981 年几十万知识青年的劳动就业问题。统筹安排，做好新技术开发工作。主要是搞好宝钢建设，抓好一批尖端技术攻关和大型成套设备的完善化、定型和批量生产，为煤、电、油、运等薄弱环节提供先进技术装备和新型材料。

经过调整，上海国民经济在恢复的基础上得到了较快发展。1982 年，上海工农业总产值达到 675.36 亿元，比 1978 年增长了 25.6%。重轻工业的比重从 1978 年的 50.7%：49.3% 调整为 1982 年的 43.6%：56.4%，轻重工业发展逐步趋向协调。

迎来科教文化事业的春天

"文化大革命"期间，上海的科教文化事业受到严重摧残。粉碎"四人帮"后，上海从批判"两个估计"、平反冤假错案入手，在政治、业务和生活等方面全面落实党的知识分子政策，科教文化事业迎来一个大发展的春天。

1977年开始，上海歌剧院等一大批文艺院团先后重建重组。1978年1月，市委决定上海出版系统恢复原来建制，重建上海市出版局。2月，市委宣布市文联和下属作家、电影等10个协会恢复活动。与此同时，还从调整各级各类文化机构的领导班子入手，调整重组文艺队伍。文化机构和文艺队伍的重组，促进了文化事业的复苏。1978年8月，《文汇报》发表短篇小说《伤痕》，引发了全国范围内对十年"文化大革命"进行反思的"伤痕文学"思潮。同年9月，上海创作和公演了话剧《于无声处》，立刻引起全国范围内的轰动，被誉为"舞台上的第一声春雷"，成为新时期文学艺术思想解放的先声。《收获》《新

1978年9月，话剧《于无声处》在上海公演

民晚报》等先后复刊。在党的"百花齐放、百家争鸣"方针指引下,上海复映复演、重印再版了一批在"文化大革命"中受到错误批判的优秀作品,包括影片《海霞》《红色娘子军》《霓虹灯下的哨兵》,话剧《万水千山》,昆剧《十五贯》,越剧《西厢记》,沪剧《鸡毛飞上天》,淮剧《白蛇传》等,恢复举办"上海之春"等各类文艺汇演,重版17册《数理化自学丛书》,重印《子夜》等30余种中外文学名著,上海文化艺术事业复兴发展春潮初显。在新的历史条件下,创作一批兼具思想性和艺术性的优秀文艺作品,包括老作家巴金创作的散文集《随想录》,以及著名导演谢晋拍摄的影片《天云山传奇》《芙蓉镇》《牧马人》等。

为了迅速恢复科技工作,市委着力加强对科学技术工作的领导和管理。1977年11月恢复设立上海市科学技术委员会、中国科学院上海分院、上海市科学技术协会,并成立上海科学院。1978年2月,市政府各委办局、专业公司、大专院校都先后恢复和建立了科技管理机构,各区、县也相继恢复和成立科学技术委员会,从而使上海科学技术工作恢复建立了比较完善的科技管理网络。为推动科技事业快速发展,制定了《上海市1978—1985年重点科学技术发展规划》。此后,又确定了开展大规模集成电路、计算机技术及应用等10项科研任务的会战。从20世纪80年代开始,上海加快科研发展步伐,并组织实施包括生物工程、工程塑料等10个重大科技战役。1988年6月,又组织了上海大众汽车有限公司年产6万辆轿车等14个科技项目的攻关会战。重点科技项目建设,促进了科技与生产相结合,促进了上海工业技术的进步和经济的发展。

上海教育领域在打破"两个估计"的精神枷锁后得到了迅速发展。1977年恢复中断十年的高等学校统一招生考试制度。为加快培养建设人才,上海陆续恢复和新建了一批高等院校,到1985年,上海高等院校数量已达45所,在校学生近11万人。作为高等教育重要组成部分的研究生教育,也得到较快恢复和发展。1977年初建立研究生试点班,根据教育部"有条件的普通高等学校要积极招收研究生"的精神,1977年、1978年两年招收研究生的工作合并进行，妥善解决了试点班与全国统招研究生的矛盾。为解决因"文化大革命"造成当时上海青年职工存在的文化素养和劳动技能水平不高的问题，20 世纪 80 年代初，上海在全市开展了大规模的文化、技术"双补"教育。并在 1983 年至 1985 年形成了持续 3 年的补课高潮。到 1986 年，70% 以上的青壮年职工完成了"双补"教育，初步改变了劳动者素质不高的问题。

干部队伍"四化"建设与整党工作的开展

"文化大革命"结束后，整个干部队伍呈现出青黄不接的状况，同时，随着全党工作重点转移到现代化建设上来，对干部的知识结构也提出了更高的要求。

从 1982 年秋开始，市委按照中共中央实现干部革命化、年轻化、知识化、专业化的"四化"方针，坚持德才兼备、以德为主的原则，有计划地选拔优秀中青年干部，对全市各级领导班子进行大规模调整，进一步实现新老合作交替，改善领导班子的群体结构，补充新鲜血液。市委在调整领导班子的过程中，坚持走群众路线，广泛深入地听取干部、群众的意见；坚持在实践中考察、识别、选拔干部，不仅注意干部的学历和专业知识，更为注意干部的实际工作能力和政绩；重视新老班子、新老干部之间的团结合作，鼓励老同志支持新班子，引导新同志虚心向老同志请教学习；在选拔、任用干部的工作中，还注意落实知识分子政策，注意选拔少数民族干部、妇女干部和非党干部等。

经过几次调整，上海各级领导班子保留了一批久经锻炼、经验丰富的老同志，选拔了一批中青年干部。同时，一大批到了离退休年龄的干部从岗位上退下来。各级领导班子成员文化素质有了提高，专业结构渐趋合理。各级组织部门还抓了后备干部队伍建设。以 1986 年与 1982 年比较：市委常委由调整前的 18 人减为 14 人，平均年龄从 64.7 岁降为 53.4 岁，大专以上文化程度的比例从 30% 提高到 78.6%；部、委、办 23 个部门的正副职由调整前的 123 人减为 92 人，平均年龄从 65.7 岁降为 52.3 岁，大专以上文化程度的比例从 36.6% 提高到 85.9%。建设"四化"干部队伍，为上海社会主义现代化建设的持续推进提供了组织保证。

为了使党在社会主义现代化建设中更好地发挥领导核心作用，1983 年 10 月，党的十二届二中全会通过了《中共中央关于整党的决定》。市委根据中央部署，从 1983 年 11 月开始，自上而下分两期七批进行，共有约 2.5 万个单位、86.5 万党员参加整党。通过学习文件、对照检查、整改组织处理和登记工作，到 1987 年 5 月基本结束。整党期间，开展以党的宗旨、理想、全局观念和组织纪律性为重点的党性教育，纯洁党员队伍。核查工作重点放在"三种人"和有严重政治错误的人以及问题上。通过深入查处以权谋私和严重官僚主义问题，通过推动边整边改，加强各级领导班子的党风建设。整党期间，全市共发展新党员 14.3 万名，补充了新鲜血液。

经过整党，全市党组织在思想、作风、组织、纪律等方面都有了进步，同时也积累了在新的历史条件下正确处理党内矛盾和问题的重要经验，为新时期党的建设的加强和发展打下了比较好的基础。

二、制定上海发展战略

改革开放之初，上海面临发展机遇与挑战并存的局面，"上海向何处去"是摆在上海面前迫切需要解决的现实问题。在党中央的关怀和指导下，上海先后制定了经济发展战略和城市总体规划方案，对上海的发展产生重大而深远的影响。

发展面临严峻挑战

随着经济体制改革逐步推进，国家供给上海的计划调拨量逐年减少，能源和原材料供应紧缺的矛盾日益突出。由于国家投入较少，技术装备陈旧，工业内部结构落后，物质消耗高、运输量大和污染严重的传统工业占很大比重。1978 年以前，上海走的是一条以工业发展为主体的经济发展路子，形成"轻纺重"三足鼎立的局面，忽视第三产业发展，城市功能单一，产业结构不合理，从而使城市综合功能大大削弱。

上海财政体制是统收统支，每年上交国家财政的任务很重。改革开放初期，上海财政收入中有近 87% 上缴中央，造成上海留用比例很低，这在很大程度上影响到城市建设。由于历年对城市建设投入较少，造成交通拥挤、住房紧张、污染严重等诸多矛盾和问题。上海市内道路长期没有得到建设和改造，在城市人口和车辆大量增加以后，道路相当拥挤；住房紧张问题日益突显，1978 年全市城镇人均居住面积仅 4.5 平方米；环境污染问题严重，垃圾污染、空气污染和江河水污染并行。

面对改革开放初期的严峻局面，1980 年 7 月 25 日到 9 月 2 日，市委召开座谈会，先后听取了市经委、农委、建委、计委、财政局、科委、财贸和进出口办公室关于十年规划的设想，并讨论研究了上海今后的发展方向、重点等问题。从 1981 年至 1982 年，在市委和市政府的领导下，全市掀起了"上海向何处去，建设什么样的上海"问题的讨论热潮。

1983 年 4 月，市八届人大一次会议通过的《政府工作报告》中提出"外挤、内联、改造、开发"的发展路径，并指出：这四个方面的内容互为条件，互相促进，构成今后上海经济和社会发展的重要组成部分。1984 年 5 月，中共中央、国务院决定对外开放包括上海在内的 14 个沿海港口城市。上海经济发展进入一个新阶段，亟须作出新的战略决策。

制定经济发展战略

改革开放之初，党中央、国务院将改革开放的重点放在东南沿海地区，上海肩负着支持全国改革开放的重任，处于"后卫"的位置。中央十分关心上海的发展，对改造、振兴上海寄予殷切期望，要求上海充分发挥其口岸和中心城

1984 年 9 月，上海经济发展战略战役研讨会举行

市的作用，做全国"四化"建设的开路先锋。1984 年 8 月，国务院和中央财经领导小组在北戴河召开会议，专门听取市委第一书记陈国栋、市长汪道涵关于上海经济工作汇报。国务院领导要求上海积极推进改造和振兴，并派出国务院改造振兴上海调研组，帮助上海研究经济发展战略、方针、目标和重点，制定进一步搞活经济的重大政策措施。9 月，国务院调研组抵沪，与市政府联合召开上海经济发展战略战役研讨会。10 月，市委、市政府和国务院改造振兴上海调研组集中各方面意见，草拟了《关于上海经济发展战略的汇报提纲》（简称《汇报提纲》）。

《汇报提纲》确定了上海经济发展的指导思想，上海应成为全国"四化"建设的开路先锋；上海要充分发挥对外开放和多功能中心城市的作用；上海工作的重点要放在改革、开放和理顺经济上；进行经济体制改革是实现上海经济发展战略目标的基本保证。《汇报提纲》提出了实行对国内外都开放，起沟通内外的桥梁作用的方针；实行广泛采用先进技术，有重点地加快改造传统工业的方针；实行发展第三产业，为全国服务的方针；实行逐步改造老市区与积极建设新市区相结合的方针等实现经济发展战略的方针和任务。《汇报提纲》还就浦东地区开发建设提出，要"创造条件开发浦东、筹划新区的建设"。

1985 年 2 月，国务院批转《汇报提纲》，指出上海在我国经济建设中具有举足轻重的地位。它是我国最重要的工业基地之一，也是全国最大的港口、贸易中心、科技中心和重要的金融中心、信息中心。在新的历史条件下，上海的发展要走改造、振兴的新路子，充分发挥中心城市多功能的作用，使上海成为全国四个现代化建设的开路先锋。力争到 20 世纪末把上海建设成为开放型、多功能、产业结构合理、科学技术先进、具有高度文明的社会主义现代化的城市。《汇报提纲》为上海的改革开放和经济发展奠定了基调，为上海从单功能城市向多功能城市发展指明了方向。

根据《汇报提纲》要求，上海把发展第三产业放在优先地位，着重发展交通邮电、商业服务和金融保险业，发展旅游、房地产、信息和咨询等行业，培育和发展股票、债券等有价证券市场。第二产业，大规模改造传统工业，上海引进国外先进设备和技术，走企业革新改造的道路，对工业进行产品结构的适应性调整。经过"六五"和"七五"两个五年计划，建成宝钢一期、上海石化二期、石洞口第一电厂、桑塔纳轿车一期等一批重大工程。通过调整产业结构，第三产业在国民生产总值中的比重从 1980 年的 21% 提高到 1990 年的 31.9%。

编制城市总体规划

在编制《关于上海经济发展战略的汇报提纲》的同时，市委、市政府编制与上海经济发展战略相统一的城市发展总体规划。1982 年 6 月，上海市制定了《上海市城市总体规划方案纲要》，并着手编制《上海市城市总体规划方案》（简称《规划方案》），经过广泛讨论和反复修订充实，于 1983 年 12 月由市八届人大常委会第六次会议原则通过。以后，又根据中共中央书记处讨论意见作了修改，于 1986 年 7 月，由上海市委和市政府正式上报党中央和国务院。10 月，国务院批复同意，并指出：这个方案可以作为指导今后上海城市发展与建设的依据。这是国务院批准的全国第一个城市发展规划。

《规划方案》对上海市城市性质、布局、发展方向和浦东开发作了明确的定位。对上海城市性质,《规划方案》明确上海是我国最重要的工业基地之一,也是我国最大的港口和重要的经济、科技、贸易、金融、信息、文化中心。同时,还应当把上海建设成为太平洋西岸最大的经济贸易中心之一,要在对内、对外开放两个辐射扇面起枢纽作用。对上海城市布局,《规划方案》提出要改造和建设中心城,充实和发展卫星城,有计划地建设郊县小城镇,使上海形成以中心城、卫星城、小城镇和农村集镇四个层次所组成的城镇体系。对上海城市发展方向,《规划方案》提出上海要走改造、振兴的新路子,以充分发挥中心城市的多功能作用。对于浦东开发建设,《规划方案》提出要有计划地积极建设和改造浦东地区,规划出一定地段发展金融、贸易、科技、文教、信息和商业服务设施,在陆家嘴附近形成新的金融、贸易中心,成为市中心的延伸部分。

对于浦东地区开发建设,国务院在《规划方案》的批复中明确指出:特别要注意有计划地建设和改造浦东地区,使浦东地区成为现代化新区。为落实国

通过实施实事工程,更多市民用上了管道煤气

务院的批示，1987 年 7 月，市政府成立了开发浦东联合咨询小组，进行了大量可行性研究、论证、规划和筹备工作。1988 年 5 月，"浦东新区开发国际研讨会"召开。市委书记江泽民强调，要把浦东建设成国际化、枢纽化、现代化的世界第一流新市区。此后，在党中央的支持下，上海加快了浦东开发的可行性研究。

为解决市民反映强烈的"乘车难""吃菜难""吃水难""烧煤难""通话难"和"住房难"等严重困扰市民生活、阻碍经济发展的突出问题，1986 年开始，市政府在工作安排中，列出一些能够解决的实际问题，作为工程加以落实，从而形成了市政府每年的实事工程惯例。1988 年，启动了"菜篮子"工程。

根据城市总体规划，城市建设以交通为重点加强基础设施建设，市政府于 1988 年 8 月发布《关于近期改善市内道路交通的决定》，集中力量建设一批包括越江工程、地铁、高架道路等重大骨干工程。"七五"计划期间，全市用于交通、电力、邮电、市政设施、公用事业等方面的投资 177.81 亿元，比"六五"计划时期增长 2.2 倍。上海铁路新客站、沪杭铁路外环线、虹桥机场国际候机楼、沪嘉和莘松高速公路、延安东路越江隧道、黄浦江上游引水一期工程、浦东煤气厂一期工程等一大批重大交通和市政工程相继建成并投入使用，全市电话装机增加到 74 万门。居民住宅建设 1986—1990 年累计竣工建筑面积达 2245.77 万平方米，比"六五"计划时期增长 10.8%。城镇人均居住面积由"六五"计划期末的 5.4 平方米提高到 6.6 平方米。城市基础设施落后的状况开始有了改变，投资环境和居民的生活环境有所改善。

三、开展农村、城市经济体制改革

党的十一届三中全会以后，市委、市政府根据党中央、国务院确定的经济体制改革的基本任务和基本政策，结合上海实际情况，开展了多方面的改革探索，把上海经济体制改革逐步推向深入。

推行农村家庭联产承包责任制

1977年，上海一些地区的农民自发地实行大包小评、定额记分、八级工分制加季度奖励等办法，开始了农业生产责任制的探索。1979年上半年，上海郊区农业生产管理在大包小评、定额记分基础上，有24700多个生产队实行定额包工责任制，占生产队总数的87.8%。1979年秋天，上海县诸翟公社19个生产队实行包工包产到作业组，成为全市第一批推行联产计酬责任制的生产队，打破了长期以来农业生产中的"大锅饭"现象，效果明显，第二年该公社的夏粮增长幅度居全县之首。1982年1月的中共中央一号文件，明确指出包产到户、包干到户等，都是社会主义集体经济的生产责任制，有力地推动了农村经济体制的改革。12月，市委召开郊区党员干部会议，传达贯彻中共中央召开的全国农村工作会议精神，倡导在多数社队推广包干分配，即家庭联产承包责任制。1983年，上海郊区农村全面推行包干到户的联产承包责任制。至1985年，上海郊区99.3%的生产队已实行各种形式的联产承包责任制。

同时，郊区农村开始改革人民公社"政社合一"的体制。从1983年开始在

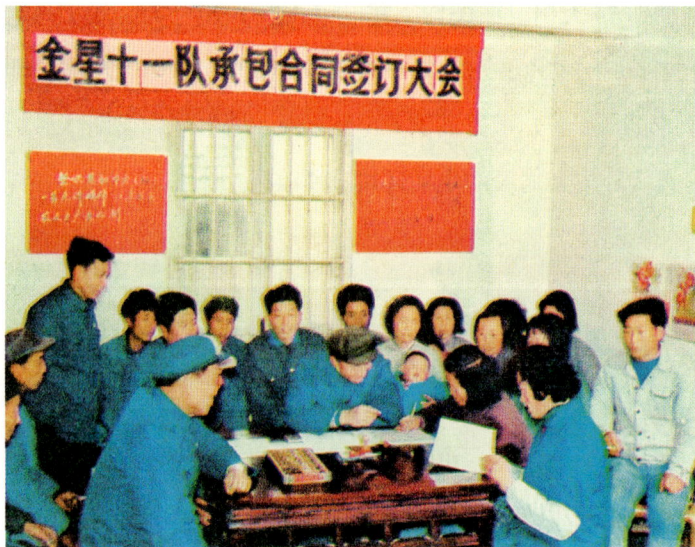

上海郊区农民在签订承包合同

嘉定县的曹王、马陆等公社进行政社分设试点，当年 7 月，该县各乡镇普遍建立了乡政府。到 1984 年 6 月，郊区 206 个人民公社全部实行政社分设，普遍建立了乡政府，撤销人民公社管理委员会，代之以经济联合社或工农商联合社。

在生产发展的基础上，上海农业开始进行结构调整。1985 年市委、市政府提出郊区农民口粮立足于自给、城市主要副食品供应立足于郊区、农副工三业协调发展的方针。郊区农村在稳定粮食生产的同时，积极生产市场需要的经济作物，大力发展乡镇企业和第三产业，促进农村经济持续、稳定、协调发展。

随着农村家庭联产承包责任制的推行，农村经营体制改革不断深化，集体经济进一步巩固。1990 年，郊区实现国民生产总值 162.6 亿元，比 1980 年增长 3.9 倍，占全市国民生产总值的比重由 1980 年的 11.7% 上升到 1990 年的 22%，为上海经济的发展作出了积极贡献。

探索推进企业改革

改革开放以后，上海首先在扩大企业经营管理自主权方面进行改革，改革分配关系，逐步实行企业利润留成制度，分两步完成利改税，调整国家与企业的经济权益。1979 年 4 月，国家经委确定全国首批 8 家企业进行扩权试点，上海柴油机厂、上海汽轮机厂和彭浦机器厂被列为扩权试点单位。同年 8 月，上海根据国务院《关于扩大企业经营管理自主权若干规定》，又增加 103 个企业为试点，主要实行基数留成和增长分成的利润留成制度，留成基金按一定比例分别用于生产发展、集体福利和职工奖励。1979 年底，上海纺织局和冶金局提出全行业实行利润留成的方案，很快在其他行业推开。到 1982 年，全市 11 个主要工业局全部实行全行业的利润留成。同时，商业及其他单位，也都根据各自的特点，进行有关利润留成改革。为进一步探索企业改革的途径，自 1980 年开始，上海又以轻工业机械公司、上海柴油机厂和彭浦机器厂为试点，进行"以税代利，自负盈亏"的利改税试点。1983 年，全市各行各业全部推行以税代利，第一步采取利税并存办法。为了进一步完善税制，在第一步利改税的基础上，从1984年又实行第二步利改税改革，以增强企业活力。但是，在扩权试点中，由于企业的扩大自主权没有配套，许多自主权下放到一定程度实际上没有办法落实。

1984年8月，上海根据国务院文件精神，制定《关于本市改革试点企业贯彻进一步扩大国营工业企业自主权暂行规定的若干实施意见》，选择上海机床厂等4家企业实行厂长负责制，奖金发放上不封顶、下不保底、实行征收奖金税和工资总额包干与经济效益挂钩浮动的"四配套"改革试点，其后逐步扩大试点范围，到1986年底全市共有1032家国营企业实行厂长（经理）负责制，25万职工实行劳动合同制，并在4个行业40万职工中试行工资总额与经济效益挂钩浮动的办法。

从1987年开始，上海全面推行的企业经营承包制，是按照政企分开、经营权与所有权分离的思路进行的，其主要内容是包上缴利润、包技术改造、包出口创汇、包固定资产增值，同时实行工资总额与经济效益挂钩浮动的"包死基数、确保上缴、超收多留、歉收自补"。到1988年全市98.6%的地方国营工业企业实行了承包经营，93.4%的商业企业也实行了多种形式的承包，有11个区商业公司实行了行业承包，且大多数承包期为5年，同时65%的市区集体企业也实行了承包。在推行承包制同时，上海还积极探索招标选聘经营者，税后还贷承包，小企业的租赁经营、兼并拍卖、股份制等多项改革试点。为了扩大企业经营自主权，上海初步进行了行政管理体制改革，1985年底首先在机电、医药局进行改革行政性工业公司管理体制的试点，通过撤、并、转等方式，到1987年6月全市原有的77个行政性工业公司，有60个解体或撤销，17个改为企业性公司。

经过改革，上海企业的经营状况普遍得到了好转，特别是在企业自主权方面的改革取得比较大的进展。1978年上海地方国营企业提取的企业基金只有2亿元，到1987年上海工业企业的留利已达27亿元，比1978年实行企业基金时增长了10多倍。

改革财政体制

上海的财政体制一直沿用 1976 年财政部对上海实行"定收定支、收支挂钩、定额分成、一年一定、固定留成加超收分成"体制，即国家每年给上海固定留成 1.5 亿元，当年如能超收，再按 30% 的比例留成。因此，改革开放初期，上海财政收入中有近 87% 上缴中央，地方留存资金相对较少，这在很大程度上影响到上海的发展和建设。经国务院批准，1985 年起改为"核定基数，总额分成"的办法，即以 1983 年地方财政收入 153.7 亿元作为收入基数，又在 1983 年实际支出 22 亿元的基础上再增加 15 亿元作为支出基数，核定给上海市的留用比例为 23.54%，实行总额分成。这一改革，使上海 1985 年地方财政支出比上一年增加了 15.75 亿元。

1986 年以后，由于价格体制的改革，原材料、能源价格大幅度上涨，对以加工工业为主的上海经济造成巨大冲击，成本提高，利润下降，导致上海国内生产总值虽然增长，但地方财政收入却发生"滑坡"。为制止这种状况，支持上海发展，1987 年 10 月，国务院派出工作组到上海进行调查研究。经国务院批准，中央对上海的财政体制又作了改革。从 1988 年起实行"基数包干上缴，一定五年"的体制，即以 1987 年实际完成收入 165 亿元为基数，每年定额上缴中央 105 亿元，从 1988 年到 1992 年，前三年超收部分全部留给上海，后两年超过 165 亿元的部分与中央对半分成，从而使上海有了财政自主权。上海利用这一有利条件，加大自费改革的力度，增加了城市建设的投入，为 20 世纪 90 年代的发展打下了基础。

发展多种经济成分

党的十一届三中全会后，党中央作出了以社会主义公有制为主体，多种经济成分并存，实行多层次、多渠道发展社会主义经济的决策。根据党中央决策，上海从发展个体、私营经济入手，推进股份制的试行和地区集体经济的发展以探索公有制的实现形式。

　　上海个体经济的发展，首先是从经营零售和服务业的个体工商户开始的。20 世纪 70 年代末，市财贸办组成工作组，率先在虹口区虹镇街道进行了恢复个体经营试点工作。1980 年 4 月，上海市工商行政管理部门恢复了个体工商户的申请登记工作。但在当时人们都希望端个"铁饭碗"，做个体户并不是一件让人觉得光荣的事情。针对这一情况，上海市专门由副市长主持召开了青年个体户座谈会，宣传党的政策和个体经济的积极作用，打消其顾虑。在市委、市政府以及各方面关心下，个体工商户曾经担心的劳保问题、组织问题也一一得到解决，这极大地推动了个体工商户的发展。到 1990 年，全市个体工商户发展到 109389 户，从业人员达 161956 人，并且出现了一些在全国有影响的以个体工商户经营为主的商业集散地，如福佑路小商品市场、华亭路服装市场、柳林路羊毛衫市场等。在个体工商户发展的同时，上海的私营经济也取得比较大的发展。1988 年 4 月，上海第一家私营科技企业——上海八达技茂有限公

个体工商户云集的华亭路服装市场

司登记开业。到 1990 年底，全市共有私营企业 1604 家，投资者 2194 人，雇工 23641 人，注册资金 6684 万元。

在个体、私营经济得到发展的同时，上海对股份制和集体经济进行了探索。1984 年 11 月，上海电声总厂发起建立上海飞乐音响公司。这是中华人民共和国成立以来上海乃至全国第一家比较规范的向社会公众公开发行股票的股份公司，共筹集股金 50 万元。1986 年 12 月，由上海灯泡厂、上海电子管厂、上海电子管二厂、三厂、四厂、上海显像管玻璃厂、上海电真空器件厂研究所组成了以国家股为主的上海电真空器件股份有限公司。这家股份公司的组建，是上海将国有工业企业改组为股份制企业的大胆尝试，在国内外引起很大的反响。到 1988 年末，上海共有 8 家比较规范的股份制企业向社会公开发行了股票，股金总额为 3.7 亿元。

为探索集体所有制企业的实现形式，促进集体企业转换机制，1988 年起在城镇试办吸收职工或农民入股的股份合作制企业。1988 年 6 月，上海主人印刷厂是本市第一家由职工集资筹建、生产资料归职工集体所有的股份合作企业。该企业由 20 名青年集资 5 万元合作创办。他们从所有制实现形式到分配方式、企业管理、承担风险和经济责任等方面试行股份合作制模式，使企业同职工产生了内在的血肉联系，从而激发了职工的积极性和企业的活力，取得了较好的经济效益。从 1988 年 6 月投产到 1989 年底，实现总产值 400 万元，利税 29.4 万元，年全员劳动生产率 12.5 万元，为全市印刷业平均水平的 4.5 倍；人均创利税 8558 元，为全市印刷业平均水平的 2 倍多。

四、探索对内搞活与对外开放

对内搞活与对外开放是党的十一届三中全会确定的一条重要方针。20 世纪 80 年代，上海大力发展同国内国际多种经济联系，大量吸引外资、先进技术和管理经验，积极拓展国际国内两个市场。

开展横向经济联合

城市经济体制改革不仅促进了上海经济体制逐步由计划经济向有计划的商品经济转变，也使上海对内搞活、与兄弟省市的经济联合迈出新的步伐。

1980年国务院颁发了《关于推动经济联合的暂行规定》，在国家"发挥优势，保护竞争，促进联合"的方针指导下，上海一些生产名优产品的工厂开始利用自己的经营技术优势，通过产品扩散、零部件加工等方式，与兄弟省市的企业建立联合关系，取得了初步成效。同时，地区间物资调剂，资金、技术协作也趋于活跃，科技成果从无偿转让向有偿转让过渡。

1981年7月，中央对上海的经济发展作了重要批示，要求上海发挥沿海城市在对外开放对内经济联系中发挥作用，在采用新技术、实行科研与生产相结合，加强现有企业技术改造等方面作出新成绩。市政府在制定1982年经济和社会发展计划时，提出要按照发挥优势、互惠互利原则，采用多种形式发展同兄弟地区的经济联合。1982年5月，为加强对全市横向经济联合的领导，市政府决定成立上海市人民政府协作办公室，各区县也相继成立协作工作机构。

为了探索打破"条块分割"，促进横向经济联合，1982年12月，国务院决定建立上海经济区，经济区包括上海在内的长江三角洲地区10个市。1983年2月，国务院在上海成立了上海经济区规划办公室（简称规划办）。规划办在编制经济区发展规划、促进区内自行车行业联合、协调区内能源建设和太湖综合治理以及支援区内革命老区建设等方面做了大量的探索工作，为区域经济发展积累了宏观操作的经验。由于行政体制等原因，上海经济区的建设受到制约。1988年6月，规划办撤销。

1984年我国城市经济体制改革全面展开。根据扬长避短、形式多样、互惠互利、共同发展的原则，10月，市政府颁布了《关于兄弟地区来本市开店办厂的暂行办法》，就外地企业来沪开店办厂的经营范围、审批手续、基建指标、产权、价格、税收、户口管理等作了具体的政策规定。11月，市政府又

上海自行车厂南通分厂挂牌成立

批准了《关于本市企业同兄弟地区企业经济技术合作若干问题的规定》，对经济技术协作的原则、经济联合项目的资金来源、投资计划指标、联合项目的审批、产品分配和销售、利润分配、派出人员及其待遇等问题作了明确规定。上海的横向经济联合开始由短期松散、零星状态向长期、紧密、系统的较高层次发展。

1986年3月，国务院颁布《关于进一步推动横向经济联合若干问题的规定》，对促进横向经济联合的政策作了一定程度的配套改革。6月，市政府正式颁布实施《上海市关于进一步推动横向经济联合的试行办法》，推动了横向经济联合的发展。通过联合，逐步在兄弟地区建立了名优产品联合生产基地、科研产品系列开发基地、资源综合开发利用基地和出口货源配套加工基地，促进企业的转轨转型，增强上海两个扇面的辐射力。

横向经济联合的发展，对发挥上海企业的技术和管理优势，缓解上海作为改革开放"后卫"在政策上的矛盾，起到一定作用，加强了上海与兄弟省市间的经济往来和信息沟通。到 1988 年底，上海已组建跨行业、跨部门、跨地区的企业群体、企业集团 147 个，各省、市、自治区来沪开店办厂累计达 1200 多家，营业额逾 25 亿元。地、市级以上政府及大型企业的驻沪机构已达 232 个。

发展对外贸易

1979 年 12 月，根据中央关于"实行进出口分级管理，扩大地方经营产品范围，赋予地方和部门成立专业外贸公司或出口经营公司的权限"的精神，上海在全国率先建立第一个地方外贸公司——上海市对外贸易总公司。1983 年 11 月，成立市对外经济贸易委员会，统一管理全市的对外经济贸易工作。

1985 年起，上海嘉丰棉纺织厂、第四棉纺织厂、微型轴承厂、跃进电机厂、第三毛纺厂等生产企业先后进行出口代理试点，实行"五代理、五公开"，即外贸公司和生产企业议定，由外贸公司代筹流动资金、代办出口退税、代办留成外汇调剂、代核产品价格、代付一定数额的货款；在对外贸易活动中，工贸双方成交合同公开、单据凭证公开、配额使用公开、费用开支公开、用汇收汇公开，共同完成出口任务。

1988 年 2 月，国务院发布《关于加快和深化对外贸易体制改革若干问题的决定》，决定全面推行承包经营责任制，打破"大锅饭"，实行自负盈亏。据此，市政府决定先在服装、针织、轻工、文体、工艺等 5 个外贸公司和畜产、丝绸 2 个外贸公司中经营轻纺产品的部门进行外贸承包经营责任制的试点。1989 年，上海又推出工贸"双线承包"和外贸代理制，并在纺织行业率先实行。"双线承包"是指改收购制为代理制，把市向中央承包的出口收汇、上缴外汇和亏损补贴等 3 项指标，由原来各外贸公司承包改为生产企业和外贸公司共同承包，同时将外贸的收购制逐步过渡为代理制，工贸双方特别是生产企业扩大出口和参与国际竞争的积极性提高，加强了工贸双方在新的基础上的结合。到 1990 年底，全市有进出口权的企业达 115 家。形成专业外贸公司、工

贸公司、工业自营出口企业、外商投资企业、中央在沪企业和属上海地方领导的外贸综合企业等"六路出口大军"的大外贸出口格局。上海设立海外经贸机构达 150 个，遍布五大洲。1990 年上海外贸出口 53.21 亿美元，比 1987 年增长 27.9%。

利用外资逐步加快

在积极扩大对内开放的同时，上海的对外开放也开始迈出新的步伐，其重点是利用外资引进先进技术和利用外资改造上海的城市基础设施。

1979 年 7 月，国家颁布《中华人民共和国中外合资经营企业法》后，上海开始兴办中外合资企业。1980 年 8 月，上海第一家中外合资企业中国迅达电梯有限公司上海电梯厂成立，是全国机械行业中第一家合资经营企业。以后，又陆续建立了上海联合毛纺织有限公司、上海高仕香精有限公司、中美上海施贵宝制药有限公司、上海福克斯波罗公司、上海贝尔电话设备制造公司、上海耀华皮尔金顿玻璃公司等中外合资企业。在非生产性项目方面，1982 年先后以合作经营的方式，建成了雁荡公寓和联谊大厦。

1983 年 2 月，邓小平视察上海，指出上海利用外资不够，思想解放不够，并结合深圳经验，给上海作了一系列重要指

1980 年 8 月，上海第一家中外合资企业——中国迅达电梯有限公司上海电梯厂成立

示，激励上海的同志解放思想，锐意进取。据此，上海向国务院提出了扩大上海外贸自主权的报告，以加快对外开放的步伐。1984年起，上海建立了利用外资联席会议制度，促进了利用外资工作的发展。

1986年8月，国务院批准上海市扩大利用外资规模的请示报告，允许上海采取计划单列、自借自还的方式向国外集资（简称"九四专项"），用于上海工业技术改造和城市基础设施建设，以及发展第三产业。为更有效地利用外资，市政府建立了"九四专项"办公室，批准成立久事公司。"九四专项"先后到国际金融市场筹资32亿美元，其中14亿美元用于南浦大桥、地铁一号线、合流污水一期工程、20万门程控电话和虹桥机场国际候机楼改建等五大市政基础设施建设，13亿美元用于260多个工业技术改造项目，5亿美元用于30多个第三产业项目，为上海的振兴繁荣作出了贡献。

为改善外商投资环境，1988年6月，市政府建立上海市外国投资工作委员会，对外实行"一个窗口、一个图章、一个机构"，简化了外商投资的审批程序，提高了办事效率，改善了对外商投资者的服务，并进一步加强了对全市利用外资工作的领导。

到1988年底，上海累计批准各种利用外资项目1025个，协议利用外资金额44.24亿美元，其中外商直接投资项目510个，吸收外资21.48亿美元；外商其他投资（补偿贸易和国际租赁）项目412个，1.85亿美元；对外借款项目103个，金额20.91亿美元。外商投资已成为上海经济发展的重要组成部分。

建立经济技术开发区

1984年5月，中央决定开放上海等14个沿海港口城市，在这些城市扩大对外经济活动的自主权，逐步兴办经济技术开发区。1986年8月至1988年6月，经国务院批准，闵行经济技术开发区、虹桥经济技术开发区和漕河泾新兴技术开发区成为我国第一批国家级经济技术开发区。

闵行经济技术开发区是1986年8月经国务院批准建立，位于上海市区西南部，占地面积 2.13 平方公里，为上海首个国家级经济技术开发区。依托原有工业基础，坚持以工业项目为主，外商投资企业为主，产品出口型与技术先进型两类企业为主，是上海引进外资和先进技术，加强上海与国际间技术交流的重要"窗口"，是上海出口创汇、进口替代、国产化配套、技术密集型的现代化工业基地。到 1990 年底，开发区共引进外商投资项目 68 个，合同总投资达 3.94 亿美元，其中吸引外资 1.89 亿美元。引进项目中属于"产品出口企业"和"技术先进企业"的占 86%。其中环球玩具公司、上海施贵宝制药公司、三菱电梯公司、强生公司等，都是世界上著名的跨国公司。1990 年，开发区人均创汇近 7000 美元，经济效益不但超过全市平均水平，而且在全国 14 个开发区中名列前茅。

虹桥经济技术开发区是 1986 年 9 月经国务院批准建立的，位于上海市区西部，距虹桥国际机场 5.5 公里，占地面积 0.652 平方公里。以发展外贸为主，为各国总领事馆、外商、外侨提供办公、居住、业务活动和商业、体育、教

1988 年 8 月，获得虹桥第 26 号地块土地使用权的日本孙氏企业与中方举行签约仪式

育、娱乐等服务设施，建有一批高层高级宾馆、办公楼和领馆办公综合大楼。1988年7月，开发区在上海率先实行土地使用权有偿转让，通过国际招标，26号地基（1.29公顷）由日本孙氏企业有限公司以2800万美元中标，使用期限是50年，成为我国第一次以国际招标方式向国外投资者有偿出让土地使用权的中标者。后来，在该地块上建起了太阳广场。至1990年，开发区已吸收合同投资总额6.6亿美元，其中外商直接投资3.8亿美元，成为全国开发区中吸收外资最多的一个。

漕河泾新兴技术开发区是1988年6月经国务院批准建立的，位于上海市区西南漕河泾地区，占地面积5平方公里。创建时是全国14个沿海城市经济技术开发区中唯一以发展高科技和新兴技术产业为主的外向型开发区，以发展微电子、计算机和现代通信为重点。建立伊始，开发区就把引进外商投资项目的工作重点，限定在技术密集型、资金密集型和无工业污染方面，引进产品的档次把握在出口深加工、高附加值和高技术的水平上。到1990年底，开发区已有三资企业29家，总投资3.15亿美元，其中引进外资1.9亿美元。涉及微电子、航空航天、光纤通信、生物工程、计算机、新材料等高科技的各个领域。1990年开发区工业总产值达19.9亿元，税利4.6亿元，出口经营创汇6383万美元。形成微电子、光纤通信、航空航天、生物工程和计算机软件等高技术研究、开发和生产的群体。开发区引进的新兴技术企业中，有许多著名的跨国公司，如美国独资的3M公司、中荷合资上海飞利浦半导体公司、中比合资上海贝岭公司、中美合资上海福克斯波罗有限公司等。

闵行、虹桥和漕河泾三个国家级经济技术开发区的创办和建设，确立了上海开放经济的雏形，为上海下一步对内对外全方位开放和发展提供了重要经验。

第十章

探索"三特"发展之路

20世纪90年代，随着浦东开发开放战略的实施，上海从80年代改革开放的"后卫"跃到了"前沿"。按照党的十四大和十五大所确定的方针、政策，市委、市政府积极探索具有中国特色、时代特征、上海特点的发展之路（简称"三特"发展之路）。围绕建设"一个龙头、三个中心"的战略目标，以浦东开发开放为契机，积极推进产业结构战略性调整，加快了建立社会主义市场经济体制的步伐。与此同时，坚决贯彻党中央提出的"坚持两手抓，两手都要硬"的方针，在推进党的建设、加强社会主义精神文明建设和发展科教文化事业等方面采取了一系列措施，推动了各项事业的发展。

一、推进跨世纪的国家战略

为了进一步促进我国经济振兴和社会进步，向世界表明我国继续坚持改革开放基本国策的决心，党中央全面研判国际国内大势，统筹把握改革发展大局，作出了开发开放上海浦东的重大决策。上海坚持高标准规划、高起点开发，面向世界、扩大开放，实现一系列零的突破，浦东成为推进上海全面改革和全方位开放的领跑者。

浦东开发开放成为国家战略

1989年春夏之交，中国发生了政治风波。这场政治风波后，国内外、党内外产生了对我国改革开放路线能否继续的怀疑。1990年初，邓小平来到上海，在同上海领导同志谈话时，特别提出"请上海的同志思考一下，能采取什么大的动作，在国际上树立我们更加改革开放的旗帜"[1]。当了解到市委、市政

---

[1] 中共中央文献研究室编：《邓小平年谱（1904—1997）》第5卷，中央文献出版社2020年版，第605页。

府关于浦东开发的准备情况后，表示赞成。回到北京后，3 月 3 日，邓小平同几位中央负责同志在谈到国际形势和经济问题时指出："比如抓上海，就算一个大措施。上海是我们的王牌，把上海搞起来是一条捷径。"① 在邓小平的倡议和推动下，以江泽民同志为核心的中央领导集体高度重视开发开放浦东的战略构想，先后派国务委员邹家华、国务院副总理姚依林带领有关部委负责人，对浦东开发问题进行实地考察和专题研究。在反复论证的基础上，党中央审时度势，作出了科学的战略决策。1990 年 4 月 18 日，国务院总理李鹏代表党中央、国务院在上海宣布，同意加快浦东地区的开发和开放，在浦东实行经济技术开发区和某些经济特区的政策。6 月 2 日，国务院正式批复，原则同意上海《关于开发浦东、开放浦东的请示》，指出：开发和开放浦东是一件关系全局的大事，一定要切实办好。

1991 年底，苏联解体，持续几十年的东西方冷战格局宣告结束。国内有人开始提出姓"社"还是姓"资"的疑问。对此，1992 年春天，邓小平先后

1992 年 10 月，党的十四大作出把上海建成"一个龙头、三个中心"的战略决策

---

① 《邓小平文选》第 3 卷，人民出版社 1993 年版，第 355 页。

到武昌、深圳、珠海、上海等地视察，发表重要谈话。在上海，邓小平指出："到本世纪末，上海浦东和深圳要回答一个问题，姓'社'不姓'资'。""浦东开发晚了，是件坏事，但也是好事。可以借鉴广东的经验，可以搞得好一点，搞得现代化一点，起点可以高一点。"邓小平南方谈话从理论上回答了长期束缚人们思想的许多重大认识问题，成为把我国改革开放和现代化建设推进到新阶段的又一个解放思想、实事求是的宣言书。10月召开的党的十四大报告中明确指出："以上海浦东开发开放为龙头，进一步开放长江沿岸城市，尽快把上海建成国际经济、金融、贸易中心之一，带动长江三角洲和整个长江流域地区经济的新飞跃。"这标志着浦东开发开放从上海地方发展战略，上升为国家的发展战略。

高标准规划，高起点开发

按照"规划先行"的开发思路，上海在制定《浦东新区总体规划》的基础上，制定了堪称世界一流的陆家嘴中心地区规划，坚持以高标准、系统化的规划指导高起点开发。陆家嘴中心地区在全国率先采用国际咨询的形式，经过英、法、日、意、中等五国专家的设计，以及10多个国家的30余位专家17轮讨论深化，1993年高质量地完成了陆家嘴中心地区规划。同时，浦东还邀请英国专家进行交通规划设计咨询，邀请加拿大和日本专家分别编制不同区域的城市设计咨询或环境设计，使得区域的社会经济发展规划、城市形态规划、交通规划、基础设施规划和生态环境规划配套完善。

按照高起点、高标准、高速度的要求，市委、市政府加紧实施浦东开发开放。从1990年4月到1995年上半年，是浦东开发开放的正式启动并进行大规模基础设施建设阶段。为支持浦东新区的开发建设，1990年4月，上海市政府召开新闻发布会，宣布中央政府部委有关减免三资企业所得税、生产建设器材免关税等开发浦东的10项政策。1992年1月，国务院宣布扩大浦东新区部分项目审批权和资金筹措渠道。上海在"八五"期间投资250亿元，随着南浦大桥、杨高路扩建、外高桥港区、凌桥水厂等第一轮十大基础工程竣工，初步解决了基础设施落后问题，大大改善了浦东的投资环境。同时，陆家嘴、外高桥、金桥、张江重点功能区的基础设施建设，创造性地采取"资金空转、土地实转"方式从一级市场获得土地，借贷资金开发土地、变"生地"为"熟地"，由4个开发公司采取成片受让、开发、转让、再受让的方法运行，筹集到最初基础设施建设所需的大量资金，完成了启动地块的"七通一平"，金桥开发公司还在全国开发区中率先做到了"九通一平"。

从1995年下半年到2000年，是浦东开发开放转入基础开发和功能开发并举并逐步以功能开发为主的阶段。为了支持上海"一个龙头，三个中心"建设和促进浦东形成金融、贸易等功能，1995年6月，国务院给予浦东扩大对外开放方面新的功能性政策，使浦东在金融和贸易等领域取得率先推进改革的试点权，以支持上海城市建设和促进浦东功能开发。上海"九五"期间又投资1000亿元，完成浦东国际机场一期工程、外高桥港区二期工程、浦东国际信息港等第二轮十大基础工程。经过两轮10年城市基础设施建设，新增道路总长1000公里。逐步构筑起了浦东现代化城区的道路网架和通信网络。结合新区开发和旧区改造，浦东矗立起一大批现代化功能性楼宇，新增各类建筑近5000万平方米，特别是金茂大厦等成为上海的标志性建筑。新增公共绿地1100万平方米，绿化覆盖率达到20%，相继建成的陆家嘴中心绿地、滨江大道绿地、世纪公园大型绿地和外环绿带，进一步改善和优化了新区的生态环境。

浦东开发开放在推进基础设施建设的同时，以"出形象、出功能和出效益"为目标加快4个重点小区的功能开发。陆家嘴金融贸易区，1990年6月由国务院批准设立，是国内唯一以"金融贸易区"命名的开发区。1995年6月，中国人民银行上海市分行迁入陆家嘴金融贸易区银都大厦，成为金融界支持浦东开发开放的"领头羊"。至1999年底，近200幢现代化办公、商务楼宇拔地而起，77家中外资金融机构、21家国际跨国公司地区总部和上海证交所等国家级要素市场相继进入，金融贸易功能日趋增强。外高桥保税区，是

1990 年 6 月经国务院批准设立的全国规模最大、启动最早的保税区。经过近 10 年开发建设，国际贸易、保税仓储、出口加工及保税商品展示交易等功能逐步拓展，引进了 2000 多家贸易公司和 60 多家世界著名跨国公司的物流分拨中心，形成了以半导体封装测试、通信产品及计算机等出口加工、仓储分拨为主的现代信息产业基地，2000 年经济总量几乎等于国内其他 14 个保税区之和。金桥出口加工区，是 1990 年 9 月经国务院批准设立的国家级经济技术开发区。形成了以集成电路与计算机、电子通信为主的高新技术产业群体。340 多家中外资企业落户，150 个现代制造业项目相继投产，1999 年工业总产值达到 369 亿元，其中高新技术产品产值比重达到 70%。张江高科技园区，是 1992 年 7 月经国务院批准建立的国家级高新技术园区。1994 年 5 月，张江园区第一家外资企业——罗氏制药有限公司正式签约。1999 年 8 月，市委、市政府作出"聚焦张江"战略决策，明确以集成电路、软件、生物医药等为主导产业，按照"国内领先、世界一流"的目标集中力量建设张江高科技园区，吸引一批在集成电路、生物医药、软件、文化创意、金融服务等领域技术领先的企业入驻张江。2000 年，园区高新技术企业的工业总产值达 413.9 亿元。

陆家嘴、外高桥、金桥和张江这 4 个重点开发区，使浦东成为上海国际经济、金融和贸易中心建设的核心功能区。

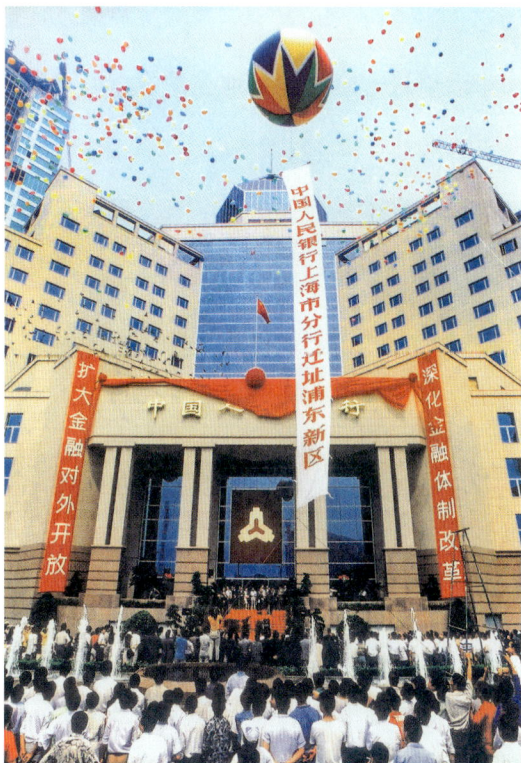

1995 年 6 月，央行上海分行东迁浦东，成为金融界支持浦东开发的"领头羊"

打好"长江牌、中华牌、世界牌"

1991 年初，邓小平到上海视察，指出："开发浦东，这个影响就大了，不只是浦东问题，是关系上海发展的问题，是利用上海这个基地发展长江三角洲和长江流域的问题。抓紧浦东开发，不要动摇，一直到建成。"为此，市委、市政府提出了"开发浦东，振兴上海，服务全国，面向世界"的方针，指出：浦东开发开放，要坚决打"长江牌""中华牌""世界牌"，鼓励和吸引国内外企业参与浦东开发开放。

1991 年 5 月，市政府批转《上海市鼓励外地投资浦东新区的暂行办法》，在投资计划、进出口、财税、户籍、土地使用、融资等方面推出 12 条优惠政策，鼓励全国各地来上海投资建设，共同发展，并提出以产业为主线、以市场为导向、以企业为主体、以资产为纽带的经济协作原则。1992 年 6 月，上海市政府进一步放宽各地在沪设立办事机构的条件，让全国各县均可在沪设

1995 年 6 月，裕安大厦落成启用

立工作处。同年 7 月，给予前来浦东新区参与发展的长江三角洲及长江沿江地区的省、市及企业"优先接纳上述地区进入外高桥保税区开展外企业务"等八个方面的优先政策。一批部委、省市率先进军浦东参与建设。安徽与浦东签订第一块土地批租合同，用于建造裕安大厦。很快，中央的十多个部委和全国二十多个省市纷纷到浦东投资。在陆家嘴地区，江苏大厦、嘉兴大厦、齐鲁大厦和中电大厦、中国石化大厦等一批省部楼宇成为各地对外联系的"窗口"。1998 年 5 月，上海市政府发布《关于进一步服务全国扩大对内开放若干政策意见》。浦东新区对照出台了贯彻市政府《若干政策意见》的实施办法，对大企业（集团）的经营范围予以放宽，对从外省市迁移或变更到浦东的，只作变更登记，简化有关手续，缩短审批发照时间，提高办事效率。

在对外开放、吸引外资方面，上海制定出台了《上海浦东外高桥保税区外汇管理实施细则》《关于浦东新区外商投资项目审批和管理暂行办法》《上海市浦东新区对外经济贸易管理办法》《上海外高桥保税区条例》等涉外经济法规和规章。随着投资环境不断改善，吸引了日本的 JVC 等一大批跨国公司外资高技术企业和大型项目落户浦东。浦东的开发开放，有力地促进了上海的对外开放。上海利用外资不断出现高潮，1992 年一年超过前 12 年的总和，1993 年至 1995 年协议利用外资金额和外资实际到位金额占改革开放以来总和的 88%。开放的领域从生产加工扩大到金融、贸易、会展、旅游、信息服务等第三产业，诞生了我国首个中外合资商业零售企业、首家中外合资人寿保险公司、首家中外合资批发企业等诸多第一。

2000 年，浦东新区经济总量达到 930 亿元，超过 1990 年浦东开发开放时上海全市的经济总量 781 亿元，用十年时间在经济上再造了一个上海。浦东新区集中城市化地区从开发初期 44 平方公里扩大到近 100 平方公里。一个外向型、多功能、现代化新城区的雏形在黄浦江东岸初步形成。

二、建立社会主义市场经济体制框架

党的十四大提出我国经济体制改革的目标是建立社会主义市场经济体制。1992 年 12 月，市第六次党代会提出了加快经济体制改革步伐，率先建立社会主义市场经济体制的目标。为此，上海系统地推进企业、市场、政府和社会四位一体的改革和创新。

率先建立现代企业制度

企业是社会主义市场经济的微观基础，建立社会主义市场经济体制，关键是要搞好国有企业的改革。

1993 年 11 月，党的十四届三中全会《关于建立社会主义市场经济体制若干问题的决定》明确了国有企业改革的方向是"建立适应市场经济要求，产权清晰、权责明确、政企分开、管理科学的现代企业制度"。1994 年 5 月，江泽民总书记在上海视察时指出，上海有条件、有基础率先建立现代企业制度，希望上海在这方面多创造一些经验。12 月，市委六届三次全会提出上海率先建立现代企业制度的总体思路和工作步骤。从 1995 年起，上海首先在工业、商业、外贸等行业中的 140 家企业进行建立现代企业制度的试点，并积极鼓励企业结合自身特点大胆探索和创新。到 1996 年，试点企业进一步扩大到 250 家，覆盖全市经营性国有资产的 80%。

为给试点企业改革创造较好的外部环境，1996 年底，市委在总结现代企业试点工作的经验基础上提出要形成"五个机制"：企业优胜劣汰机制、国有资产保值增值机制、职工能进能出的就业机制、经营者择优录用的上岗竞争机制、覆盖全社会的社会保障机制。1997 年 4 月，市委常委扩大会议又从提高企业整体素质出发提出"五个加强"：加强产品开发、加强技术改造、加强市场开拓、加强内部管理、加强队伍建设。

围绕着"五个机制"和"五个加强"目标，上海结合"有进有退，有所为有所不为"的国有经济布局战略性调整的总原则，以调整政企关系为主线，把企业制度的建设与产业结构和组织结构的优化有机地结合起来；以国有企业实施战略性改组为重点，通过所有制结构调整和产业结构调整相结合，加快国有资产向支柱产业、优势行业集中；以资产为纽带，推动强强联合，促进国有控股公司向投资型财团公司发展，在调整中发展主业，盘活盘实国有资产，进一步加快国有企业的改革。

1999 年 7 月，中央关于国有企业改革发展的十五届四中全会召开后，市委进一步提出建立现代企业制度的"五个继续深化完善"的目标，即加强国有企业改革中投融资机制、资产运作机制、技术创新机制、分配激励机制、市场就业机制等五个方面的深化和完善工作。到 2000 年，上海国有及国有控股的大中型企业率先初步建立现代企业制度。

建设现代市场体系

上海的现代市场体系建设，是伴随着建成社会主义市场经济体制目标而逐步展开的。在 20 世纪 80 年代试办生产资料等市场的基础上，上海从 1990 年

1990 年 12 月，上海证券交易所开业

起，加快了市场体系的建设。1990 年 12 月，上海证券交易所开业。随后，上海充分利用证券市场的优势，吸收社会各界、全国各地的资金，以市场化的方式配置资源，推动上海的经济建设与发展。经过十多年的发展，上海的资本市场由构架走向成形。至 2001 年，上海证券交易所的上市公司达到 646 家，累计筹资总额 3600 亿元；上海的上市公司总数达到 138 家，居全国之首。

上海证券交易所成立以后，上海的市场建设迅速延伸到科技、信息、人才、外汇、贸易、房地产等多个领域，形成了各种要素市场共同大发展的格局。上海的要素市场在不断发展和完善的过程中，逐步实施东移，集聚到浦东。1997 年，上海产权交易所、上海房地产交易中心、上海人才市场、上海证券交易所迁入浦东。1998 年，上海商品交易所也迁往浦东，并在 1999 年与上海粮油商品交易所、上海金属交易所合并组建上海期货交易所。2000 年 10 月，上海钻石交易所在浦东开业。

到 2001 年，上海已初步形成一个依托上海、服务全国、面向世界的市场体系框架，市场覆盖面已发展到工业、农业、金融、贸易、房地产、科技、人才、信息、航运等多个领域，有力地推动了上海国际经济、金融和贸易中心建设。

改革经济管理体制

随着经济体制改革深入，尤其是国有企业改革向纵深发展，要求改变原有的国有资产管理方式，通过明晰产权关系，实现政企分离。同时，随着市场经济的不断发展，要增强上海特大型城市的活力和竞争力，就要求管理重心下移，充分发挥区县、街道等基层组织的积极性和创造性，这些都要求转变政府经济管理职能，改革经济管理方式和体制。

上海以国有资产管理体制改革为突破口，推进政府经济管理体制的改革。1993 年 7 月，成立全国第一家地方性国有资产管理委员会，建立了"两级管理、三个体系、三个层次"的国有资产管理体制框架。"两级管理"是指市、区县政府对国有资产的两级管理。"三个体系"是管理、监督、运营体系。"三个层次"包括国资委、资产运营机构和国有企业。通过改革企业主管局，实施国有资产授权经营，形成了一批行使出资人权利的国有资产授权经营公司，创立了政企分开的过渡隔离带，为现代企业制度基本框架的确立奠定了基础；同时塑造了国有经济结构调整的运作主体。1993年12月，市国有资产管理委员会同意市纺织工业局组建上海市纺织国有资产经营管理公司，采取工业局与国资公司并存的模式，分

1995 年 5 月，上海纺织控股（集团）公司挂牌成立

别承担政府行政管理与授权经营管理国有资产职能。1995年5月，市纺织工业局建制撤销，市纺织国有资产经营管理公司改为上海纺织控股（集团）公司。经过改革，全市90%的经营性国有资产纳入授权经营管理。上海国有资产总量从1995年的1549亿元增加到2001年的5208亿元，连续7年保持了两位数增长，国有企业竞争力不断增强。

建立和健全社会保障体系

上海在推进改革开放过程中，特别注意关心人民群众的切身利益。为此，上海从实际出发，在社会保障制度改革及城镇、农村和城市社会保障体制协同发展等方面率先进行突破和创新，确保群众的利益和改革的顺利进行。

在建立养老保险制度方面，自1986年起，率先在全市国有企业中实现了

退休职工退休费统筹。在此基础上，不断深化养老保险制度改革，逐步建立起个人账户同社会统筹相结合，独立于单位以外、社会化的城镇养老保险制度。

在建立失业保险制度方面，为保障失业者的基本生活，促进其就业，缓解国有企业改革和产业结构调整带来的大规模下岗分流压力，逐步建立和健全了失业保险制度和促进就业政府责任体系。同时，积极探索促进国有企业职工下岗分流和再就业的模式，1996年7月率先在全国建立了纺织、仪电再就业服务中心。为提高下岗困难职工的就业竞争力，推出"协议保留劳动（社会）保险关系"的举措，柔性地将他们引向市场。一系列操作性很强的措施为改革、发展、稳定找到了最佳结合点，上海由此在5年内顺利完成了百万职工的大转岗，并随之平稳地实现向劳动力市场体制的全面过渡。2001年4月启动"4050"专项就业工程，引进非正规就业的概念，构建市场化、社会化的职业培训机制，组建职业培训网络。

在建立医疗保险制度方面，为适应发展变化的社会环境，上海在医疗保险制度、医疗卫生体制和药品生产流通体制方面，采取了联动改革的方式。到1998年底，基本建立了覆盖不同所有制企业职工的统一的医疗保险制度。先后解决了职工的住院医疗费用、将门急诊部分大病项目纳入医疗保险、在全市实施退休人员门急诊医疗保险，缓解了在职职工和退休人员医疗中突出矛盾。

在住房制度改革方面，1991年，上海率先实施了"推行公积金、提租发补贴、配房买债券、买房给优惠、建立房委会"的改革方案，推行公有住房出售及公有住房租金制度的改革，实现了住房制度从福利化向商品化的转变。从1991年到1998年，本市城镇共建成住房8413万平方米。住房解困加快，继1992年完成了人均居住面积2.5平方米以下特困户31808户后，1995年到1998年又完成了63862户人均居住面积4平方米以下的解困。市民的居住环境和居住质量有了明显提高和改善，城镇人均居住面积由1990年的6.6平方米提高到1998年的9.7平方米，住房成套率达到68.3%。

针对部分群众生活上的特殊困难，上海积极动员社会各方面给予关心和帮助，从 1993 年起在全国率先落实了职工最低工资收入线和城镇居民最低生活保障线等保障措施，以帮助这些群众渡过暂时的困难。作为社会保障的一个重要方面，上海发挥各方面积极性，加快发展社会救助并初步形成了长期的社会帮困工作机制。

上海在完善城市社会保障体制的同时，注重小城镇和农村的保障体制与城市社会保障体制的协同发展。在农村医疗保险方面，坚持农村的合作医疗制度，市政府在发展农村合作医疗方面，采取了积极的扶持政策，建立农村基本医疗保险和大病统筹基金，2001 年参保率达到 80%。此外，建立小城镇保障制度，形成多层次的适应经济发展、覆盖广泛的保障体制。

经过企业、市场、政府和社会"四位一体"的改革，上海基本实现从典型的计划经济体制向社会主义市场经济体制的转变，初步建立起社会主义市场经济体制的框架，经济运行方式实现由政府配置向市场配置的转变，促进了上海经济社会的快速发展。

三、加快产业结构战略性调整

党的十四大提出把上海建设成为"一个龙头、三个中心"的战略目标，为上海加快产业结构调整，恢复和巩固全国最大经济中心地位指明了方向。上海市委、市政府贯彻党中央要求，明确上海的产业结构必须同城市的性质和功能定位相适应，并确定了"三、二、一"产业发展方针，推进和深化产业结构战略性调整和生产力布局整体性调整，推进产业结构向合理化、高级化、现代化方向发展。

实施"三、二、一"产业发展方针

1992 年 12 月，市第六次党代会根据党的十四大提出的把上海建成"一个龙头、三个中心"的战略目标，按照建设国际经济中心城市功能的要求，确定实施产业结构的战略性调整，将原来经济发展的顺序从"二、三、一"调整为"三、二、一"，即遵照"三、二、一"的产业发展顺序，优先发展第三产业，积极调整第二产业，稳定提高第一产业。同时，三大产业内部结构也作了相应调整，第三产业发展以金融、贸易、旅游、信息咨询等行业为重点，第二产业的发展则从过去主要依靠传统工业支撑转向主要依靠支柱产业和高新技术产业支撑，第一产业大力提高农业产业化、集约化、现代化水平，实现从城郊型农业向都市型农业的转变。

1995 年 12 月，市委六届四次全会进一步明确了各次产业的发展重点，即第三产业突出金融保险、商品流通、交通通信、房地产、旅游和信息咨询 6 个重点行业；第二产业突出汽车、通信信息设备、电站成套设备及大型机电设备、家用电器、石油化工及精细化工和钢铁六大支柱产业，以及现代生物与新药、计算机和大规模集成电路、新材料三大高新技术产业。要求通过这 15 个重点行业的发展，包括带动第一产业向都市农业的发展，使上海的经济总量指标发生一个质的变化。

经过 90 年代的战略调整，到 2000 年，第一、二、三产业在国内生产总值中的比重分别为 1.8%、47.6% 和 50.6%。第三产业增加值占国内生产总值的比重超过 50%，中心城市的综合服务功能进一步增强。上海经济增长的格局已经从过去主要依靠第二产业推动转变为由第二产业、第三产业共同推动。基本完成了从全国最大的工业中心向多功能经济中心城市的历史跨越。

发展支柱产业和高新技术产业

为了培育和发展汽车、通信信息设备等六大支柱产业，市委、市政府采取了一系列措施：由市主要党政领导分头挂帅，成立领导小组，市委书记吴邦国担任上海市通信产业领导小组组长、市长黄菊担任上海市汽车工业领导小组组长等，集全市之力支持支柱产业的发展；增大资金投入，实施一批大项目。"八五"期间，全市重大骨干项目中涉及支柱产业的项目占到74%以上，"九五"期间这一比例进一步上升至90%以上；坚持扩大开放，促进产业升级，通过独资、合资等方式积极引进、吸收和消化国外先进技术，有力促进了支柱产业发展和传统工业的改造，加快了新产品的开发力度，基本形成"培育、发展、壮大"三个阶梯的新产品开发格局。2000年，六大支柱产业占全市工业总产值的比重达到53%以上，处于名副其实的支柱地位。

1995年，市委提出把发展高科技产业作为上海经济发展的重点，确定了现代生物与新药、计算机和大规模集成电路、新材料三大高新技术产业为重点，采取政府支持、财政优惠等多种措施加快高新技术产业发展。从1997年开始，市委、市政府出台《关于加快本市高科技产业发展的若干意见》等相关政策，推动全市实施以高新技术、新产品开发为尖端，支柱产业、拳头产品为中坚，技术进步、重大项目为支撑的梯度式调整提高工业结构的战略部署。在生物和医药领域，重点围绕基因技术，努力在人类基因组、作物基因组、基因技术平台、创新药物和作物品种方面取得突破。形成以张江"药谷"为核心和

1998年12月，上海华虹集成电路有限公司成立

载体，以国内外大型生物医药集团集聚为目标的产业群体。电子信息产业着力发展微电子产业、通信设备制造业、计算机及软件业、音视频电子产业等。1998年12月，上海华虹集成电路有限公司成立，为上海信息技术的核心——集成电路产业的跨越式发展奠定基础。新材料产业着重发展新型金属材料、新型有机材料、新型无机材料、复合材料等。宝钢生产的新型金属材料——汽车用钢板和集装箱用钢板达到世界级水平。2000年，高新技术产业总产值达1427.17亿元，经认定高新技术企业有900多家。

建设"1+3+9"工业区

1990年中心城区的工业总产值占全市工业总产值比重高达50.08%，大量工业企业集中在中心城区，给上海产业的调整带来了困难。1992年根据"三、二、一"产业发展方针，上海对产业布局开始了大规模调整，内环线内的工业区结合旧城改造逐渐实现"退二进三"，即中心城区第二产业退出、第三产业进入。上海产业空间布局逐步形成"三环"发展思路，即内环线以内及内环线周边地区主要发展第三产业，内外环线之间主要发展第二产业，逐步成为以工业加工区、物流配送和储运中心、大型居住区为主体的功能区域；外环线以外主要发展第一产业和以制造业为主的第二产业，逐步形成以产业化农业和现代化工业为主体的功能区域。第二产业空间调整以工业园区建设为重点，同支柱产业发展相融合，全市工业布局的重心转移到郊区。从1994年起，上海工业园区进入大规模建设时期，相继批准了9个市级开发区，基本形成了"1+3+9"的产业空间布局，"1"指浦东新区，涉及工业的主要园区有外高桥、金桥、张江、星火等开发区；"3"是指闵行经济技术开发区、漕河泾新兴技术开发区、上海化学工业区；"9"是指崇明工业园区、宝山城市工业园区、嘉定工业区、青浦工业区、松江工业区、莘庄工业区、金山嘴工业区、康桥工业区和上海市工业综合开发。工业园区建设使上海产业的空间布局发生了根本的变化，产业布局基本从市中心城区的600平方公里扩展到全市6340平方公里，

闵行经济技术开发区

使中心城区和郊区经济实力发生了重大的变化。

　　进入 21 世纪初，市委、市政府加大产业结构调整步伐，进一步优化工业布局，加快建设"东南西北"四大产业基地。即以浦东张江高科技园区为核心的东部微电子产业基地；以金山杭州湾北岸上海化学工业区、金山石化厂区为主的南部石油化工及精细化工产业基地；以嘉定安亭镇上海国际汽车城为核心，集汽车整车与零配件生产研发、汽车展与博览等多功能于一体的西部综合性汽车产业基地；以宝山宝钢股份公司为核心的北部精品钢材产业基地。上海通过产业空间布局的调整和优化，为第三产业的发展创造了条件，实现了市委提出的市区体现繁荣和繁华、郊区体现实力和水平的要求。

四、推进城市现代化建设和管理

　　1992 年 12 月召开的市第六次党代会把城市基础设施建设列为上海发展的战略重点之一，上海掀起了城市基础设施建设的高潮，城市建设由偿还历史欠账向塑造现代化国际中心城市功能转变。上海在大规模推进城市基础设施建设的同时，市第七次党代会提出，要积极探索提高城市管理水平，以保持上海城市的生机和活力。

加快城市基础设施建设

为贯彻落实市第六次党代会精神，上海1993年起开始进一步修订和完善城市发展总体规划。对新一轮城市发展总体规划，1994年10月召开的市规划工作会议提出：上海未来的城市发展总体规划要立足于基本形成世界大都市的经济规模和综合实力，基本形成具有世界一流水平和现代化城市格局，基本形成与国内外有广泛经济联系的全方位开放格局。经过多次论证、修改和完善，2000年编制完成了《上海市城市总体规划（1999年—2020年）》。与此同时，上海加快现代化城市基础设施建设。1993—1997年5年中，全市用于城市基础设施的资金1428亿元，相当于整个20世纪80年代的7倍。1998—2001年，用于城市基础设施的投资达到1993.5亿元。经过连续几年的高起点规划、高强度投入、高速度推进、高质量建设，城市基础设施得到明显改善，城市面貌"一年一个样、三年大变样"。

2001年，现代化城市基础设施框架初步显现，在黄浦江上先后建成南浦、杨浦、奉浦、徐浦大桥，在市区基本建成内环线成都路和延安路高架道路，轨道交通一、二、三号线，延安东路隧道复线以及外环线一期工程等重大项目，明显改善了城市道路交通状况。中心城区"申"字形高架道路、"十"字加"半环"的轨道交通线和"三横三纵"的地面骨干道路，快速、立体的综合交通体系初步形成。以"三港两路"为代表的连接国内外功能性的基础设施建设加快，沪宁、沪杭高速公路上海段和浦东国际机场一期工程外高桥港区二期、三期工程、信息港主体工程相继建成。完成了人民广场综合改造工程，推进城市灯光夜景建设，增添了国际大都市繁华的现代化气息。公用设施建设有了突破性进展，城市家用煤气普及率基本实现城市煤气化的目标。提前完成农村改水任务，市郊农民在全国农村率先告别河水、井水，实现"用水拧龙头"。通

1999 年 9 月，浦东国际机场一期建成通航

过新建和改造，实现了全市话网自动化，大幅度增加装机容量，电话号码在全国率先由 7 位升至 8 位，达到中等发达国家城市的通信水平。旧区改造步伐加快，2000 年底全面完成市第六次党代会确定的"365"危棚简屋改造任务。

加强城市环境建设

进入 20 世纪 90 年代，为贯彻执行可持续发展战略，上海在大规模开展城市基础设施建设的同时，加大环境治理力度。以治水、气，增绿为重点，大力改善城市生态环境，严格实行污染物排放总量控制，加大对黄浦江上游水源保护力度，加强对苏州河干流及支流污染的治理。

上海工业在发展过程中，造成一些地区工业污染严重，对居民生活带来严重影响。1985 年，上海启动长宁区新华路地区、闸北区和田路地区和普陀区桃浦地区的重点治理。这三个重点污染地区的治理，前后为期 10 年，共投资 26.56 亿元，完成治理项目 729 项，关闭和动迁一批污染严重的企业，新建一批污水处理厂，新增一批绿地，地区面貌大为改善。1994年、1995年和1997年，这三个地区都被摘掉重点污染地区的帽子。吴淞工业区占地21平方公里，是面积最大的、也是最后一个完成整治的重点污染地区。2000年12月吴淞工业区环境综合整治正式启动，经过市、区两级政府及有关部门近六年的工业区环境综合整治，2006年吴淞工业区被摘掉重点污染地区的帽子。

由于工业废水和生活污水排入市区河道，使苏州河水质遭到严重污染。为解决苏州河污染问题，1993年和1999年上海完成了合流污水治理一、二期工程，使上海市区原先直接排入苏州河的工业、生活污水截留后集中处理，为苏州河水质的改善和水环境生态功能的恢复创造了条件。为从根本上解决苏州河水环境污染问题，全面提高本市生态环境质量，1998年上海开展苏州河环境综合治理工程。经过近两年的治理，苏州河干流在2000年基本消除黑臭现象。

大气环境治理取得成效，一级空气恢复天数大大增加。2001年，上海共关停并转污染企业92家，主要污染物排放量下降，还创建2个无燃煤区、24个基本无燃煤街道、14个大气达标街道（镇）、4个烟尘控制达标乡镇。上海空气质量指数达到二级或好于二级以上的天数占全年的85%。至2001年末，全市烟尘控制区面积达到733平方公里。

为切实加强环境综合治理的力度，启动以生活垃圾无害处理为重点的固体

整治后的吴淞工业区

废弃物处理项目。仅 2001 年，就建成了 30 座小型压缩式固体垃圾收集站，增加了 56 台小型生化处理机。上海第一个符合国家卫生填埋要求、日处理 400 吨垃圾的松江垃圾填埋场建成运行，日处理量 1000 吨垃圾的浦东御桥垃圾焚烧发电厂也点火投入运行。

绿化投入逐年加大，绿化建设成效显著，生态环境逐年改善，特别是"九五"期间，上海绿化建设紧紧围绕改善上海城市生态环境的目标，结合市政建设和旧区改造，走"环、楔、廊、园"全面推进和大面积营造人工生态林、平面绿化、空间绿化相结合的发展道路，取得了绿化建设超常发展的成就。新建绿地总量超过 1200 公顷，共新建了 22 座公园，建成了 46 公里的环城绿带和 120 块 3000 平方米以上的公共绿地，有效地改善了城市的生态环境。从 1998 年起，上海中心城市的绿化面积每年都以 300 万平方米的规模递增。2001 年末，上海市区绿化覆盖率达到 23.5%；市区人均公共绿地面积 5.5 平方米，朝着生态型城市迈出了坚实的步伐。

构筑城市分级管理构架

进入 20 世纪 90 年代，随着大批居民的迁移，大量外来人员的进入，社会流动人口的增加，以及社会服务事业的发展等，使上海城市管理对象日益多样、复杂，城市管理职能急剧增加。街道地区工作已成为上海城市管理的重要基础。

为从根本上探索和形成城市现代化管理的新体制和新机制，从 1995 年 5 月起，在 10 个区的 10 个街道分别开始"两级政府、三级管理"的试点工作并开展了全面的调查研究。1996 年 3 月，市委、市政府召开城区工作会议，明确城市建设和管理的基础在基层，社区是载体，提出要加强社区建设和管理，建立"两级政府、三级管理"新型管理体制，提高城市现代化管理水平。区级管理部门根据工作需要向街道下放管理权限，加强社区层面的工作力度，提高社区层面的管理功效。街道党工委、办事处以地区性、群众性、社会性、公益性事务为中心，积极开展由社区各单位组织参与的共建活动，不断培育各类提供生活服务的事务所，深入推进居民广泛参与的自主和自治活动，形成政府行政管理与社会自治管理相结合的基层社会治理的新格局。新体制突出"块"的作用，明确了街道在社区建设和管理中的责任主体地位，这与两级政府中"条"的作用相结合，强调"以块为主，融条于块"，理顺了各级政府和各部门的职能。

实行"两级政府，三级管理"体制，极大地调动了区县政府的积极性，加快了城市建设和旧区改造，推动了区县经济、社会的快速发展，促进了社区建设与管理，完善公共服务功能，成为上海推进各项建设的有力保证。但该体制也存在着缺乏稳定而有效的市、区（县）财权、事权协调机制，缺乏全市统筹规划的全局观念和长远观念；街道的权力和职能缺乏明确的法律规定，街道办事处责、权、利不够统一等缺陷。2000年4月，市政府印发《关于进一步完善"两级政府，三级管理"体制的若干意见》的通知。按照"事权、财权下放与政策规范运作相结合，管理重心下移与财力适度下沉相结合，产业定位与政策导向相结合，规划协调与分类指导相结合"的原则，对区（县）产业定位、商业布局、财力分配、重点项目导向、明确市与区（县）在城市建设方面分工合作、促进社区综合服务功能有序发展等方面提出具体意见，进一步完善"两级政府，三级管理"体制，以提高现代化城市的管理水平。

五、加强精神文明和民主法制建设

改革开放以来，上海根据党中央的指示精神，大力开展精神文明建设活动，积极推进社会主义民主和法制建设，不仅为改革开放和经济建设提供了精神动力和智力支持，而且对促进各项社会事业的全面发展发挥了保证作用。

开展精神文明建设

根据党中央"两个文明"一起抓的要求，上海始终重视社会主义精神文明建设。从 1981 年开始，持续开展"五讲四美三热爱"[①]"学雷锋、学好八连""振兴中华读书活动"等，推进社会风气根本好转。从 1982 年 3 月起开展的"全民文明礼貌月"活动，对进一步发动广大人民群众参加"五讲四美"活动发挥了积极作用。以"振兴中华"为共同理想，以"读书育人"为根本宗旨的"振兴中华读书活动"，通过开展中国近代史、中国革命史和社会发展史学习，引导广大职工和市民锻炼品德、陶冶情操、追求知识，动员和鼓励广大群众读书明理、求知、成才、奉献，开辟了一条新时期开展思想政治工作和精神文明建设的新途径，对形成良好的社会学习风气发挥了积极作用。1986 年 9

"振兴中华读书活动"吸引了众多青年工人参与

---

① 讲文明、讲礼貌、讲卫生、讲秩序、讲道德；心灵美、语言美、行为美、环境美；热爱祖国，热爱社会主义，热爱中国共产党。

月，党的十二届六中全会通过《关于社会主义精神文明建设指导方针的决议》后，上海制定关于"七五"期间社会主义精神文明建设实施规划，进一步完善"五讲四美三热爱"活动内容，大力开展"做文明市民、创文明单位、建文明城市"活动，使城市文明不断提升。

1991年12月，根据党中央要求上海交出物质文明、精神文明两份满意答卷的指示精神，市委制定《关于当前加强社会主义精神文明建设的若干实施意见》，对精神文明建设的根本任务作出全面部署。1992年12月，市第六次党代会正式提出精神文明建设要提高上海市民素质、提高上海城市文明程度。在市委、市政府领导下，全市广大干部群众围绕"两提高"目标，通过开展"90年代上海人形象"大讨论，形成"文明礼貌、勤奋高效、胸怀大志、开拓创新"的90年代上海人形象共识，促进了广大干部群众思想观念的进一步解放，使广大干部群众的责任心和凝聚力大大增强，以饱满的热情投入到改革开放的大潮中。大力开展学知识、学科学、学技术的"三学"活动，以及不随地吐痰、不乱扔垃圾、不损坏公物、不破坏绿化、不乱穿马路、不在公共场所吸烟、不说粗话脏话的"七不"行为规范，不断提高市民文明素养；通过创建文明单位、文明小区、文明家园等活动，提高城市文明。为进一步加大精神文明建设的力度，1996年12月，市委制定《关于加强社会主义精神文明建设的意见》，提出要以社区建设为载体，提高城市文明程度。全市人民积极投身文明社区、文明城区的创建，大力开展行业规范服务达标和志愿者活动，推动精神文明建设向纵深发展。

促进文化事业发展

促进文化事业的繁荣和发展，是上海精神文明建设的重要内容。在大力发展经济的同时，市委提出：在文化建设上，要在弘扬中华民族优秀传统和借鉴世界文明成果的基础上，创造出无愧于时代，无愧于这座光荣城市的灿烂的文化成果。以一流水平的文化与一流水平的经济相辉映，共同支撑起上海一流城市的大厦。

　　进入 20 世纪 90 年代，市委按照政治强、业务精、作风正的要求，花大力气造就一支高素质的宣传文化教育队伍。为繁荣文艺创作，上海拟订《上海市重点文艺创作规划（草案）》，确立了 50 余项重点创作项目。为了创作出贴近时代脉搏的作品，上海多次组织作家和艺术家深入改革开放的第一线，让他们体验生活、积累素材，为激发他们的创作热情创造条件。20 世纪 90 年代初，面对多元文化带来的冲击，上海大力扶持京剧、交响乐等高雅艺术。在市委、市政府的重视和社会各界的关心帮助下，上海高雅艺术取得突出的成就，涌现出新编京剧《狸猫换太子》、新编淮剧《金龙与蜉蝣》等一批思想性、艺术性较强，社会反响较好的文艺作品。《狸猫换太子》荣获中宣部颁发的"五个一工程"奖和文化部"文华奖"。1993 年开始，在全国率先启动"高雅艺术进校园活动"。此外，全面拓展文化交流，吸引国内国际著名演出团体来沪献演，先后创办国际电影节、电视节、广播音乐节等，增强对世界优秀文化的吸纳能力。2000 年，来上海演出的文艺团体多达 200 余个，演出 9800 多场次，观众

上海图书馆新馆

900 多万人次。与此同时，上海还在市民自发参与声乐、武术、交谊舞等活动的基础上，要求各区县充分发挥社区文化的优势，大力开展广场文化活动。继黄浦区外滩陈毅广场、新世纪广场音乐会之后，长宁、浦东、虹口等区的广场文化活动也蓬勃开展起来。此外，本市还积极支持和办好各项大型演出活动，如举办"上海之春"的演出活动，支持各区县举办旅游节、桂花节、桃花节、民俗文化庙会等，繁荣本市演出市场，丰富市民文化生活。

为了满足广大群众对精神文化生活日益增长的需要，"八五"期间上海文化设施建设投入近 60 亿元，约是"七五"期间的 10 倍。东方明珠广播电视塔、上海影城、上海广电大厦、上海图书馆新馆、上海博物馆新馆等一批起点高、功能全、面貌新的市级标志性文化设施纷纷崛起。"九五"期间的投入又翻一番多。建成了上海市青少年活动中心、上海八万人体育场、上海大剧院等。另外，各区、县一批文化馆的新建改建，为社区文化活动的开展提供了良好条件。全市、各街道（乡、镇）均建立了图书馆，三分之一里弄建立了图书室。1999 年全市图书馆总建筑面积达到 63 万余平方米，藏书量约 8834 万册。

建设"一流教育"

按照"一流城市创一流教育"的要求，上海积极探索并逐步建立与上海地位和功能相适应的教育体制和运行机制。

1995 年 11 月，上海制定《上海教育事业"九五"计划和 2010 年规划》，提出上海教育跨世纪发展总目标。1997 年 12 月，市第七次党代会进一步提出了要坚持教育为本和确立教育优先发展战略地位的指导思想，强调要在"充分发挥教育促进经济发展和社会进步基础作用"的同时，"通过深化改革，逐步建立与社会主义市场经济相适应的教育体制，为社会主义现代化建设培养大批合格的劳动者和高素质专门人才"。从而确立了教育的全局性、先导性基础产业地位，形成了超前规划教育发展、优先保证教育投入、政策向教育倾斜、全社会尊师重教的社会环境和社会风尚。为了贯彻党中央、国务院全面推进素质教育的要求，1999 年 9 月，上海市教育工作会议明确提出要建设与一流城市相匹配的一流教育。要形成以德育为核心、以创新精神和实践能力为重点的素质教育模式，不断提高受教育者的思想道德和科学文化素质。通过实施高校"211 工程"、高校重点学科建设、示范性高中建设工程等教育重点工程建设，教育事业取得了长足发展。基本普及九年义务教育，适龄儿童和少年的入学率保持在 99.9% 以上；高中阶段教育入学率从 1997 年的 86% 上升到 2001 年的 98.5%，高等教育毛入学率从 1997 年的 20% 上升到 2001 年的 43%，提前进入了高等教育大众化的阶段。

加强社会主义民主法制建设

1979 年 12 月，根据五届全国人大二次会议《关于修正宪法若干规定的决议》，上海市第七届人民代表大会第二次会议选举产生了市第七届人民代表大会常务委员会，人民代表大会制度恢复。这次会议还通过决议，将市革命委员会改为上海市人民政府，恢复"文化大革命"前政府职能。在此前后，上海市人民政协也重新恢复活动，并陆续重新设立了上海市各级人民法院和人民检察院，这些机构的成立和重新恢复，为新时期的社会主义民主政治制度建设打下了基础。

市人大作为国家的权力机构，从 1979 年到 2000 年，就本市国民经济和社会发展计划、城市总体规划、住房制度改革等许多地方重大事项进行讨论审议，并作出了 300 余项决议或决定，这些决议或决定对推动和保障本市经济建设和改革开放的顺利发展，起到了重要作用。市人大还把党管干部原则和依法选举任免国家机关工作人员统一起来，从 1979 年到 2000 年，市人大常委会依法任免国家机关工作人员 3000 多人次。市政协通过制定和修订常委会工作条例、提案工作条例等多项制度，使政协参政和议政工作逐步走向规范化。同时，政协对政府工作的提案质量也逐步提高，并从原来由单个委员或几个委员联合提案，发展到联系上海经济和社会发展的重大问题进行专题研究后，以主席会议或常委会名义提出建议，许多建议被最后形成的决定所采用。

1980年3月，市人大通过《上海市区、县人民代表大会选举暂行实施细则》，这是上海市第一部地方性法规，到1992年，共制定地方性法规58部。党的十四大以后，为了适应建立社会主义市场经济新体制的需要，进一步加快了地方性法规制定工作的步伐。至2001年，市人大共制定了147件地方性法规。

根据中央的布置，结合上海的实际，突出重点，把法制教育同思想教育结合起来，开展针对性教育，逐步加大普法力度。从1986年至2000年，先后开展"一五""二五""三五"普法教育，为坚持依法治国、建设社会主义法治国家打下了坚实基础。政府部门的行政行为也从重实体向重程序转变。与此同时，作为加强公正执法的重要一环，司法公正在新形势下进一步发展，市法院、检察院和司法局相继推出了工作人员的行为准则，并在制度上作出了一系列规定。这些措施的推出，对从制度上保证司法公正起到了积极作用。

六、推进党的建设新的伟大工程

面对改革开放和建立社会主义市场经济体制的新形势和新任务，市委按照党的十四大、十五大提出的党的建设总目标，坚持党要管党、从严治党方针，全面推进新时期党的建设新的伟大工程。

加强党的思想建设

为了深入学习邓小平理论，市委先后开展"双学、双争"活动、"让人民高兴、使人民放心"活动等一系列活动，通过学习和实践邓小平理论来深入研究、探索和解决实践中提出的各种理论问题，并实现用邓小平理论统一和提高全市党员的思想认识。

　　1994 年 9 月,《中共中央关于加强党的建设几个重大问题的决定》明确向全党提出,从现在起,用三年时间,在全体党员中有计划、有步骤地开展一次建设有中国特色社会主义理论和党章的学习活动。1995 年 3 月,市委组织部、宣传部联合下发《关于在党员中开展建设有中国特色社会主义理论和党章学习活动的实施意见》和《关于开展"争当敬业创业的先锋、争当关心群众的模范"活动的实施办法》,提出"双学"的内容、要求、步骤和方法,还提出了"双争"的总要求和步骤安排。1995 年至 1997 年,全市 96% 的党员参加了"双学"轮训,涌现了一批"双学""双争"的先进基层党组织和优秀党员。通过"双学""双争"活动,广大党员干部学理论、学党章的自觉性有了较大提高,涌现出一批关心群众和敬业创业的优秀共产党员。

　　为了切实加强领导班子和干部队伍的思想政治建设,激励全市干部胸怀大志,心系群众,为上海开创新局面建功立业,1995 年 6 月,市委组织部发出《关于在全市干部中开展"让人民高兴,使人民放心"主题活动的意见》,提出

上海市国有企业"三讲"学习教育活动领导小组会议

要把深入开展"让人民高兴，使人民放心"主题活动，作为上海加强各级领导班子和干部队伍思想建设的重要抓手。在活动中，各级领导干部有组织地学习《邓小平文选》一至三卷和《邓小平同志建设有中国特色社会主义理论学习纲要》。通过学习，使广大党员领导干部进一步树立了正确的世界观和人生观。通过开展"让人民高兴、使人民放心"主题活动，使各级领导班子和党员领导干部加深了对人民群众的了解，增进了与人民群众的感情联系，提高了党和政府在群众心目中的地位，恢复和发扬了党的全心全意为人民服务的优良传统和作风，树立了机关干部人民公仆的良好形象。

根据中央对领导干部提出的必须讲学习、讲政治、讲正气的要求，1999年至2000年，上海先后在市级领导班子、局级干部和处级干部中开展了以"三讲"为主要内容的党性党风教育，使各级领导班子和领导干部在理想、信念、宗旨、作风、纪律等方面都有了明显进步，进一步提高了各级领导班子和领导干部增强党性锻炼、全心全意为人民服务和拒腐防变的自觉性，有效地推动上海各项工作的开展。

推进"凝聚力工程"

20世纪90年代，产业结构调整、城市大规模建设导致上海百万职工大转岗、百万居民大动迁，社会的变化让一些群众面临不少生活困难。1993年，中共长宁区华阳街道党工委从了解人关心人入手，开展"串百家门、知百家情、解百家难、暖百家心"的大规模走访活动，建立了干部联系居民户制度，全心全意做居民群众的贴心人，得到了群众发自内心的称赞，大大增强了党组织的凝聚力和战斗力。

1994年3月至1995年6月，市委在全市基层党组织中及时总结和推广了华阳街道党工委等基层党组织建设"凝聚力工程"的经验。1995年8月，中央组织部向全国介绍推广了上海基层党组织的"凝聚力工程"。其后，全市各行各业各级党组织根据各自的实际情况，围绕"凝聚力"建设确定了不同的工

华阳街道党工委在研究如何更好地为辖区内的居民群众服务

作目标。市工业党委积极倡导"以企业的目标激励人、以有效的思想教育人，以党员的形象引导人、以真诚的关心温暖人"。一些企业党组织在企业改组、改制、改造力度加大时，为使"凝聚力工程"起理顺情绪、化解矛盾、稳定人心和保证改革措施实行的"润滑剂""黏合剂"作用，提出了"无情调整、有情操作"的要求。教卫系统则以"事业留人、感情留人、榜样留人"作为"凝聚力工程"的切入点。科技系统形成了"聚人心、兴科技"的新局面。许多基层党组织还提出了"内求凝聚力，外求吸引力，增强竞争力，提高生产力"的口号，拓展了"凝聚力工程"的内涵和外延。

开展"凝聚力工程"建设，把加强基层党组织的自身建设、提高基层党组织的战力，与密切党同人民群众的联系、巩固和扩大党的执政基础和群众基础有机地结合起来。"凝聚力工程"建设是党的思想政治工作的有效载体，也是加快适应社会主义市场经济条件下，加强和改进上海基层党组织建设的重要抓手。"凝聚力工程"建设的与时俱进，常抓不懈，不断增添了基层党组织的生命力和战斗力。

构建"总揽全局、协调各方"领导体制

按照党的十五大提出的要求，在新的历史条件下"更好地发挥地方党委在同级各种组织中的领导核心作用"，市委从领导体制、工作机制入手，通过探索实践，形成了"总揽全局、协调各方"的工作格局。

在领导体制上，市委统筹协调市人大、市政府、市政协三个党组的关系，充分发挥组织、宣传、统战、政法等方面的作用。在工作方法上，市委总揽全局但不包揽，协调各方但不取代。市委从横向上不断明确"一个党委""三个党组""几个口子"之间的职责定位和相互关系，从纵向上不断加强大口党委和各区县党委等组织的作用，既充分发挥各方面的积极性、主动性，又进一步强化了地方党委在同级各种组织中的领导核心地位。

为了充分发挥地方党委"总揽全局、协调各方"的领导核心作用，推进科学决策和民主决策，市委把制度建设放在重要位置，逐步形成相关工作制度和工作规范，进一步提高议事决策水平。在强化全委会作用方面，从2003年开始，市委将审议区县党政领导班子正职的拟任人选和推荐人选进行无记名投票表决，并作为市委全委会会议的一项内容。在完善议事决策制度方面，制定《市委常委会工作规则》等制度，明确市委书记办公会、市委常委会、市委全会等会议的职能与分工。在健全配套机制方面，市委坚持中心组学习制度，认真学习中央的重大精神和重要理论方面的知识，为发挥好市委领导核心作用奠定基础。

开展反腐倡廉工作

市委在加快改革开放步伐的同时，深入开展党风廉政建设和反腐败斗争。根据党的十二大提出争取在五年内实现党风根本好转的要求，上海结合整党工作，加强对党员的党性党风党纪教育，加强对违纪案件的处理。1986年3月，中共上海市第五次代表大会指出：领导机关和领导干部的作风有重大的影响和示范作用，因此，端正党风、纠正不正之风，必须从党政领导机关和领导干部做起。市委明确提出，要把端正党风的注意力和重点，放到县团级以上党政领导机关和领导干部上面。市级领导干部要带头端正党风，市级党政机关要率先实现党风根本好转。要求各级党政领导干部必须身体力行，并加强对家属、子女的教育，注意倾听党内外群众的意见，自觉接受党和群众的监督。领导干部首先自己要以身作则，同时要把本单位、本部门的党风抓好，一级带一级、一级抓一级，抓出成效来。

进入 20 世纪 90 年代，针对反腐倡廉面临的新问题，市委坚持标本兼治、重在治本，要求领导干部要筑好思想道德和党纪国法两道防线，提出推进体制、机制、法制"三位一体"的党风廉政制度化建设，重在预警，监督源头，标本兼治，做到严格要求、严密监督、严肃执纪三个"严"。从 1993 年至 1997 年，全市各级纪检监察机关共查处各类案件 8603 件，共处分违纪党员、干部 7952 人，对 4733 名属于有一般性问题的党员干部及时进行了批评教育。1999 年，全市纪检监察机关立案查处各类违纪违法案件 1413 件，其中要案 154 件、大案 386 件。严肃处理腐败案件，充分显示了各级党组织坚决反对腐败的决心。

第十一章
建设社会主义现代化国际大都市

进入 21 世纪，随着经济全球化进程的加快，随着我国进入全面建设小康社会发展新阶段，上海作为改革开放的前沿地区，面临着进一步增强综合竞争力的艰巨重任。党中央、国务院十分关心上海发展。2001 年 5 月，中央明确上海要建设"四个中心"和社会主义现代化国际大都市，为上海各项工作的发展指明了方向。市委、市政府坚持把中央精神、发展形势和自身实际结合起来，坚持解放思想、锐意进取，坚持创新驱动、转型发展，推动社会主义现代化国际大都市建设迈上新台阶。

一、加快"四个中心"建设

2001 年 5 月，国务院批准的《上海市城市总体规划》提出建设国际经济、金融、贸易、航运"四个中心"的新目标。从"三个中心"到"四个中心"，中央对上海发展作出新的战略定位。以此为指导，2002 年 5 月召开的市第八次党代会提出要抓住机遇加快"四个中心"建设步伐。2006 年胡锦涛总书记到上海视察时要求上海率先转变经济增长方式、率先提高自主创新能力、率先推进改革开放、率先构建社会主义和谐社会。2007 年 5 月，市第九次党代会根据中央要求，提出要把上海未来发展放在中央对上海发展的战略定位上，放在经济全球化的大趋势下，放在全国发展的大格局中，放在国家对长江三角洲地区发展的总体部署中，形成国际经济、金融、贸易、航运中心基本框架。在中央坚强领导下，市委、市政府带领全市人民加快推进"四个中心"建设，进一步提升城市综合功能和国际竞争力。

着力建设国际金融中心

国际金融中心是上海"四个中心"建设的核心内容。进入 21 世纪，为进一步加强国际金融中心建设，市委于 2002 年 5 月提出"进一步繁荣货币、证券、外汇、保险等金融市场，推动金融创新，提高服务水平，形成各类金融机构集聚效应，加快建设上海国际金融中心"。2008 年国际金融危机爆发后，国务院于 2009 年 4 月出台意见，首次从国家层面对上海国际金融中心建设的目标、任务、措施等内容进行全面部署，为上海国际金融中心建设注入了强大动力。

贯彻中央和市委要求，上海把金融市场体系建设作为国际金融中心建设的核心任务。在继续完善证券市场、外汇市场、期货市场等金融市场基础上，着力推动金融要素市场深入发展。中国金融期货交易所、银行间市场清算所股份有限公司（简称上海清算所）开业，上海股权托管交易中心挂牌，全国银行间贷款转让交易启动。经过不断完善发展，上海已基本形成了包括股票、债券、

2009 年 10 月，被誉为"风险隔离墙"的银行间市场清算所股份有限公司（简称上海清算所）在上海成立

货币、外汇、商品期货、金融期货与衍生品、黄金市场等在内的全国性金融市场体系，与伦敦、纽约一样，成为国际上少数几个市场种类比较完整的金融中心城市之一。

为加快发展功能性、总部型金融机构，在市委领导下，2004年至2005年，市政府办公厅和有关部门相继发布《关于支持金融机构在本市发展的若干意见》《上海市金融服务办公室关于支持金融机构在本市发展若干意见的实施细则》，扩大政策支持范围，支持商业银行、证券公司、保险公司、基金管理公司、期货公司等功能性金融机构在沪集聚发展。与此同时，金融机构不断推进业务创新，相继推出了可转债、国债买断式回购、股票权证、人民币外汇远期等一批有重要影响的金融产品，进一步增强发展活力和市场竞争力。

此外，上海作为我国金融对外开放最早、力度最大的地区之一，随着我国加入WTO，逐步落实国家给予外资金融机构的国民待遇，加速集聚外资金融机构。截至2011年底，在沪各类外资金融机构总数达400家，成为外资金融机构在我国的主要集聚地。其中总部设在上海的外资法人银行占全国总数的2/3，继续保持金融对外开放全国领先地位。

加快建设国际航运中心

1996年1月，党中央、国务院作出重大决策，将建设上海国际航运中心确立为国家战略。5月，市委组建上海国际航运中心上海地区领导小组及其办公室（简称国航办），国航办承担领导小组日常工作，按照"三管齐下"总体思路，同步推进外高桥港区建设、长江口深水航道建设和洋山深水港选址论证工作，加快国际航运中心建设。

进入21世纪，在国家支持下，上海围绕打造国际航运中心主体工程——洋山深水港，进一步推进国际航运中心建设。2002年3月，国务院总理办公会议审议通过洋山深水港区一期工程可行性研究报告和开工报告。6月，一期工程开工建设，2005年12月建成投入试运行。至2008年三期工程建成完工。

洋山深水港一、二期工程

洋山深水港区的建设，从根本上解决了上海港不具备 15 米以上水深航道和泊位的制约，为奠定上海国际集装箱枢纽港地位发挥了不可替代的作用。在洋山深水港的带动下，2010 年，上海港完成集装箱吞吐量 2907 万标准箱，首次超越新加坡成为全球最繁忙的集装箱港口。

在建设上海国际航运中心过程中，市委提出"调整和完善浦东、虹桥机场功能，初步确立亚太国际航空枢纽港地位"的要求后，亚太航空枢纽港建设加快推进。在机场建设方面，2005 年启动虹桥机场新一轮扩建工程，2006 年至 2010 年，完成浦东机场 T2 航站楼、虹桥机场 T2 航站楼等一系列枢纽硬件设施体系。同时，加快航空公司战略重组。2009 年 6 月，东航、上航启动重组，重组后的新东航在上海航空客运市场的份额达到 43.9%，竞争实力明显增强。此后，新东航签约加入天合联盟，积极向具有国际竞争力的网络型航空公司转型。

为进一步加快上海国际航运中心建设，2009 年 4 月，国务院发布《关于推进上海加快发展现代服务业和先进制造业建设国际金融中心和国际航运中心的意见》，推动上海国际航运中心进入软硬件建设并举的新阶段。贯彻国务院要求，上海以大力推动国际航运综合试验区建设为突破口，加快建设现代航运服务体系。上海航运交易所的航运指数体系门类齐全为全球第一；由新华社中国经济信息中心联合波罗的海交易所编制的"新华—波罗的海国际航运中心发展指数"在上海首发。到 2010 年，在沪经营国际海上运输及其辅助行业的外商驻沪代表机构达 250 多家，美国船级社、英国劳氏船级社等全球九大船级社均在上海开设代表处，开展船舶检验服务。航运经纪人俱乐部、上海海事仲裁院等航运服务机构相继成立。2011 年 12 月，国家海事局批复同意设立新的船籍港"中国洋山港"，为争取新型船舶登记制度试点建立了基础。

稳步推进国际经济中心、贸易中心建设

为加快推进国际经济中心建设。2002 年 5 月召开的市第八次党代会提出要坚持"三、二、一"产业发展方针，大力发展现代服务业，继续推进工业新高地建设。2004 年 1 月，市委、市政府明确优先发展现代服务业，优先发展先进制造业的"两个优先"发展方针，进一步优化产业结构。2007 年 5 月，市第九次党代会提出大力推进产业结构战略调整，加快形成服务经济为主的产业结构。据此，上海通过落实"两个优先"，加强城市建设管理，全力推进国际经济中心建设。

在加快发展现代服务业方面，根据市委要求，2004 年 11 月，市政府制定实施《上海加速发展现代服务业实施纲要》，以金融、物流业、信息服务业等为重点，提升现代服务业的层级、规模与能级。2011 年 3 月，在浦东新区、黄浦区等 10 个区推动服务业综合改革，全面推进以服务经济为主的产业结构调整。2012 年，上海第三产业增加值占 GDP 比重首次突破 60%，为确立以服务经济为主的产业结构奠定了坚实基础。

在加快发展先进制造业和战略性产业方面，着力增强支柱产业竞争能力。2002 年至 2006 年，电子信息、汽车、钢铁、石化等六大支柱产业共投资 2963

亿元，占全市工业总投资的 62%。2008 年国际金融危机发生后，市委、市政府启动推进高新技术产业化工作，重点推进民用航空制造、智能高端制造装备、大规模集成电路等战略性新兴产业和先进制造业，进一步促进经济发展方式转变，提升了产业发展能级。

在建设"枢纽型、功能性"基础设施方面，着力建设由内向外功能定位各有侧重的内环、中环、外环"三环"，建成投运 13 条（含磁浮线）轨道交通网络，使城市交通服务更加便捷高效。参与建设的京沪高速铁路于 2011 年正式通车，极大地促进了上海及长三角地区与环渤海等地区的经济互动；沪宁城际铁路、沪杭客运专线为促进长三角一体化发展奠定了基础。与此同时，坚持建管并举方针，以数字化和网络化技术提升管理，以市民群众广泛参与改进管理，使城市面貌整洁、有序、高效、安全，管理方式向精细化、智能化转变。

为加快国际贸易中心建设，市第七次党代会和第八次党代会分别提出要重点发展商贸、会展等服务业，着力推进"大通关"工程；引进一批国际知名的服务跨国公司，大力实施"走出去"战略。2011 年 5 月，市政府发布《关于加快推进上海国际贸易中心建设的意见》，明确国际贸易中心建设提高市场开放程度，提高贸易便利化水平，加快建设以要素市场和消费服务市场为重点的现代市场体系，加快营造国际一流的商贸发展环境的发展思路。贯彻市委、市政府要求，上海抓住经济全球化深入发展、国际生产要素区域布局加快重组的重大机遇，采取多种措施推进国际贸易中心建设。

在加快推进贸易便利化方面，以加快"大通关"建设为抓手，进一步改善口岸软环境。2003 年 8 月，上海海关等相关部门发布《关于进一步深化上海口岸"大通关"工作的若干意见》，首次实现口岸进出口货物 365 天天天能通关。2009 年 8 月，市政府办公厅转发《上海市贸易便利化工作规程》，协调解决一批贸易便利化问题。2010 年以来，全市相关部门积极开展业务创新，包括上海海关推动企业实现"就近申报、一站式办理"，上海检验检疫局积极推进直通放行模式，有力推动了贸易便利化整体水平。

在提升开放型经济水平方面，2002 年 7 月在全国率先出台《鼓励外国跨国公司设立地区总部的暂行规定》，经过多次修改，基本形成一套政策激励机制。截至 2011 年末，累计认定跨国公司地区总部 353 家，批准设立投资性公司 240 家、研发中心 334 家，外资总部经济机构居内地省市之首，有力提升了城市服务辐射功能。深入实施"走出去"战略。涌现出上汽集团收购英国 MG 罗孚汽车集团等一批成功项目。大力发展服务贸易和服务外包，制定发布技术先进型服务企业、服务外包示范园区认定管理办法等，推动服务贸易快速发展，着力提升开放型经济的国际竞争力。

在加快建设功能性贸易平台方面，一是通过举办华交会、工博会、上交会等具有强大辐射力的贸易平台，加快建设会展中心城市。二是创建全国电子商务示范城市，全力促进电子商务发展。三是建设外高桥国际贸易示范区，推动贸易功能创新。2011 年 9 月，外高桥国际贸易示范区成为全国首个"国家进口贸易促进创新示范区（试点）"，成为上海国际贸易中心建设的功能载体和重要平台。

"四个中心"的加快建设，有力增强上海城市综合功能，进一步提升城市核心竞争力，为上海建设社会主义现代化国际大都市奠定了坚实基础。

二、推进浦东综合配套改革试点

迈进 21 世纪，我国进入全面建设小康社会、加快推进社会主义现代化建设的发展新阶段。根据党的十六大"坚持改革开放，不断完善社会主义市场经济体制"的要求，国家发改委希望在地方上建设综合配套改革试验区，以此引领推进全国的改革开放。浦东经过 10 多年发展，已成为中国改革开放的象征。但浦东只是上海的一个区，财权、事权有限，要为国家进一步改革开放提供新鲜经验，缺少国家层面上体制机制的配套支持。

为此，上海市委、市政府按照党中央关于"鼓励上海浦东新区在制度创新和扩大开放等方面走在前列"的要求，从 2004 年下半年起制定综合配套改革试点方案，并上报国务院。2005 年 6 月 21 日，国务院常务会议正式批准浦东新区进行综合配套改革试点，并对改革提出着力转变经济运行方式，着力改变城乡经济社会二元结构，着力转变政府职能；把改革和发展有机结合起来，把解决本地实际问题与攻克面上共性难题结合起来，把实现重点突破与整体创新结合起来，把经济体制改革与其他改革结合起来的"三个着力""四个结合"的明确要求，赋予浦东率先改革攻坚的重要使命。人民银行总行、国家科技部等 14 个中央部门积极支持浦东综合配套改革，开展了 20 多项先行先试改革政策。2007 年 10 月召开的党的十七大提出要更好发挥上海浦东新区等在改革开放和自主创新中的重要作用，为进一步推进浦东综合配套改革增添了强大动力。

贯彻中央和市委要求，上海继续高举浦东开发开放的旗帜，市委常委会专题讨论浦东综合配套改革方案，市人大常委会做出支持浦东综合配套改革的决定，市政府制定关于完善市区两级管理体制赋予浦东新区更大自主权的意见。通过加强浦东综合配套改革试点，开启了浦东从政策创新向制度创新、从追求"硬实力"到追求"软实力"的新篇章，为全国其他地区的综合改革发挥了示范引领作用。

加快政府管理创新

加快探索完善社会主义市场经济体制，核心是处理好政府与市场的关系。为此，浦东综合配套改革试点的重要内容之一，就是着力转变政府职能，在加快政府管理创新上有突破、有创新。

一是深化管理体制改革。围绕"小政府、大社会"格局，不断深化区级机构改革。2009 年 8 月南汇区行政区域并入浦东新区后，继续推进"大部制"区级机构改革。按照综合统筹、经济服务、社会建设等 5 个职能模块设置了 19 个部门，万人行政编制数 4.9 人，不到全市平均数的 1/2。为进一步深化区域开发，2010 年建立临港产业区板块、陆家嘴金融贸易区等"7+1"开发区管

浦东新区政区演变图

理体制，进一步凸显开发区主力军作用。此后，又构建开发区与周边镇之间的事权划分、统筹发展和利益共享机制，着力优化政府组织结构和行政资源配置。

二是提高政府审批管理服务效能。按照"行政效率最高、行政透明度最高、行政收费最低"的改革目标，率先开展行政审批制度改革。2001年至2012年，行政审批事项从724项精简到263项，不仅提高了办事效率，同时也把浦东建成上海行政事业性收费最少的地区。同时，努力做好市场准入工作。2010年5月，推动内资企业设立工商、质检、税务"三联动"登记改革，使企业设立平均办理时间由11个工作日缩短为4.5个工作日，在全国发挥了示范引领作用。

着力转变经济运行方式

作为改革开放的"窗口"，浦东围绕率先探索完善社会主义市场经济体制，聚焦金融、航运、科技等领域开展各项创新，着力转变经济运行方式，发挥"四个中心"建设的核心区和主战场作用。

在推进金融改革创新方面，在中央相关部门支持下，积极实施"金融集聚"战略，加快现代金融业创新发展。2005 年 8 月，中国人民银行上海总部落户浦东，这是央行支持浦东综合配套改革的重要措施。通过围绕金融市场和金融中心开展监管和服务，着力加强央行的调节职能和服务职能。10 月，国家外汇管理局宣布在浦东开展跨国公司外汇资金管理方式改革的"九项措施"，推动外汇管理从对单个企业监管向对整个企业集团的服务管理转变。从 2006 年起，央行征信中心、货币经纪公司等一批要素市场和金融机构落户浦东。一系列金融改革创新举措，推动了浦东金融产业生态更加完善，产品进一步创新，金融业增长超过生产总值增长。

在航运贸易领域创新发展方面，在 2010 年 3 月开展水水中转集拼（集装箱拼货）试点基础上，启动了国际中转集拼业务试点，首次实现国内对国际集装箱货物的二次集拼和中转运输。2012 年，以中国洋山港为船籍港注册的第一艘保税登记船舶，顺利完成了船舶所有权登记等手续，降低了国际船舶的运营成本。此外，在外高桥保税区建成酒类、钟表、汽车、工程机械等十大专业贸易平台，贸易量占全国半壁江山，促进了航运业和内外贸易的发展。

在提升自主创新能力方面，继续实施"聚焦张江"战略。2000 年以来修订完善聚焦张江"十九条"政策，发挥政府引导基金引领作用，带动民资、外资等加大投入力度；建立由科技、税收、财政等部门组成的联合推进机制，着力把张江建成上海最重要的高科技产业基地。2011 年张江高新区获国务院批准建设"国家自主创新示范区"后，浦东推出"张江创新十条"，着力打造"人才特区"，加大对科技企业孵化器和公共科技服务平台建设运营的支持力度，最大程度激发创新创业活力。

推进城乡统筹发展

针对城乡之间、区域之间等二元结构问题，从建立统筹城乡发展机制入手，着力提升城乡一体化发展水平，让城乡居民享有均等的公共产品和公共服务。

为探索建立新型城乡一体化发展保障机制，2004年9月至2005年12月，浦东新区依托4个国家级开发区以及机场、港口等功能枢纽，带动周边街镇，建立陆家嘴功能区、川沙功能区等6个功能区域。通过对区域发展进行统一规划管理，促使城区、开发区、郊区实现"三块合一""二元并轨"。通过建立区域联合招商机制、产业项目联合开发机制等，着力促进郊区城镇产业发展，提高人民生活水平。

为加快社会事业发展，在教育、医疗等领域进行一系列改革。在城郊基础教育领域实施一体化管理，在卫生领域实行"城郊并轨"，探索建立二、三级医院与社区卫生中心建立医疗联合体和"双向转诊"运作机制，实现优质教育医疗卫生资源向郊区辐射。在此基础上，通过实施《浦东新区教育局关于加强合作办学、推进教育均衡发展的指导意见》《关于进一步加强农村卫生人才队伍建设的暂行办法》等，促进优秀教育卫生人才向农村流动，让城乡居民切实感受到社会事业的发展进步。

此外，加快建设美丽富裕乡村。2010年启动"村庄改造五年行动计划"，提升农村公共资源配置水平。此后，开展以产业发展、生态文明为主的美丽乡村示范村创建工作，稳步扩大农村综合改革试点范围，不断提高农民收入，促进农村集体资产保值增值。

作为全国首个综合配套改革试点区，浦东通过先行先试和制度创新，进一步优化发展软环境，推动行政体制改革迈出坚实步伐，社会领域改革不断取得新进展，为全国改革开放提供了良好经验和借鉴。

三、建设国际文化大都市

国际文化大都市是上海建设社会主义现代化国际大都市的重要内容。在党的十六大"加快推进文化建设、推动文化发展繁荣"和党的十七大关于"推动社会主义文化大发展大繁荣"精神引领下，市委、市政府把文化建设摆在更加突出的位置，2007 年 5 月，市第九次党代会提出要"努力建设文化大都市"。2012 年 5 月，市第十次党代会提出要"加快建设国际文化大都市，显著增强上海文化软实力和国际影响力"。以此为指导，上海积极发展社会主义先进文化，努力建设国际文化大都市。

培育和践行城市精神

培育践行城市精神，是上海加快推进社会主义现代化国际大都市建设的重要途径。2002 年 12 月申办世博会成功后，为办好一届精彩、成功、难忘的世博会，展示新一代上海人的精神风貌。2003 年 3 月，市委决定以"世博会与上海新一轮发展"为主题，在全市开展城市精神大讨论。8 月，市精神文明建设委员会工作会议概括了"以海纳百川而服务全国，在艰苦奋斗中追求卓越"的上海城市精神。2007 年 5 月，市委书记习近平在市第九次党代会报告中进一步提炼和"扩容"了城市精神，"大力塑造海纳百川、追求卓越、开明睿智、大气谦和的新形象，使全市人民始终保持艰苦奋斗、昂扬向上的精神状态"。

在新的城市精神引领下，上海以追求卓越的气势，开明睿智的眼光和大气谦和的心态，坚持"学各地之长、补上海之短、创上海之新"，发挥城市综合优势，增强中心城市服务功能。广泛开展"迎世博、讲文明、树新风"等志愿服务行动，引领全社会形成知荣辱、讲正气、作奉献、促和谐的良好风尚。

启动文化体制综合试点改革

2002年，党的十六大提出了理顺政府和文化企事业单位关系，继续深化文化体制改革的总体要求后，2003年6月，中央召开全国文化体制改革试点工作会议，确定上海等9个省市为文化体制改革综合性试点地区。为贯彻落实中央要求，上海于同年9月制定《文化体制改革试点工作方案》，得到中央宣传部正式批复和原则同意。由此，启动新一轮文化体制改革，着力促进文化事业和文化产业发展。

在宏观体制改革层面，主要从加强和改进党对文化工作的领导、转变政府职能、建立文化领域国有资产监管的"上海模式"等7个方面，构建新型文化宏观管理体制框架。在改革试点工作中，始终注意通过制度安排、机制设计和能力建设，确保党对意识形态工作的方针政策得到落实，确保党发展社会主义先进文化的价值追求得到实现。2004年6月成立的市文化领域国有资产监督管理工作小组，率先从制度上解决国有文化资产的监督管理模式问题。此外，2004年底至2005年初，相继成立上海市文化市场执法总队和文化市场管理工作领导小组，加强文化领域综合执法，着力促进文化市场繁荣发展。

在微观体制机制改革层面，进一步推进重点文化集团改革。2004年，上海世纪出版集团率先启动整体转企改制方案，成为中国出版业第一个整体转企改制的股份制公司。继续推进文艺院团改革。2005年1月出台《关于深化国有市属文艺院团管理体制改革的意见》，对上海话剧艺术中心、上海沪剧院、上海越剧院、上海评弹团、上海杂技团等国有文艺院团按照"一团一策"的原则推进改革，鼓励院团出剧目、出精品、出人才。2009年10月，上海在全国率先整体实施广播电视制播分离改革，撤销文广新闻传媒集团，成立上海广播电视台，组建上海东方传媒（集团）有限公司，推动广播电视改革迈入新的发展阶段。

积极发展文化事业和文化产业

积极发展文化事业和文化产业，是党的十六大作出的战略部署。上海对照中央要求和自身实际，通过构筑公共文化服务体系，打造文化精品力作，加快文化产业扶持等一系列举措，努力建设成为文化事业繁荣、文化产业发达、文化创新活跃的文化大都市。

在加快文化事业发展方面，为提升文化创造力，按照中央提出的"推动文化创新，多出精品、多出人才"精神，2002 年以来，以实施精品战略为重点，着力推进"国家舞台艺术精品工程"和文艺精品、优品、新品"三品"工程，先后推出《廉吏于成龙》《开天辟地》《中国震撼》《成败萧何》等一批思想性、艺术性、观赏性俱佳的精品力作，努力构建文艺创作高地。加强对民族优秀文化的挖掘保护，推动民族民俗民间文化的传承和开发利用。培育国际艺术节"天天演"等群众性文化品牌，活跃繁荣群众文化，重视满足老年人、青少年和来沪从业人员的文化需求。

为更好满足人民群众对基本公共文化服务的需求，按照公益性、基本性、均等性、便利性的要求，基本建成功能完备的公共文化服务体系。从 2003 年起，启动百个博物馆等"五个一百"公益性文化设施建设；落实"国家文化工程"，加强社区文化活动中心建设，到 2012 年，全市建成 203 家标准化社区文化活动中心，基本形成"15 分钟公共文化服务圈"。[①]构建"东方系列"资源配送体系，在上海大剧院、东方艺术中心等推进营业性演出低价票试点工作，实现公益性的博物馆、纪念馆、图书馆、美术馆、文化馆免费开放。同时，还相继建成（改扩建）上海东方艺术中心、上海音乐厅、世博文化中心、文化广场、虹桥国际艺术中心等，形成一批标志性、功能性重要文化设施。

为加快推进国际文化交流中心建设，积极打造文化交流平台，成功举办中国上海国际艺术节、上海国际电影节、上海之春国际音乐节等文化节庆活动和

---

① 《上海年鉴》编纂委员会编：《上海年鉴（2013）》,《上海年鉴》编辑部 2013 年版，第 20 页。

超级多媒体梦幻剧《ERA——时空之旅》

各种经常性中外文化交流活动。积极实施文化走出去战略，全力推动超级多媒体梦幻剧《ERA——时空之旅》等优秀作品走向世界，不断扩大中华文化在国际上的影响力和竞争力。

在加快发展文化产业方面，按照中央关于"推动文化产业成为国民经济支柱性产业"的要求，加快金融服务、进出口促进等各领域的政策创新，促进文化产业进一步发展。

适应以信息技术为中心的高新技术带动文化产业增长升级的趋势，在20世纪90年代发展文化产业集团的基础上，积极发展新媒体、网络游戏、文化创意产业等具有知识经济特征，附加值高、回报率高的新兴文化产业。2002年，东方明珠移动电视有限公司率先在国内推出户外数字移动电视，形成多层次广告播放载体，并且拥有百事、建设银行、淘宝网等一系列知名品牌的稳定客户。推进网络游戏产业迅速发展，涌现出如盛大网络、第九城市等一批国内互动娱乐龙头企业。加快形成上海张江国家数字出版基地、中国（上海）网络视听产业基地等一批国家级文化创意产业基地，加快创意产业与科技、金融等融合发展，推动创意产业快速发展。2012 年，上海文化创意产业实现总产出逾 7695 亿元，对经济增长的贡献率达到 20.2%，[①] 成为建设国际文化大都市的强劲引擎。

为进一步打造加快文化产业发展的主体力量，不断加快文化创意企业上市步伐。在 A 股市场方面，除了全国首家文化类上市企业"东方明珠"和 2006 年"新华传媒"作为中国出版发行第一股完成借壳上市外，2011 年，新媒体企业百视通实现成功上市。2012 年，上海东方传媒集团有限公司、上海东方明珠（集团）股份公司等 4 家企业入选第四届全国"文化企业 30 强"。

国家数字媒体技术产业化基地和国家文化产业示范基地——上海多媒体产业园

城市精神的培育和践行，文化事业和文化产业的加快发展，显著增强了上海文化软实力和国际影响力。

四、构建社会主义和谐社会

构建社会主义和谐社会是推进经济社会发展的重要目标。党的十六届四中全会提出要"不断提高构建社会主义和谐社会的能力"。为此，2005 年 6 月，市委制定实施《关于本市构建社会主义和谐社会工作的意见》，2007 年 5 月，

[①]《上海文化年鉴》编纂委员会编：《上海文化年鉴（2013）》，《上海文化年鉴》编辑部 2013 年版，第 13 页。

市第九次党代会提出要加快构建社会主义和谐社会，不断推动社会和谐发展。党的十七大提出"深入贯彻落实科学发展观，积极构建社会主义和谐社会"后，上海进一步加快和谐社会建设步伐，成立由市委书记任组长的市社会建设工作领导小组，积极探索特大型城市和谐社会建设新路，努力让人民群众过上更加美好的生活。

完善社会保障体系

市委、市政府坚持转型发展与改善民生相结合，把解决人民群众最关心、最直接、最现实的利益问题作为工作的出发点和落脚点，不断完善社会保障体系，使发展成果更多地惠及广大人民群众。

在做好就业工作方面，通过发展经济扩大就业、鼓励创业带动就业等方式，推动促进就业工作实现新突破。2008年国际金融危机爆发后，市政府于2009年1月出台《关于进一步做好本市促进创业带动就业工作的若干意见》及配套文件，实施扩大就业和稳定就业并重的发展战略，推进实施稳定岗位、就业援助特别计划等。同时聚焦职业见习、就业项目拓展等6个重点专项计划，健全面向全体劳动者的职业培训制度。城镇登记失业率始终控制在4.5%以内。

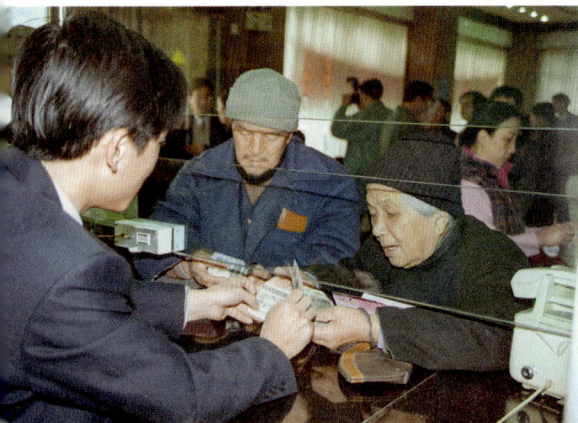

退休老人领取养老金

为促进社会保险事业发展，按照"广覆盖、保基本、多层次、可持续"的要求，着力建设覆盖城乡的社会保险体系。不断加大各级财政投入力度，持续提高"五险合一"（养老、医疗、失业、工伤、生育五险合一）的城镇基本保险待遇标准。此外，从2002年开始，针对外来从业人员增多的趋势，实施包括工伤、住院医疗和老年补贴等保险待遇的外来人员综合保险；针对城市化进程中离土农民的增加，推进包括养老、医疗、失业、生育和工伤保险的小城镇社会保险；针对因各种原因没有被纳入社会保障的老年群体，实施《城镇高龄无保障老人纳入社会保障的办法》，基本实现社会保险全覆盖。

为解决居民住房问题，积极构筑多层次多渠道住房保障体系。2002 年以来，启动动迁安置房和大型居住社区建设，以满足旧区改造动拆迁户住房需要。2007 年起，适时放宽廉租住房保障对象准入标准。2010 年，经济适用住房（共有产权房）申请审核工作在全市范围内推开。颁布实施《发展公共租赁住房的实施意见》，使住房保障覆盖面从户籍人口扩大到常住人口。至此，上海基本构建了由廉租房、经济适用房、公共租赁房、动迁安置房组成的"四位一体"住房保障体系，有效改善了人民群众居住条件。

加快社会事业发展

按照"基础基本、均衡优质、城乡一体"原则，加快发展社会事业，构建覆盖城乡的公共服务体系，有效提高基本公共服务均等化水平。

在构建现代教育体系方面，2004 年 7 月，市委、市政府下发《关于全面实施教育综合改革率先基本实现上海教育现代化的若干意见》，对全面实施教育综合改革作出部署。着力优化高校布局结构，形成"2+2+x"布局，即建设南北 2 个以重点高校为核心的集聚高地：在中心城东北部的杨浦区内以复旦大学为核心，构筑综合性、多层次的大学集聚区；在南部闵行建设以上海交通大学为核心的具有文理渗透、理工结合的闵行紫竹科学园区。形成东西 2 个采取政府主导与社会参与建设相结合的大学园区——松江大学城和南汇科教园区。同时，建设若干个与产业联系密切，依托产业开发区发展的产学研一体化的特色高校。加大基本建设投资，推进"产学研"战略联盟，高校规模和结构调整实现了历史性跨越。进一步理顺管理体制，基础教育"两级政府、两级管理"和"一级财政"管理体制逐步形成。2010 年 9 月，颁布实施《上海市中长期

松江大学城

教育改革和发展规划纲要》。通过着力提升基础教育均衡优质水平，探索职业教育组团发展和中高职贯通培养模式，推进国家教育综合改革试验区建设等，进一步提升教育整体水平。

在加快推进公共卫生体系建设方面，针对2003年"非典"给人民群众生命安全造成极大威胁的情况，在市委、市政府领导下，市相关部门制定实施《加强公共卫生体系建设三年行动计划》，重点建设市公共卫生中心、市疾病预防控制中心、市肺科医院三个项目，预防控制网络、卫生监督网络、医疗救治网络三个网络，卫生信息工程、人才工程、科技工程三个工程。在此基础上，进一步加强公共卫生体系内涵建设。2007年以来，通过推进医药卫生体制改革，基本建成以居民电子健康档案为基础的卫生信息化工程，推动全市公共卫生体系建设迈上新台阶。

在形成全民健身服务体系方面，广泛开展每个社区有一个健身苑点，每个街道有一个公共运动场等"六个有"标准创建活动，初步建立包括运动设施、团队组织、体质监测在内的全民健身服务体系。2011年初在全国率先制定实施《全民健身实施计划（2011—2015）》，积极推进体育公共服务均等化、主体多元化、健身生活化，上海户籍人口期望寿命继续保持发达国家或地区水平。

推进社会管理创新

着眼于基层基础，坚持改革创新和大胆实践，进一步推进社会管理创新，积极探索特大型城市社会管理新路子。

为夯实基层基础，突出三个"着力于"：着力于让"群众得实惠"，建立社区服务、文化活动以及行政事务受理中心等，增强社区服务功能；着力于"管理出实效"，推进社区管理网格化；着力于让"基层有活力"，增强居委会活力，进一步发挥社区各类群众组织和社会团体的作用。2005 年以来，进一步扩大社区建设试点，继续加强社区卫生服务中心、社区综治工作中心等建设。2010 年 7 月，市政府与民政部共建国家现代民政示范区，从提升社会事务管理与社会服务水平等 8 个方面加强合作，进一步提升社会服务和管理效能。

为加强社会稳定，探索建立群防群治长效机制。在市、区两级推进城市综合管理"大联动"，在街镇层面大力推进城市综合管理"大联勤"，推动基层管理和服务力量整合联动。加强源头预防治理，规范信访秩序，建立健全信访代理、基层调解、律师参与、信访终结机制。2007 年以来，建立党政领导干部下访接待信访工作机制，市委领导定期赴联系区县指导推进矛盾化解。积极预防和妥善处置群体性事件，推进大调解体系建设，切实维护社会和谐稳定。

做好"服务全国"大文章

服务全国是上海立足全国大局、推进区域协调发展的重大政治责任。1979 年 4 月，党中央、国务院召开全国边防工作会议，确定上海对口支援云南和宁

上海援建的宜昌市上海中学

夏,拉开上海对口支援的帷幕。市委、市政府认真贯彻中央"两个大局"思想,积极开展东西部扶贫协作和对口支援工作,扎实做好主动服务全国大文章。

在帮扶三峡库区方面,自1992年8月中央明确上海参加对口支援三峡工程库区移民工作后,上海成立对口支援三峡工程移民领导小组加强组织领导,积极帮扶当地实施"移民安置试点村"援建工作。此后,又根据中央要求做好就地援助和异地安置移民两大工作要求,一方面选择上海市崇明县进行移民异地安置工作,另一方面大力支持库区社会事业和特色产业发展。同时注重智力支撑,开展人力资源培训,为库区发展注入动力。

为做好对口帮扶西藏工作,自1994年7月中央确定上海对口支援西藏日喀则地区后,上海成立援藏工作领导小组及办公室加强统筹协调,确立了市和区"两级政府、两级支援""条块结合、以块为主"的援藏工作机制。从1995年起,持续推进希望工程、健康工程、造血工程等六大工程,使当地经济、科技、教育、文化等各项事业得到较快发展。2007年以来,根据党中央提出的援藏工作向基层倾斜、向农牧民倾斜"两个倾斜"要求,努力帮助改善当地的基本生产、生活、教育、医疗等条件。

为进一步做好对口帮扶云南工作，自1996年9月中央扶贫工作会议明确上海重点搞好对口支援云南的红河、文山、思茅3个地州国家级贫困县的扶贫开发任务后，上海首次明确提出以强化造血功能项目建设为抓手的帮扶思路。从1998年开始，通过在对口支援地区开展温饱试点村建设（2001年后升级为"白玉兰温饱试点工程"），促进当地经济发展和生活条件改善，得到云南省委省政府的重视并向全省推广。2007年以来，援滇工作遵循有思路、有规划、有机制、有创新、有成效的"五有"要求，形成"政府主导、群众主体、聚焦重点、示范引领、企业合作、社会参与"的帮扶总体格局。

在对口帮扶新疆方面，自1996年中央明确上海与新疆阿克苏地区建立对口支援关系后，上海成立援藏援疆工作领导小组及办公室加强统筹领导，把援助的重点放在加强基层政权建设，帮助当地发展教育、卫生、文化等事业上。2010年3月，新一轮对口支援新疆调整为喀什地区后，市委、市政府提出"民生为本、产业为重、规划为先和人才支撑"的新一轮援疆工作总体思路，并成立了对口支援新疆工作前方指挥部，全面开展对口支援喀什工作，建成泽普县工业园区综合实训基地等一批标杆项目，取得了良好的政治、经济和社会效益。

在对口帮扶青海方面，自2010年1月中央明确上海对口支援青海省果洛州后，上海以聚焦脱贫攻坚、保障和改善民生、深化交往交流交融促进民族团结为主线，实施牧民定居点改造、贫困户住房、高原美丽乡村、生态畜牧业及产业发展等项目，促进当地民生保障水平得到大幅提升。果洛州人民医院医技楼、格萨尔文化保护基地等一批重点项目建成并开始发挥示范引领作用。

2013年2月中央明确上海对口帮扶遵义市后，上海对口帮扶工作又增添了新内容。为做好对口援黔工作，上海除了派干部、给予援助资金外，还把帮扶重点放到新农村建设、产业发展、社会事业和人力资源开发等领域，实施"四在农家·美丽乡村"行动计划，扶持茶叶、中药材等特色产业发展，合作共建遵义（上海）产业园等，极大地加快了遵义市脱贫攻坚进程。

五、举办成功、精彩、难忘的上海世博会

2010年中国上海世界博览会（简称上海世博会）是第一次在发展中国家举办的注册类世博会。办好世博会是中央交给上海的光荣而艰巨的任务。在党中央、国务院坚强领导和全国人民支持下，市委、市政府认真贯彻中央指示精神，全力以赴演绎"城市，让生活更美好"的世博主题，举办了一次成功、精彩、难忘的世博会，并使举办世博会的过程成为上海推动科学发展、提高城市管理水平的成功实践。

成功申办上海世博会

世界博览会（简称世博会），被誉为世界经济、科技、文化"奥林匹克"盛会，也是一个国家文化软实力集中展示和提升的重要途径。

1993年5月，国际展览局接纳中国为成员国，中国由此获得申办世博会的资格。与此同时，20世纪90年代的上海，在浦东开发开放的引领下，经济社会迅速发展，内外开放不断扩大，具备了申办世博会的资格。1999年7月，上海市政府向国务院提出申办2010年世博会的请示；11月，国务院批复同意上海申办世博会。12月，国际展览局中国首席代表在国际展览局第126次成员国大会上宣布中国政府申办2010年世博会。

上海申办世博会受到中共中央、国务院高度重视。时任中共中央总书记、国家主席江泽民，国务院总理朱镕基在重要外事场合向外国元首、政府首脑宣传中国申博，争取世界各国的支持。2000年3月，国务院成立由国务委员任主任委员，外交部、中国贸促会、上海市政府等部门为成员单位的"2010年上海世界博览会申办委员会"（简称国家申博委）负责领导申博工作，协调中央、国务院有关单位和上海市有关申博工作的重大事务。

同时，中央各部门通力合作全力支持上海申博工作。2001年APEC会议后，外交部把申博作为最重要的工作，全面动员中国驻外使领馆全力以赴开展

2002 年 12 月，上海市民欢庆上海申博成功

工作。外经贸部利用双边经贸资源开展申博工作。中央宣传部和国务院新闻办公室制定申博对外宣传方案，形成强大的宣传攻势。此外，国家计委、国家经贸委、财政部、交通部、海关总署、民航总局、体育总局、质检总局、国家旅游局、国务院侨办、国务院港澳办等中央部门也都对申办世博会大力支持。中国贸促会承担了国家申博委的大量日常联络工作。全国各地以各种方式给予大力支持。

作为世博会的承办城市，上海于 2000 年 6 月成立由市长任组长的"2010年上海世博会申办工作领导小组"，全面负责上海申办世博会的组织协调、综合规划、宣传推介、考察接待等事宜。

在国家申博委的积极协调下，中央各部门和上海市全力以赴，申博工作扎实细致、卓有成效地推进。2001 年 5 月，中国驻法大使向国际展览局递交中国申办世博会的中华人民共和国申请函。11 月，上海市市长徐匡迪向国际展览局做陈述。2002 年 1 月，中国政府向国际展览局递交《中国 2010 年上海世

界博览会申办报告》，成为第一个向国际展览局递交 2010 年世博会申办报告的
国家。①12 月 3 日，国际展览局对世博会主办国进行投票表决，经过 4 轮无记
名投票，中国上海获得 2010 年世博会的主办权，这体现了国际社会对中国改
革开放的支持和信任。

举办精彩的上海世博会

成功申办世博会后，中央高度重视筹办举办工作。2004 年 4 月，中央决
定成立上海世博会组织委员会（简称组委会）和执行委员会（简称执委会），
成为国家层面组织领导世博会筹办、举办工作的重要标志。执委会在组委会领
导下指导、协调上海市有关机构开展工作。上海世博局作为执委会的日常办事
机构和世博会组织者，具体负责世博会的筹办、组织、运作和管理。

中央政府各部委办局牢固树立大局意识，全力支持世博会筹办举办工作。
外交部和各驻外使节着力做好招展工作和邀请、接待国际组织和各国首脑工
作。国防部、公安部、安全部、解放军和武警部队密切配合做好安保工作。中
央宣传部、国务院新闻办公室、新华通讯社等向海内外全方位传递世博信息。
商务部、国务院国资委等组织著名跨国企业、大型国企参展。中央办公厅、中
央组织部、中央联络部、国家发改委等中央机构和国家民航系统、国家海事部
门等，都为世博会的全面保障和顺利运行作出突出贡献。

同时，全国各省、自治区、直辖市十分重视世博会工作，分别成立筹委
会、组委会或领导小组，参与世博会各项展览展示和活动论坛。江苏、浙江、
山东等省与上海建立相关协调机制，参加"环沪护城河"行动，上海周边的江
苏、浙江两省的苏州、嘉兴等地担负起"城市关卡"的职责。此外，香港、澳
门和台湾地区成立相应机构与上海世博会对接。

在中央坚强领导和中央各部委办局全面参与、各省区市全面投入和广泛支

---

① 上海世博会志编纂委员会编：《上海世博会志》（上），上海人民出版社 2020 年版，第 5 页。

持下，市委、市政府把筹办举办世博会作为压倒一切的重大任务，全力以赴扎实推进。2006年8月，世博园区工程建设启动。在短短的1000天建设中，在5.28平方公里的土地上高水平完成了总建筑230万平方米、涉及240多个工程单体项目的园区建设。同时高质量完成浦东浦西配套工程。紧紧依靠外交部、商务部、贸促会、上海市和中国政府总代表"4+1"工作机制，积极依靠我国驻外机构等，推动国家和国际组织参展。最终吸引190个国家和56个国际组织、80个城市案例等参展方参加世博会，创历届世博会官方参展者数量之最。联合中央和各地主要媒体，为迎世博提供良好的宣传支持。从2008年5月起实施《迎世博600天行动计划》，加快推进环境整治，着力推动全民参与，使上海各方面发生令人为之一振的变化。

在世博会筹办进入冲刺时刻，中共中央总书记、国家主席胡锦涛专程前往上海，实地考察世博会筹办工作情况，提出"六个确保"[1]的指示，要求举全国之力，集世界智慧办好世博会。2010年4月30日晚，上海世博会举行开幕式，国家主席胡锦涛出席开幕式并宣布开幕。5月1日，上海世博会正式开园。

世博会举办期间，为推动园区运行平稳有序，上海建立以"片区为基础、展馆为重点、条线作支撑"的园区管理体制，建立密切配合、运转高效的园区内外联动管理机制。通过发挥科学高效的运行管理体制机制作用，实现园区内外交通、客流控制、园区运营和城市运行的联动，经受住了单日百万以上超大人流、高频度警卫任务和各种突发事件的严峻考验，保证了世博会安全有序。

同时，坚持以人为本，加强园区服务保障，成功应对高温酷暑、台风雷暴等天气考验。2万多名参展方人员和16万多名工作人员服务世博，为参观者提供问询接待、物品寄存、失物招领、寻找走失人员、母婴接待、热水供应等人性化服务，共接待游客7308.44万人次。[2]同时帮助参展者解决各类问题，

---

[1] 确保场馆设施建设和布展如期完工、确保运营服务保障全面到位、确保安保工作万无一失、确保外事工作落实到位、确保新闻宣传有声有色、确保社会氛围文明祥和。

[2] 《上海年鉴》编纂委员会编：《上海年鉴（2011）》，《上海年鉴》编辑部2011年版，第9页。

2010 年 10 月 16 日，上海世博会入园游客达 103.27 万人，创世博会历史上单日参观人数最高纪录

保证各展馆运行有序。

此外，中央有关部门和各省区市联合举办专题论坛上百场，形成了一系列思想成果。由世博会组委会、联合国和国际展览局共同主办的以"城市创新与可持续发展"为主题的高峰论坛，对全球共同面临的城市发展问题进行宏观探讨，论坛上发表的《上海宣言》，为世博会留存了可贵的精神遗产。10 月 31日，上海世博会正式闭幕，历时 184 天，实现了"成功、精彩、难忘"的目标，兑现了中国向国际社会作出的庄严承诺。

成功举办世博会后，党中央于同年 12 月举行总结表彰大会，总结为国争光的爱国精神，全心为民的服务精神，团结协作的团队精神，严谨科学的实干精神，追求卓越的创新精神，爱岗敬业的奉献精神的世博精神。为谋划好后世博发展。2011 年初，世博会地区结构规划方案（草案）公布。3 月，上海世博发展（集团）有限公司组建，负责实施世博园区的开发建设和管理。同时积极

被人们亲切称为"小白菜"的青年志愿者在世博园区为游客服务

实践世博理念，率先建设"低碳城市"，使举办世博会的无形资源转化为推动经济社会发展的现实优势。

成功、精彩、难忘的上海世博会，荟萃了人类创造的物质文明，开阔了人们的眼界，为人类留下丰富的精神遗产，启迪了人们的心智，向世界展示了中国开放的新形象。

六、加强党的执政能力建设和先进性建设

进入新世纪新阶段，国际形势发生深刻变化，我国改革发展处于关键时期。面对世情、国情、党情的深刻变化，2002 年 11 月召开的党的十六大提出"加强党的执政能力建设"，同时做出开展保持共产党员先进性教育活动的决定。2007 年 10 月召开的党的十七大提出"继续加强党的执政能力建设，着力建设高素质领导班子"。贯彻中央要求，市委始终坚持党要管党、从严治党的方针，牢牢把握党的执政能力建设和先进性建设这一主线，全面推进党的建设，不断增强党的创造力、凝聚力、战斗力。

加强党员思想教育

以党的创新理论武装为根本，把党组织和党员的思想统一到中央部署要求上来，是一项意义重大的任务。党的十六大以来，上海根据中央要求，结合自身实际，全面加强党员思想建设，对提升党的执政能力和加强党员队伍先进性建设，发挥了重要作用。

一是用"三个代表"重要思想武装党员头脑。2004年9月，党的十六届四中全会就开展以实践"三个代表"重要思想为主要内容的保持共产党员先进性教育活动作出全面部署。12月，市委印发相关《实施意见》，要求围绕"提高党员素质、加强基层组织、服务人民群众、促进各项工作"的目标，开展先进性教育活动。按照中央统一部署，2005年1月至2006年6月，市委组织全市7万多个基层党组织、147万多名党员，分三批开展保持共产党员先进性教育活动。全市党员认真学习《中国共产党章程》《保持共产党员先进性教育读本》等重要文件，着力用"三个代表"重要思想武装头脑，较为系统地接受了

宝钢召开保持共产党员先进性教育活动动员大会

一次马克思主义理论教育。同时贯彻服务人民群众、密切党群关系的要求，开展"高兴、放心、凝聚、覆盖"主题实践和"双结对"活动，把先进性教育活动建设为群众满意工程。此外，根据中央要求，市委于 2006 年 8 月印发《关于贯彻落实〈关于加强党员经常性教育的意见〉等四个保持共产党员先进性长效机制文件的意见》，着力建立先进性建设长效机制，并加强督促检查，确保先进性长效机制的各项举措转化为加强基层党建的实际成效。

二是开展学习实践科学发展观活动。科学发展观是发展中国特色社会主义必须贯彻的重大战略思想。2008 年 9 月 14 日，中共中央下发《关于在全党开展深入学习实践科学发展观活动的意见》。根据中央部署，市委于 9 月 30 日印发《关于在全市党员中开展深入学习实践科学发展观活动的实施意见》，明确在学习实践活动中必须紧紧抓住"坚持科学发展、推进'四个率先'"这一实践载体，围绕提高思想认识、解决突出问题、创新体制机制、促进科学发展的目标要求，紧扣实践深化学习，通过学习推动实践。从 2008 年 9 月至 2010 年 2 月，全市约 2.42 万家单位、160 多万名党员分三批参加了深入学习实践科学发展观活动。全市各级党组织认真学习党的十七大报告、《科学发展观重要论述摘编》等有关读本，学习党的十七届三中、四中全会等会议精神，深入理解和把握科学发展观的精神实质。通过开展学习实践活动，深入推进改革开放，着力解决了一批群众急需和期盼解决的实际问题。同时进一步加强党的基层组织建设。学习实践活动期间，全市共新建党组织 1478 个，为 1444 个党组织理顺隶属关系，全市 285 家应建未建党组织的新社会组织全部建立了党组织，进一步夯实了党的执政基础。

构建区域化大党建格局

进入新世纪以来，我国经济结构、社会结构和人们的生活方式都发生了深刻变化，对加强和改进基层社区党建工作提出了新要求。为此，党的十六大提出"构建城市社区党建工作新格局"的战略思想。2004 年 10 月，中央组织部召开全国街道社区党的建设工作座谈会，提出构建区域性大党建的工作要求。[1] 市委按照中央的要求，积极从战略层面思考和谋划，在总结既有经验基础上，稳妥推进区域性大党建各项工作。

在构建区域性大党建体制机制方面，创新建立"1+3"社区党建工作新体制。针对过去街道党组织的主要职能是领导自己直属单位党组织工作的情况，市委提出从行政机关、居民区和驻区单位三个方面理顺与社区党组织的关系，从组织设置上解决社区党的工作全覆盖问题，决定将街道党工委改建为社区（街道）党工委。在试点基础上，形成社区（街道）党工委和行政组织党组、综合党委、居民区党委的"1+3"新体制。调整后的体制，体现了区域性大党建的开放性、互动性特征，使社区（街道）党工委在社区各项工作中更好地发挥领导核心作用，同时也为驻区单位、社区党员进入社区党建工作的运行机制提供了广阔舞台。

在构筑区域化大党建新格局方面，主要从两方面推进。一是建立多元化、高素质的基层党务干部队伍，夯实党建工作基础。2003年4月，浦东新区首次面向社会公开招聘专职党务干部。2005年，全市统一面向社会公开招聘500多名专职党群工作者。他们工作在基层党建一线，在先进性教育和推进基层党建全覆盖工作中，发挥了重要作用。二是打造党员服务中心，使之成为开展基层党建的新型载体。2003年底，市委组织部召开推进会，明确提出用一年左右的时间在全市街道、乡镇全面推进党员服务中心建设。至2004年底，全市220个街道（乡镇）建立的党员服务中心全部通过标准验收，并在实践中逐步完善五大基本功能。[2] 党员服务中心连同向商务楼、居民区、行政村延伸建立的党员服务站点，形成了上海党员服务中心的完整网络。通过党员服务网络的建立和运作，上海初步建立了基层党组织体系建设和党内服务体系建设互动互补的新格局。

---

[1] 严爱云等：《上海党的建设四十年》，上海人民出版社2018年版，第191页。

[2] 一是流动党员的接纳地，二是"两新"组织构建党的基层组织的孵化器，三是区域内基层党组织共享的资源平台，四是党组织服务党员的温馨家园，五是区域内党组织和党员面向群众、面向社会的服务窗口。

2001 年，静安区静安寺街道党工委在中华企业大厦创设全市第一个"党员服务点"

　　在创新"两新"组织党建方面，一是创建"支部建在楼上"新模式。1999
年 6 月，浦东新区潍坊新村街道党工委在嘉兴大厦建立全市（国）第一个楼
宇联合党支部。2001 年，静安区静安寺街道党工委在中华企业大厦创设全市
第一个"党员服务点"，并把楼宇中未建立独立支部的分散党员，按照楼宇建
立联合党支部作为"一级组织"对党员进行管理，从而形成以"支部建在楼
上"的"两新"组织党建工作新形式。2002 年 12 月，新华社发表题为《支部
建在楼上，党建落在实处》的内参，胡锦涛总书记对此作了重要批示，充分肯
定上海以社区党建为载体抓好"两新"组织党建工作的做法。此后，上海继续
深化完善"支部建在楼上""支部建在园区"等新型领域党组织设立模式，在
近 2000 栋重点商务楼宇、270 个区级以上园区、120 个重要商圈、155 个亿
元以上商品交易市场实现党组织全覆盖。二是积极开展"双达标"①活动。贯
彻 2003 年底中央组织部提出的开展"双达标"活动要求，2004 年 2 月，市委

---

①　用 5 年时间使 50 人以上的非公有制企业有党员、100 人以上的非公有制企业建立党组织。

转发市委组织部《关于全面开展"两新"组织党组织和党员队伍建设"双达标"活动的意见》，明确要求用3年时间实现"双达标"目标。《意见》下发后，全市基层党组织扎实推进"两新"组织党员发展和党组织组建等工作。截至2006年底，全市新经济组织中，50人以上有党员和100人以上建立党组织的达标率为98.3%和97.5%；新社会组织中，20人以上有党员和50人以上建立党组织的达标率为99%和98.8%，提前完成了"双达标"任务，有效增强了党在"两新"组织中的影响力和凝聚力。

在开展组团式联系服务群众方面，根据党的十七大提出的形成"联系和服务群众工作体系"的要求，在开展"三访、三个服务机制"① 基础上，2011年3月，市委组织部召开专题会议，开展组团式联系服务群众试点工作。将居（村）按照一定户数或楼组（自然村落）划成若干个块区，开展组团式走访联系和服务活动。在试点基础上，市委于8月召开组团式联系服务群众机制工作推进会，在全市进行推广。通过开展组团式联系服务群众，不仅真诚倾听群众呼声，真情关心群众疾苦；而且"倒逼"基层党组织想办法为群众解决实际问题，从而使之成为城乡基层党组织经常性联系服务群众的重要载体，创新基层社会治理的重要方法。

在开展单位党建、区域党建、行业党建互联互补互动方面，根据2007年5月市委提出的要"探索和完善社区党组织新的领导体制和运行机制，逐步形成单位党建、区域党建、行业党建互联、互补、互动的基层党建工作新格局"要求，着力推进地铁社区党建联建、动拆迁工作党建联建、物业管理党建联建等，使党的工作向行业延伸、向领域辐射、向社会覆盖。2010年上海世博会举办期间，根据中央组织部《关于上海世博会各办展单位建立临时党组织并充分发挥作用的通知》，世博局党委积极开展世博党建联建。在园区内，构建点

---

① "三访"分别为走访，在基层党组织建立主动走访联系身边群众的制度；下访，机关党组织和党员领导干部建立定期下访基层、联系群众、帮助解决问题的制度；接访，建立党代表、党员人大代表和政协委员定点接访、联系群众制度，在全市社区党员服务中心建立代表工作室和公布代表接待日。"三个服务机制"，即群众自助互助服务机制、社区窗口服务受理服务机制、上下级党组织协调协同服务机制。

面结合的紧密型联建模式；在园区周边，构建协同联动的互动式联建模式；在全市面上，构建条块结合的一体化联建模式。

加强党风廉政建设和反腐败斗争

贯彻中央加强和改进党的作风建设，深入开展反腐败斗争的要求，市委始终坚持标本兼治、综合治理、惩防并举、注重预防的反腐倡廉战略方针，积极探索符合国际化大都市建设要求的反腐倡廉新路子，推动形成良好的政治生态。

在抓住领导班子"关键少数"方面，加强党员干部权力观、地位观、利益观和政绩观教育，开展"讲党性、重品行、作表率"主题教育活动，构筑党员干部拒腐防变的思想道德防线。2009 年 12 月，市委办公厅下发《上海市加强廉政文化建设的实施意见》，倡导"以廉为荣、以贪为耻"的社会风尚，进一步增强领导干部的廉洁自律意识。2011 年 6 月，制定实施《上海市加强领导干部反腐倡廉教育的实施意见》，重点加强领导干部示范教育、任前教育和岗位教育。

在推进反腐倡廉制度创新方面，2005 年，制定贯彻中央《建立健全教育、制度、监督并重的惩治和预防腐败体系实施纲要》的《意见》，推进各地区各部门把相关要求转化为推进工作的具体措施。从 2007 年起，按照"权力在阳光下运行、资源在市场中配置、资金在网络上监管"的思路，运用"制度 + 科技"的理念和方式，使土地交易、财政性资金等领域的权力运行"大小有界、公开透明、网上留痕、全程监控"。2010 年制定贯彻《中国共产党巡视工作条例（试行）》的实施办法及四项配套制度，加大工作力度，不断提高巡视效果。

同时，始终保持对腐败分子严厉打击的高压态势。2006 年上海发生违规使用社保基金涉案金额达百亿元人民币的"社保基金案"，暴露出党员干部队伍建设存在的不少薄弱环节。"社保基金案"发生后，市委全力以赴支持配合

上海探索"制度＋科技"反腐模式，率先建立市场化、规范化的土地交易市场

中央工作组彻底查清案件情况，同时认真查办违纪违法案件，重点查办党政机关、国有企业领导干部违纪违法案件，严重损害群众利益的案件以及发生在重点领域和关键环节的腐败案件。2007年5月至2011年12月，全市各级纪检监察机关立案4145件。查办案件既有力度，又注重政治效果、法纪效果和社会效果的统一，得到了中纪委肯定。

第四编

奋力创造新时代
新奇迹

党的十八大以来，中国特色社会主义进入新时代。以习近平同志为核心的党中央团结带领全国各族人民统揽伟大斗争、伟大工程、伟大事业、伟大梦想，从理论和实践结合上系统回答了新时代坚持和发展什么样的中国特色社会主义、怎样坚持和发展中国特色社会主义这个重大时代课题，创立了习近平新时代中国特色社会主义思想，并把许多国家战略先行先试任务交予上海，为上海发展标识了新的方位，赋予了新的使命，开启了新的征程。

上海市委、市政府以习近平新时代中国特色社会主义思想为指导，按照习近平总书记向上海提出的继续当好全国改革开放排头兵、创新发展先行者的要求，在建设中国（上海）自由贸易试验区、加快向具有全球影响力的科技创新中心进军的国家战略的引领下，坚持"四个放在"，坚定不移吃改革饭、走开放路、打创新牌，大力推进创新驱动发展与经济转型升级。

党的十九大提出我国社会主要矛盾已经转化为人民日益增长的美好生活需要和不平衡不充分的发展之间的矛盾后，市委、市政府在中央的坚强领导下，团结带领全市人民，坚持面向世界、面向未来，坚持对标国际最高标准、最好水平，以中央交办的"三大任务一大平台"为抓手，努力克服外部环境深刻变化带来的冲击和挑战，持续打响"上海服务""上海制造""上海购物""上海文化"四大品牌，强化全球资源配置功能、科技创新策源功能、高端产业引领功能、开放枢纽门户功能"四大功能"，加快建设"五个中心"；坚持"人民城市人民建、人民城市为人民"理念，加强社会主义民主法制建设、推进国际文化大都市建设、提升城市治理现代化水平；经受住新冠肺炎疫情带来的考验，取得抗击新冠肺炎疫情斗争重大战略成果；采取有效举措，化危为机、危中求机，积极应对疫情带来的冲击，主动服务新发展格局，切实保障和改善民生，基本建成国际经济、金融、贸易、航运中心，具有全球影响力的科技创新中心形成基本框架，城市综合实力和国际影响力、人民生活水平和社会文明程度迈上一个新台阶，朝着建设令人向往的卓越的全球城市迈出坚实步伐。

第十二章

勇当排头兵、敢为先行者

　　党的十八大以来，党中央要求上海"努力当好全国改革开放排头兵、创新发展先行者"。市委、市政府坚持从国家大局出发谋划上海发展，坚持用新发展理念统领全局，围绕加快建设"四个中心"和社会主义现代化国际大都市的总体目标，加快推进上海自贸区和具有全球影响力的科创中心建设，办好中国国际进口博览会，坚定不移地走创新驱动、转型发展之路，努力打响"四大品牌"，强化"四大功能"，推动经济高质量发展，推动改革开放向纵深发展，在勇当排头兵、敢为先行者的新征程中取得突出成就。

一、实施两大国家战略

　　建设"中国（上海）自由贸易试验区""具有全球影响力的科技创新中心"国家战略，是新时代党中央交给上海更好代表国家参与国际合作和竞争的重任。市委、市政府全力以赴抓好落实，努力在新起点上实现新突破。

推进中国（上海）自由贸易试验区建设

　　建设中国（上海）自由贸易试验区（简称上海自贸试验区），是中央实行更加积极主动开放战略的一项重大举措。2013 年 8 月，国务院批准设立中国（上海）自由贸易试验区。面积 28.78 平方公里，涵盖上海市外高桥保税区、外高桥保税物流园区、洋山保税港区和上海浦东机场综合保税区等 4 个海关特殊监管区。9 月，中国（上海）自由贸易试验区在外高桥挂牌成立。上海从投资管理制度、贸易监管制度、金融创新制度、事中事后监管制度等方面进行改革创新，着力推进自贸区建设。

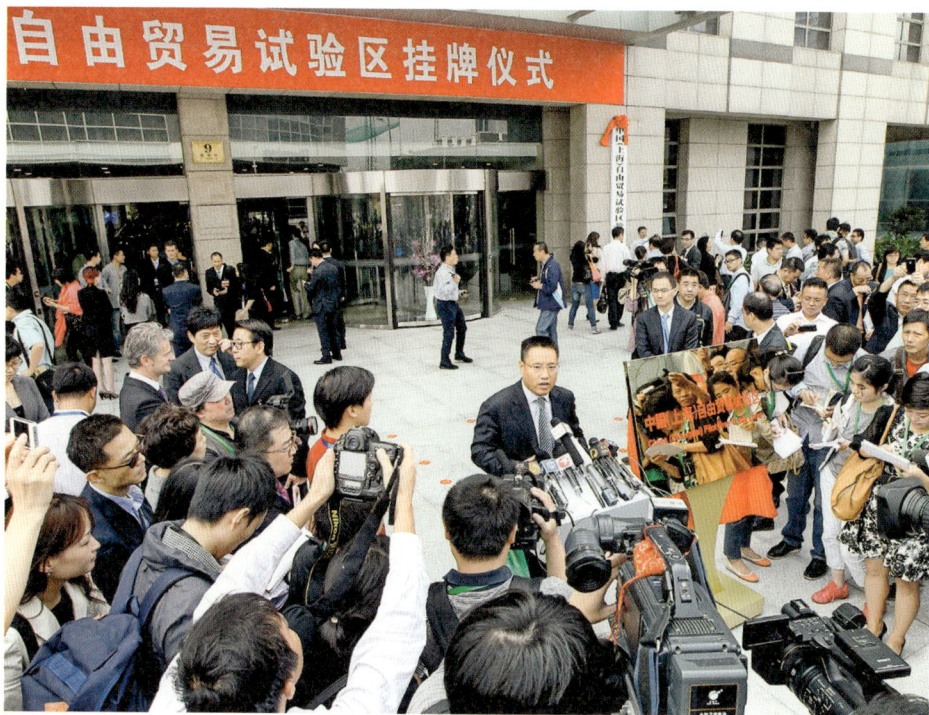

2013 年 9 月，上海自贸试验区挂牌成立

在确立以"负面清单"管理为核心的投资管理制度方面，上海自贸试验区实施"准入前国民待遇加负面清单"模式，2013 年 9 月率先出台全国第一份外商投资负面清单。清单之外的领域，"法无禁止皆可为"。外商投资项目由以核准制为主改为备案制，极大方便了投资者；政府管理重心转为事中事后监管，以对接国际通行规则。经过三次修订完善，90% 左右的国民经济行业对外资实现了准入前国民待遇，开放度大幅提高。

在确立符合高标准贸易便利化规则的贸易监管制度方面，重点打造"单一窗口"，大幅提升贸易便利化水平。2014 年，上海国际贸易"单一窗口"率先在自贸区洋山保税港区试点启动。至 2017 年初步形成了国际贸易"单一窗口"的基本架构和主要功能，实现了一个平台、一次递交、一个标准的"三个一"目标，也为全国国际贸易"单一窗口"建设提供了经验。同时，上海海关"自主报税、自助通关、自动审放、重点稽核"监管模式，检验检疫部门"十检十放"监管模式，推动自贸区初步建立国际自由贸易区通行的"一线放开、二线高效管住、区内自由"的新监管制度。自贸区的海关特殊监管区域实现一线进境货物当天入区，进出境时间较全关区平均水平分别缩短78.5%和31.7%。

在确立适应更加开放环境和有效防范风险的金融创新制度方面，2014年5月央行上海总部发布《中国（上海）自由贸易试验区分账核算业务实施细则（试行）》等，创设自由贸易账户体系。自由贸易账户提供跨境融资、并购、债权，以及金融市场交易等多领域的本外币一体化金融服务，并对跨境资金流动进行实时监测。在2015年股市、汇市波动中，自由贸易账户内资金没有发生异常，显示了较强的风险防范能力。此外，通过实施证券"沪港通"、"上海金"人民币集中定价机制、金融综合监管试点等，为进一步推进金融开放创新奠定坚实基础。

在确立以规范市场主体行为为重点的事中事后监管制度方面，制定实施自贸区《企业年度报告公示办法（试行）》《企业经营异常名录管理办法（试行）》等，健全社会信用体系和信息共享服务平台，加快探索"互联网＋信用监管"的创新管理，开展事前诚信承诺、事中评估分类、事后联动奖惩的信用管理模式。设立上海自贸试验区仲裁院，完善第三方仲裁调解机制；注重发挥行业组织的自律作用；引入具备相关资质的中介机构，辅助开展自贸区保税监管和企业稽查，努力实现对市场主体放得更活、管得更好、服务更优。上海自贸试验区发挥了先行先试、示范引领、服务全国的作用。

建设具有全球影响力的科技创新中心

2014年5月，习近平总书记在沪调研期间，要求上海"加快向具有全球影响力的科技创新中心进军"。以此为指导，市委、市政府把建设科技创新中心作为当好创新发展先行者重中之重的任务，深入实施创新驱动发展战略，加快建设具有全球影响力的科技创新中心。

2015 年市委将"大力实施创新驱动发展战略，加快建设具有全球影响力的科技创新中心"列为唯一重点调研课题。同年 5 月，十届市委八次全会审议通过《意见》，明确提出上海创新发展的目标是：努力把上海建设成为全球创新网络的重要枢纽和国际性重大科学发展、原创技术和高新科技产业的重要策源地之一，跻身全球重要的创新城市行列，并提出"两步走"阶段性目标。同时，在国家发改委、科技部的指导下，研究形成《上海系统推进全面创新改革试验 加快建设具有全球影响力的科技创新中心方案》，系统推进全面创新改革试验。2016 年 4 月，国务院通过并印发了《方案》。此后，在国家各相关部委办指导下，上海实施探索开展投贷联动等金融服务模式创新、探索发展新型产业技术研发组织等 10 项先行先试改革举措，发布科技创新"十三五"规划，布局培育创新生态、打造发展新动能等战略任务。

全力建设由"四大支柱"构成的张江综合性国家科学中心。第一大支柱是2017 年 9 月揭牌成立的张江实验室，以上海光源、国家蛋白质科学研究（上

张江实验室的大科学装置——上海光源

海）设施、超级计算机、超强超短激光用户装置、软 X 射线自由电子激光装置等重大科技基础设施群为依托，研究方向涉及光子科学与技术、生命科学等前沿领域。第二大支柱是创新单元、研究机构与研发平台。特别是 2016 年成立的李政道研究所，聚焦粒子物理、天体物理宇宙学、量子科学与技术等领域，成为建设张江国家科学中心的重要主体。第三大支柱是长三角区域大型科学仪器设备协作共用网、技术转移系统等创新网络。第四大支柱是大型科技行动计划，包括由上海科学家发起的"国际人类表型组计划"。与此同时，贯彻中央关于要以全球视野、国际标准提升科学中心集中度和显示度，在推进科技创新中心建设上有新作为的要求，对标国际改革创新在海外人才永久居住便利服务制度、天使投资税制等方面形成了一批可复制推广的改革举措。围绕新一代信息技术、生物医药、大飞机等重点领域，加快实施一批重大项目，形成科创中心承载区各具特色的发展格局。

通过先行先试，改革创新，上海科技创新中心建设迈上新台阶。

二、走在全国前列的重点领域改革

党的十八大以来，市委、市政府按照中央全面深化改革总体部署，重点抓好中央交给的各项改革任务。率先探索深化教育领域综合改革，率先开展司法体制改革先行试点工作，着力推进地方群团改革试点。同时，全面加强改革的系统集成，将改革进一步向纵深推进。

率先探索教育综合改革

2014 年 7 月，国家教育体制改革领导小组第十一次会议原则同意清华大学、北京大学和上海市的综合改革方案。市委、市政府于 11 月印发《上海市教育综合改革方案（2014—2020 年）》，提出通过综合性系统性改革全面提升

2017 年 1 月，上海举行高考综合改革研讨会

上海教育水平。在市委领导下，相关职能部门积极有序推进教育综合改革，努力率先实现教育现代化。

将立德树人根本使命贯穿于教育教学全过程。深化高校"课程思政"教学改革，涌现出复旦大学"治国理政"、上海大学"大国方略"等品牌课程。扎实推进大中小学德育课程一体化建设，促进学生思想道德和身心综合素养全面提高。围绕城乡教育一体化发展，推进学区化集团化办学内涵发展。贯彻落实国家"双一流"建设顶层设计，推进"高峰""高原"学科建设。深化高校考试招生综合改革，2015 年春季考试招生范围首次由历届生扩大到高中应届毕业生，2016 年秋季考试招生在全国范围内率先合并本科第一、第二招生批次，2017 年实施"两依据一参考"招录模式，即依据统一高考成绩和高中学业水平考试成绩，参考高中学生综合评价信息招生录取模式，高考不再分文理科，总成绩由两部分组成，一部分是全国统一的语数外，一部分是高中学业水平考试 14 个科目中的 3 个科目成绩。上海教育整体水平继续保持全国领先。

司法体制改革试点破冰

2014年6月中央全面深化改革领导小组审议通过《上海市司法体制改革试点工作方案》。在市委领导下，市高级人民法院、市人民检察院会同市委组织部、市人社局、市财政局等相关职能部门推动司法体制改革有力有序落到实处，率先形成一批可复制、可推广的经验。

按照实行员额制要求，率先推进人员分类管理改革，确保把85%以上的人力资源投入到审判办案工作，化解案多人少矛盾。设置严格遴选入额程序，确保高素质法官检察官进入员额。完善职业保障制度、探索人财物统一管理，注重倾斜基层一线的导向。以落实司法责任制为核心，探索完善办案组织形式，建立专业法官会议制度，完善审判委员会工作机制。改革后，全市法院直接由独任法官、合议庭裁判的案件比例为99.9%，检察机关形成具有上海特色的独任检察官和检察官办案组两种办案组织模式。全面推行办案工作全程录音录像、生效裁判文书上网等工作，建立完善内外部监督制约评价体系，保持上

2015年10月，上海司法体制改革后的首批入额法官举行宣誓仪式

海司法公开、检务公开水平始终位居全国前列。全体司法人员职业尊荣感和改革获得感普遍增强，"办好案、多办案"的导向蔚然成风。

推进地方群团改革

2015 年 11 月，中央全面深化改革领导小组第十八次会议审议通过《上海市群团改革试点方案》，上海群团改革拉开大幕。11 月 20 日，市委举行党的群团工作会议，布置"1+3+X"群团改革方案[①]，要求切实提高群团组织的活力和服务群众的能力。市工青妇等群团组织按照中央批准的改革方案，致力加强协同运作，稳妥有序推进改革。按照建立"小机关、强基层、全覆盖"群团组织体系目标，实施"领导班子专兼挂、专职干部遴选制、基层队伍多元化"，对新进机关专职干部从"招录制"改为"遴选制"，机关设置实现"扁平化"。建立健全"群众化、社会化、网络化"的群团工作运行机制，工作方式从"对上负责"更多向"对下负责"转变。2016 年 7 月，市委举行党的群团改革推进会，启动第二批群团改革试点，着力转变管理体制和运行机制，确保改革试点取得实效。各群团组织围绕保持和增强政治性、先进性、群众性主线，进一步攻坚克难，夯实群团工作的基层基础。

加强改革的系统集成

要将改革进一步推向纵深，需要以系统集成的方式统筹推进。为此，市委、市政府按照习近平总书记提出的"着力加强全面深化改革开放各项措施系统集成"要求，积极开展"放管服"改革、国资国企改革、供给侧改革等，全面加强改革的系统集成。

在推进"放、管、服"和依法行政改革方面，2014 年 10 月，工商、质

---

① "1"，全市群团改革试点方案；"3"，工青妇三家各自的改革实施方案；"X"，推进改革的相关配套文件。

市国资委团工委举行"青春国企榜样面对面"活动，吸引、凝聚更多一线青年来分享交流

监、食药监和物价执法"四合一"的区级市场监管新体制在浦东新区全面实行，进一步加强监管力度。2016年4月率先在浦东开展证照分离改革试点，通过审批改备案、全面实行告知承诺制等5种改革方式，不断提高企业办证的透明度和可预期性。全面加强依法行政。完善重大项目、国资监管等决策程序，推动政府一般公共预算、政府性基金预算、国有资本经营预算、社会保险基金预算实现全面、联动公开，着力提高公众对信息公开的满意度。

在国资国企分类改革方面，坚持公众公司导向，规范法人治理稳妥推进混合所有制改革，市属国有企业公司制改革实现全覆盖，以公众公司为主要实现形式的混合所有制经济发展格局基本形成。聚焦重点管好资本，充分利用各类各层次资本市场，提高国有资本运营效率。构建全面预算管理、资金管理、风险管理等"五位一体"风险管控体系，全力维护资本安全。

在推进供给侧结构性改革方面，积极落实"中国制造2025"和"互联网+"行动计划，制定实施巩固提升实体经济能级"50条"，深入推进"四新"经济、智能制造、产业创新、工业强基、质量提升等系列工程，深入推进"三去一降一补",[①] 淘汰高能耗、高污染、高危险和低效益的落后产能。各项改革的系统推进同向发力,进一步发挥了改革的叠加效应,为上海勇当排头兵、敢为先行者提供了强大的发展动力。

三、落实好中央交办的"三大任务一大平台"

党的十九大以来的五年,是我国全面建成小康社会、实现第一个百年奋斗目标,向第二个百年奋斗目标进军的五年。党中央先后将举办中国国际进口博览会,增设中国上海自由贸易试验区新片区,在上海证券交易所设立科创板并试点注册制,支持长江三角洲区域一体化发展并上升为国家战略等任务交给上海。市委多次召开会议,通过《中共上海市委关于面向全球面向未来提升上海城市能级和核心竞争力的意见》《关于深入学习贯彻落实习近平总书记考察上海重要讲话精神　奋力谱写新时代上海改革发展新篇章的意见》,把"三大任务一大平台"作为新时代上海发展的四大战略支撑,应对复杂形势、赢得未来战略优势的关键所在,务实推进。

举办中国国际进口博览会

中国国际进口博览会(简称进博会)是世界上首个以进口为主题的大型国家级展会,是中国主动开放市场的重大政策宣示和行动。交予上海举办,是对上海的信任和重托。

2018 年,为确保首届进博会顺利运行,上海市组建了由市委书记、市长担任双组长的中国国际进口博览会城市保障领导小组,在国家部委的支持下出台了允许会展展品提前备案、以担保方式放行展品、延长展品有效期至 1 年、

---

① 去产能、去库存、去杠杆、降成本、补短板。

2020 年 11 月，第三届中国国际进口博览会在上海举行

开展保税展示交易常态化制度创新试点等 20 多项支持政策，召开"冲刺100天，决胜进博会"实施动员大会，举全市之力办会。11 月 5 日至 10 日，以"新时代，共享未来"为主题的首届进口博览会在国家会展中心（上海）成功举办。习近平总书记出席开幕式并发表题为《共建创新包容的开放型世界经济》的主旨演讲。首届进博会共有 172 个国家、地区和国际组织参会，按一年计累计意向成交 578.3 亿美元。

2019 年，市委、市政府聚焦"规模更大、质量更优、创新更强、层次更高、成效更好"目标，优化提升展商服务、交易促进服务、知识产权保护服务、观展导购服务等；着力扩大开放，既交易商品和服务，也加强文化交流，彰显文化魅力；进一步放大溢出带动效应，带动贸易投资、创新创业、城市形象升级。11 月 5 日，习近平总书记出席第二届进博会开幕式，发表题为《开放合作 命运与共》的主旨演讲。共有 181 个国家、地区和国际组织参会，按一年计累计意向成交 711.3 亿美元。391 件全球或中国大陆首发新产品、新技术或服务亮相。

2020 年面对新冠肺炎疫情带来的不确定性和挑战，如期举办第三届进博会是中国负责任大国担当的重要体现。上海进一步增强责任感、使命感和紧迫感，在确保防疫安全的同时，精心策划展会内容，注重线上线下融合，打响"线上进博会"新品牌；用好"一网通办""一网统管"，优化完善交通保障、展会服务等；把办好进博会融入扩大消费、促进投资全过程，持续打造消费热点；建设联动长三角、服务全国、辐射亚太的进口商品集散地，构建"买全球、卖全球、惠全球"网络体系。11 月 4 日，习近平总书记在开幕式上发表视频主旨演讲。世界 500 强及行业龙头企业参展回头率高达 70% 以上，按一年计累计意向成交 726.2 亿美元，比上届增长 2.1%。首次设置公共卫生、非银行金融等新题材，首次开启"边招展、边对接"模式。

进博会的举行，有力地推动了上海新一轮的对外开放，上海贸易、产业新业态新模式得到促进和发展。

建设自贸区临港新片区

增设中国上海自由贸易试验区新片区，目的是鼓励和支持上海在推进投资和贸易自由化便利化方面大胆创新探索，为全国积累更多可复制可推广的经验。

2019 年 8 月，上海自贸试验区临港新片区揭牌成立，道路指示牌进行更新。

2019 年 7 月，国务院批复同意设立自贸区临港新片区，8 月 7 日，《中国（上海）自由贸易试验区临港新片区总体方案》正式印发。8 月 20 日，位于南汇新城、临港装备产业区、小洋山岛、浦东机场南侧等区域面积为 119.5 平方公里的中国（上海）自贸试验区临港新片区揭牌成立。市委、市政府制定了《关于促进中国（上海）自由贸易试验区临港新片区高质量发展实施特殊支持政策的若干意见》，按照对标国际最强、充分发挥试验田作用、"再造一个新浦东"的要求，支持新片区对标最高标准、最好水平，大胆闯、大胆试、自主改。

新片区坚持"系统改革、集成创新"原则，围绕政策制度创新、特殊功能打造、现代化新城建设等全面发力，跑出加速度、提升活跃度、打出显示度。挂牌一年，投资经营便利、货物自由进出、资金流动便利、运输高度开放、人员自由执业、信息快捷联通和具有国际竞争力的税收制度和全面风险管理制度，构建起新片区高水平开放的制度体系。企业名称登记速度从改革前的"一天"提升到"实时"。创造了特斯拉上海超级工厂从建厂到投产到量产不到一年的"上海速度"。

聚焦集成电路、人工智能、生物医药、航空航天四大前沿产业，加快建设"东方芯港""生命蓝湾""大飞机园""信息飞鱼"四大产业园区，吸引了特斯拉、新奥能源动力科技、积塔半导体、商汤科技、中国航发商发、卡特彼勒、GE、ABB 等明星企业进驻。制订"临港 50 条"，支持金融开放先行先试，吸引太平洋保险、上海票据交易所、工商银行等 67 家金融和投资公司落户，中国建设银行（上海）国际金融创新中心等 4 个功能性平台落地。成立具有保税港区功能的洋山特殊综合保税区，加大集聚跨境贸易、高端航运等创新型高附加值产业，促进国际中转集拼业务发展。截至 2020 年 9 月，临港新片区新增注册企业 15115 户，注册资本金超过 2000 亿元。

2020 年 8 月，市委、市政府审议通过贯彻落实习近平总书记 2019 年 11 月视察上海提出的"五个重要"新要求的《关于以"五个重要"为统领加快临港新片区建设的行动方案（2020—2022 年）》，进一步加快临港新片区建设。高新技术企业外债便利化额度试点启动，本外币合一跨境资金池实验、境内贸易融资资产跨境转让业务、离岸支付等探索实施，开放创新、智慧生态、产城融合、宜业宜居的现代化新城建设加快推进，商业综合体、图书馆、剧院等接连投入建设。

设立科创板并试点注册制

在上海证券交易所设立科创板并试点注册制，是中央支持上海国际金融中心和科技创新中心建设的重大举措，是资本市场的重大制度创新。

2019 年 1 月，中央全面深化改革委员会审议通过《在上海证券交易所设立科创板并试点注册制总体实施方案》《关于在上海证券交易所设立科创板并试点注册制的实施意见》后，上海从发挥好设立科创板并试点注册制的牵引作用、畅通金融服务科技创新"血脉"出发，全力配合证监会支持上海证券交易所落实《实施意见》。

实施促进科创企业发展的"浦江之光"行动，聚焦科创企业成长全生命周期，在创新孵化、成果转化、股改规范、挂牌上市等关键环节精准发力，形成与科创企业生命周期相适应的金融服务体系，加速了创新资本的形成和有效循环。推动企业改制挂牌上市，实施分阶段补助模式，支持科创企业改制上市。制定发布《上海金融法院关于服务保障设立科创板并试点注册制改革的实施意见》，优化金融生态环境，为科创板注册制保驾护航。配合上海证券交易所加快制定业务规则和配套制度，支持设立科创主题投资基金，吸引长期资金和境内外专业投资机构参与投资。持续加大对天使、创投等引导基金的财政投入，完善早期创投奖励和风险补偿机制、工商注册变更程序，汇聚优质私募股权投资机构。

2019 年 6 月，上海证券交易所科创板正式开板。7 月，首批 25 只科创板股票在上海证券交易所上市交易，标志着我国资本市场改革站上新的起点。到 2020 年底，科创板上市公司从最初的 25 家扩展到 215 家，总市值近 3.48 万亿元，合计融资 2900 多亿元。试点取消对申请 IPO 企业硬性盈利要求的注册制，改变了监管和市场的关系，将市场的权力还给市场，审核时效缩短，大大降低企业发行上市成本，促进科技创新发展的示范带动效应不断增强，实现了资本市场对高科技企业的支持。

引领推进长三角一体化高质量发展

将长江三角洲区域一体化发展上升为国家战略，是中央落实新发展理念，构建现代化经济体系，推进更高起点的深化改革和更高层次的对外开放的重大战略考量。

上海按照习近平总书记提出的要发挥龙头带动作用的要求，坚持服从服务国家战略，携手江苏、浙江、安徽三省，力推长三角区域合作办公室于2018年1月在上海挂牌成立。2019年5月中央印发《长江三角洲区域一体化发展规划纲要》，6月，市委、市政府印发《上海市贯彻〈长江三角洲区域一体化发展规划纲要〉实施方案》，就进一步发挥上海核心城市功能和龙头带动作用，引领长三角更高质量一体化发展，推动国家战略更好贯彻落实作部署。长三角一体化国家战略进入实质性推进阶段。

上海充分发挥开路先锋、示范引领、攻坚突破作用，主动加强与其他三省的合作。制定落实打造虹桥国际开放枢纽实施方案，支持虹桥临空经济示范区等国家级园区开发建设和能级提升，放大进博会贸易升级促进效应，打造联动长三角、服务全国、辐射亚太的进出口商品集散地。牵头开发长三角异地门诊直接结算信息平台，实现长三角医保门诊费用直接结算全覆盖；提升G60科创走廊能级，支持鼓励企业开展区内合作。沪通铁路一期二期、元荡桥、沪苏湖铁路、南通机场等一批重大建设项目开工建设。

2019年11月成立的长三角生态绿色一体化发展示范区，是实施长三角一体化发展战略的先手棋和突破口。上海主动发挥特殊且实质性的作用，携手三省在全国首次实现产业项目准入标准跨省域统一，涉税事项跨区域通办，推出联合河长制度，破解省际交界区域治水难题。2020年8月，习近平总书记在

2019 年 8 月，长三角生态绿色一体化发展示范区建设推进大会在上海召开

主持召开的扎实推进长三角一体化发展座谈会上，要求长三角紧扣一体化和高质量抓好重点工作。沪苏浙皖三省一市以习近平总书记讲话精神为指导，加快推进长三角生态绿色一体化发展示范区建设。8 月 26 日，长三角生态绿色一体化发展示范区开发大会在上海召开，一体化绿色项目库、绿色保险战略合作、一体化发展指数体系研究、区域中医联合体建设等一批重大合作项目签约。9 月，沪苏浙两省一市人大常委会在上海联合发布了《关于促进和保障长三角生态绿色一体化发展示范区建设若干问题的决定》，为区域一体化制度创新提供法治依据。位于青浦区金泽镇的一体化示范区重大标志性项目——华为青浦研发中心开工建设。长三角一体化以示范区为重要突破口和着力点，不断取得新突破。

四、打响"四大品牌"推动高质量发展

2017 年 12 月，国务院批复同意《上海城市总体规划（2017—2035 年）》，确定上海的城市性质是国际经济、金融、贸易、航运、科技创新"五个中心"。

同月，市委召开十一届三次全会，就推进落实以国务院批复为契机构筑上海发展战略优势问题，正式提出打响上海制造、上海服务、上海购物、上海文化"四大品牌"，打造国际一流营商环境、重构战略发展优势、加快建设"五个中心"，推动经济社会高质量发展。

优化营商环境

上海的营商环境，一定程度上决定着中国在世界银行营商环境排名中的位置。2017年7月，习近平总书记在中央财经领导小组第十六次会议上，要求上海等特大城市率先加大营商环境改革力度。同年12月，市委、市政府召开优化营商环境推进大会，公布实施《上海市着力优化营商环境加快构建开放型经济新体制行动方案》，确定了对标国际最高标准、最好水平，打造营商环境新高地的目标任务。

按照中央部署，全面推开"证照分离"改革，同步探索推进中央事权与地方事权的涉企行政审批事项改革。试点证明事项告知承诺制，企业办事环节和时间进一步压减。推行"双随机、一公开"市场监管方式，出台系列轻微违法违规行为"免罚清单"。进一步加强依法行政，推进市场监管、生态环境保护、文化市场、交通运输、农业等跨领域跨部门综合行政执法，强化行政处罚裁量基准常态化管理。

2020年2月，市政府发布《上海市全面深化国际一流营商环境建设实施方案》，以高效办成"一件事"为目标，全面推动公共服务事项接入"一网通办"，进一步聚焦提升"一网通办"的应用效能；瞄准新加坡等经济体，借鉴国内外其他地区先进政务服务理念和经验，着力提升企业办事便利度；在长三角区域大力推进政务服务"同事同标"，探索以跨省办成一件事为目标的跨省主题式套餐服务。上海营商环境的优化，助力我国营商环境国际排名从2017年的78位进一步提升到2019年的31位。

构筑新时代发展战略优势

党的十九大以来，市委、市政府多次强调，上海在新时代坐标中要坚定追求卓越的发展取向，着力构筑发展的战略优势，并抓住"上海制造"和"上海服务"等重点构筑发展战略优势。

"上海制造"是上海城市传承的重要基因，更是构筑未来发展战略优势的坚实支撑。2018 年 4 月，市委、市政府印发《全力打响"上海制造"品牌　加快迈向全球卓越制造基地三年行动计划（2018—2020 年）》，不断提高"上海制造"引领度。按照到 2020 年初步建成世界级新兴产业发展策源地之一的目标，大力发展高端制造、智能制造。全面开展"技术改造焕新计划"，制定实施集成电路、人工智能、生物医药等产业政策，举办世界人工智能大会，促进高新技术企业发展。特斯拉、大众纯电动汽车等重大产业项目开工建设，华力二期 12 英寸生产线项目建成投片，中芯国际集成电路 14 纳米工艺具备量产能力，和辉光电柔性 AMOLED 显示屏量产出货。按照建设若干个世界级先进制造业集群的目标要求，发布产业地图，重点打造临港世界级智能制造产业中心，浦东、闵行、嘉定、宝山、松江等区域形成了智能制造近郊产业带等先

特斯拉上海超级工厂内景

进制造产业集群。建设上海（浦东新区）人工智能创新应用先导区，成立微软—仪电等3所人工智能研究院，推动以张江人工智能岛和临港国际智能制造中心为核心的产业集聚发展。启动建设桃浦地区国家级项目"中以（上海）创新园"。静安区成为全国首批新型工业化（大数据）产业示范基地。实施名品打造、名企培育、名家汇聚、名园塑造等专项行动，赋予老凤祥、三枪等经典品牌以新的气质，加快培育联影、蔚来等一批新锐品牌。到2020年，新能源汽车、高端医疗装备、集成电路、生物医药等新兴行业产值增长10%左右。

在构筑"上海服务"战略优势方面，按照2018年4月市委办公厅、市政府办公厅印发的《全力打响"上海服务"品牌 加快构筑新时代上海发展战略优势三年行动计划（2018—2020年）》要求，重点围绕提高"上海服务"的辐射度，做强做优"上海服务"质量。2019年市委、市政府先后印发《上海市新一轮服务业扩大开放若干措施》《关于推动我市服务业高质量发展的若干意见》。完善"上海金"定价机制，拓展上海国际能源交易中心的原油期货交易价格发现功能，推动上海优质上市公司在中欧国际交易所挂牌，支持上海证券交易所开展"新蓝筹"行动，提升上海国际金融中心的国际竞争力和影响力。上海工银安盛人寿保险公司获批筹建资产管理公司，成为我国提出加快保险业开放后获批的第一家合资保险资产管理公司。深化推进外滩—陆家嘴金融区、虹桥商务区、张江科学城、南京西路服务业集聚区等服务业集群建设，推进吴泾、高桥、南大、吴淞、桃浦五大地区转型，打造服务经济活跃增长极。

为满足人民群众对高品质生活的服务需求，吹响上海建设国际"会展之都"号角，继续办好中国国际工业博览会、中国（上海）国际技术进出口交易会、上海高级定制周、上海国际时尚消费品博览会等大型展会，并成功举办首届中国自主品牌博览会、首届世界创新创业博览会。实施国际航运中心建设旅客体验提升软项目，创建中国邮轮旅游发展示范区。提高空域精细化管理，上海虹桥机场首次跻身全球大型机场准点榜前十行列，出港准点率位居全国第一、全球第八。着力打响上海教育医疗服务品牌，以"双一流"建设为抓手打造一批名牌大学和学科，打造"家门口的好学校"教育品牌；建设亚洲医学中心，实施临床重点专科"腾飞计划"，更好保障市民健康。"上海服务"正在成为"优质服务"的代名词。

加快建设国际消费城市

上海是一座因商而兴的城市。建设国际消费城市是上海实现高质量发展的应有之义。2018年4月，市委办公厅、市政府办公厅印发《全力打响"上海购物"品牌　加快国际消费城市建设三年行动计划（2018—2020年）》，着力打造与卓越全球城市定位相匹配的消费城市。

在品牌建设方面，发布打造全球新品首发地9项措施，加快打造全球新品首发地。支持国际知名品牌到上海首发，扶持一批原创自主品牌在上海首发，建设黄浦、静安、浦东和徐汇4个"全球新品首发地示范区"，汇聚了如星巴克臻选上海烘焙工坊、耐克上海001、YSL圣罗兰美妆全球旗舰店、美国炸鸡Popeyes全国首店等一大批全球或全国首店；发布"首发经济"活跃指数

2020年9月，南京路东拓段"开街"，引进不少首店、旗舰店

体系，首创"全球新品首发季"。截至 2020 年，知名品牌在上海新开全国首店
2187 家，上海"首店经济"居全国领先。

在发展消费新模式方面，打响"上海云购物"品牌，推出云逛街、云购
物、云展览、云走秀、云体验系列活动；支持直播、社群等电商发展；支持夜
间经济，举办上海夜生活节；支持免税品经营企业增设市内免税店，推动国产
自主品牌走向国际市场；推广社区快递自提点和智能提货柜，做强非接触式经
济。加快推进重点商圈离境退税商店全覆盖，率先开展境外旅客购物离境退税
"即买即退"试点。2020 年上半年创造性举办首届"五五购物节"。

在营造最优最好购物环境方面，推进世茂广场、一百商业中心、南京东
路、徐家汇、五角场等重点商业项目改造提升。支持海派特色小店发展后街经
济，南昌路、武康路、安福路、巨鹿路、富民路、长乐路、愚园路等特色主题
街道成为年轻人的消费热区。对陕西北路老字号专业街、豫园老字号特色商业
街区进行升级，鼓励推动老字号发布"老牌新品"。2020 年下半年，为促进消
费市场热度不退、力度不减、亮点不断，依次推出金秋购物旅游季、拥抱进博
首发季、网络购物狂欢季、跨年迎新购物季四大主题板块，持续促进消费回补
和潜力释放。

"五个中心"建设目标的完成

2020 年基本建成国际经济、金融、贸易、航运中心，形成具有全球影响
力的科创中心基本框架，是上海"十三五"规划确定的目标任务。市委、市政
府以打响"四大品牌"为重要载体，制订实施"上海扩大开放 100 条"、构建
开放型经济新体制"33 条"，推动"五个中心"建设目标如期实现。

国际经济中心建设，聚焦"三区一堡"，全面深化上海自贸试验区改革开
放；实施国资国企分类改革，优化民营企业发展环境，制定实施投资促进、工
业稳增长、促消费、稳外贸等政策措施，强化招商稳商安商工作。2020 年，
上海实际利用外资突破 200 亿美元，跨国公司地区总部、外资研发中心分别新

2017 年 5 月 5 日，中国自主研制的干线飞机 C919 首飞成功

增 43 家和 10 家。上海在全球化与世界级城市评价中排名第 5 位。

国际金融中心建设，推出原油期货、"沪伦通"、沪深 300 股指期权等金融创新产品，中国人寿上海总部、野村东方证券、安联保险、摩根大通、贝莱德设立外商独资公募基金等对外开放项目落地，"上海油"交易量跻身全球交易量前三，上海纸浆期货合约在挪威纸浆交易所挂牌。2020 年，上海金融市场交易总额达到 2274.8 万亿元，上海在第 28 期"全球金融中心指数"报告中，排名超越东京，跃居第三。

国际贸易中心建设，启动深化服务贸易创新发展试点，做大转口贸易、离岸贸易、数字贸易，加快形成进出口并举、内外贸并重的贸易发展新格局；深化贸易体制改革，完善国际贸易"单一窗口"服务功能；集聚贸易型总部和功能性平台，打造国际消费城市和国际会展之都。到 2020 年，上海口岸货物进出口总额 34828.47 亿元，继续位居世界城市首位。

国际航运中心建设，着力发展海铁联运、水水中转；加快建设智慧绿色港口，启动浦东国际机场四期工程，完成虹桥国际机场一号航站楼改造，基本建成国际集装箱枢纽港和亚太航空枢纽港。到 2020 年，上海港集装箱吞吐量达到 4350 万标准箱、连续 11 年位居世界第一。

全球科创中心建设，制定实施《上海市推进科技创新中心建设条例》；建造软硬 X 射线自由电子激光装置等一批大科学设施；实施人才高峰工程，高层次人才进一步集聚；成立国家集成电路制造业创新中心、脑与类脑研究中心、量子研究中心等一批科研机构；取得阿尔茨海默症治疗新药、高光谱综合观测卫星等一批科创成果。连续举办三届世界顶尖科学家论坛。上海具有全球影响力的科创中心基本框架建立起来，在全球科创中心城市排名第 12 位。

2020 年 10 月，党的十九届五中全会通过《中共中央关于制定国民经济和社会发展第十四个五年规划和二〇三五年远景目标的建设》，开启全面建设社会主义现代化国家新征程，作出加快构建以国内大循环为主体，国内国际双循环相互促进的新发展格局的战略抉择。市委、市政府以十九届五中全会精神为指导，立足新发展阶段，贯彻新发展理念，服务新发展格局，制定了《上海市国民经济和社会发展第十四个五年规划和二〇三五远景目标纲要》，提出到 2025 年国际经济、金融、贸易、航运和科技创新中心核心功能迈上新台阶，人民城市建设迈出新步伐；到 2035 年基本建成具有世界影响力的社会主义现代化国际大都市的目标。

第十三章

探索人民城市建设新路

人民城市人民建，人民城市为人民。进入新时代，市委自觉践行党中央关于人民城市建设的重要理念，统筹推进城市规划、建设、发展、治理创新。十一届市委九次全会通过的《中共上海市委关于深入贯彻落实"人民城市人民建，人民城市为人民"重要理念，谱写新时代人民城市新篇章的意见》，提出"五个人人"目标①，推动上海人民城市建设高质量发展取得新进展，不断实现人民对美好生活的向往。

一、创新特大城市社会治理

创新社会治理是提高治理能力现代化的重要方面。党的十八大以来，市委坚持城市是生命体、有机体的思想，在 2019 年 12 月出台《关于以习近平总书记考察上海重要讲话精神为指引，全面贯彻落实〈中共中央关于坚持和完善中国特色社会主义制度、推进国家治理体系和治理能力现代化若干重大问题的决定〉的意见》，不断在科学化、精细化、智能化上下功夫，有效提高城市治理现代化水平。

打造"一网通办""一网统管"

上海城市肌理复杂、需求多样、治理难度高。"十二五"时期，上海根据中央提出的全面提高信息化水平的要求，连续实施 2 个智慧城市建设三年行动计划，建设市、区、街镇三个层面的城市综合管理信息平台，助力城市管理和

---

① 五个人人：人人都有人生出彩机会，人人都能有序参与治理、人人都能享有品质生活、人人都能切实感受温度、人人都能拥有归属认同。

服务。党的十九大提出提高社会治理智能化水平的要求后，市委主动对标国际最高标准、最好水平，大力推进政务服务"一网通办"、城市运行"一网统管"两张网建设。

2018年3月，市委办公厅、市政府办公厅印发《全面推进"一网通办"加快建设智慧政府工作方案》，4月成立上海市大数据中心，全力打造政务服务品牌"一网通办"。围绕"高效办成一件事"，构建全市数据资源共享体系，推动政务服务减环节、减证明、减时间、减跑动次数，只跑一次、一次办成。2020年1月，市政府发布《上海市全面深化国际一流营商环境建设实施方案》，全面推动公共服务事项接入"一网通办"。截至2020年底，"一网通办"总门户个人实名用户4416万，日均办事17.3万件。

2019年，市委根据习近平总书记考察上海提出的提高社会治理现代化水平要抓一些"牛鼻子"工作的要求，大力打造城市运行"一网统管"。2020年4月，全市"一网通办""一网统管"工作推进大会召开，提出"一网统管"强化应用为要、管用为王，建强三级平台、五级应用的要求。"一网统管"坚持

一网通办服务中心

"一屏观天下、一网管全城"的目标以大会战的方式全面升级。同月，上海市城市运行管理中心成立，按照"高效处置一件事"的要求，加快建立畅通的运行体系。10月，"一网统管"市域物联网运营中心正式启用，标志着上海城市运行管理在全面数字化转型中迈入新阶段。"两张网"成为助推上海城市治理向现代化、智慧化、精细化迈进的重要牵引。

创新基层社会治理

社会治理最坚实的力量支撑在基层，最突出的矛盾和问题也在基层。2014年2月为推动新时代上海基层社会治理创新，市委、市政府出台《关于进一步创新社会治理加强基层建设的意见》及6个配套文件，通过提高基层服务和管理能力，把社会治理的重心落到城乡社区。

为改变基层责权利、人财事不相统一状况，有序推进新一轮街道体制改革。取消街道招商引资职能，落实街道党工委对区职能部门派出机构负责人的

浦东新区惠南镇家门口服务体系——"惠生活"

人事考核权和征得同意权，推动街道更好履行公共服务、公共管理、公共安全职能。针对基层服务与管理能力有待提高问题，发挥党建引领作用，探索党建带群建促社建，鼓励驻区单位等社会力量参与社区治理。全市2万多个党建服务中心站点与市民驿站、睦邻家园、邻里中心等融为一体，把为民服务送到群众"家门口"。

2020年6月，市委、市政府出台《关于进一步提升社区治理规范化精细化水平的若干意见》，7月，市委办公厅、市政府办公厅印发《关于完善街道乡镇管理体制整合街道乡镇管理服务资源的实施意见》，把社区作为增强城市管理精细化的基石和重点，通过减负、增能、赋权，推动社区治理再上新台阶。建立社区治理分类施策机制，把人财物和权责利对称地、真正地落下去，打通服务群众的"最后一公里"；推动"一网通办""一网统管"下延到基层，建设"社区云"，为社区精细治理、精准服务提供支撑。基层创新活力迸发，产生了浦东新区缤纷社区建设等基层社会治理创新案例。

提高城市管理精细化水平

为实现一流城市一流治理，市委牢牢把握习近平总书记提出的"既要善于运用现代科技手段实现智能化，又要通过绣花般的细心、耐心、巧心提高精细化水平，绣出城市的品质品牌"的指示精神，从人民群众身边反映强烈的问题入手，像重视城市建设一样重视城市管理，用搞城市建设的劲头抓精细化管理。

2015年9月，市委、市政府针对市民反映强烈的违法搭建顽疾，在浦东合庆镇召开现场会，启动"五违四必"区域环境综合整治，使违法用地、违法建筑、违法经营、违法排污、违法居住现象得到治理，同步开展的生态修复、城市更新等工作，令群众身边的环境面貌大为改善。2016年，市委、市政府针对群众反映强烈的交通拥堵、乱放烟花爆竹等问题，开展道路交通违法行为大整治和外环线内烟花爆竹"零燃放"。坚持最严执法和精细管理，坚持全社会动员，实现外环以内零燃放和道路交通秩序、通行能力明显改善的目标。

2018年1月，市委、市政府召开上海加强城市管理精细化工作推进大会，公布《关于加强本市城市管理精细化工作的实施意见》及三年行动计划，城市管理精细化工作向纵深发展。先后完成高架、高速以及重要地面道路及两侧可视范围的全面整治，216公里架空线入地及合杆整治；人民广场、外滩、陆家嘴3个市级核心区域及其他重点区域和重点道路的绿化景观综合提升。"五违"整治转向"无违"创建，有针对性地开展消防安全、校园安全、空中坠物隐患等专项整治。深入开展扫黑除恶专项斗争，城市安全在精细化管理中得到更好保障。

2019年为解决垃圾围城问题开展生活垃圾分类。1月，十五届市人大第二次会议通过《上海市生活垃圾管理条例》，在全国省级行政区中率先对垃圾分类进行立法。2月，市委、市政府召开上海市生活垃圾分类工作动员大会，落实市、区、街镇三级管理职责，加强部门属地联动，发挥各方作用强化社会共治，探索出许多引领群众参与共建共治共享垃圾分类新时尚的有效做法。到2020年，垃圾分类工作步入法治化、常态化、规范化轨道，基本实现原生生活垃圾零填埋。

实行垃圾分类，居民定时定点投放垃圾

应对新冠肺炎疫情大考

突如其来的新冠肺炎疫情，是对上海城市治理能力和治理体系的一次大考。市委在党中央的坚强领导下，坚持人民至上、生命至上，迅速行动，同心抗疫。

1月22日，市委召开常委会会议，明确要严格落实全市联防联控机制，切实履行防控责任。及时启动重大突发公共卫生事件一级响应，成立由市委书记、市长担任双组长的新冠肺炎疫情防控工作领导小组。在做好驰援湖北武汉的同时，按照严防死守的目标，全力抓好入城通道管控，形成全方位立体防控格局。用半个月左右时间将本地每日新增病例控制在个位数以内。

2月，随着企事业单位陆续复工复产，上海进入既防输入、又防扩散阶段。6日，市委召开常委会会议，要求把防疫各项工作抓细抓实。全市上下精准实施管理和服务，大力发挥"两张网"作用，率先实行发热"零报告"制度。3月，随着境外输入压力的增大，上海转到守好国门的防疫"最前线"。市委根据中央部署把工作重点放在"外防输入、内防反弹"上，用一个半月时

疫情防控期间以社区为单元守好家门

间实现本地每日新增病例清零，境外疫情输入始终得到有效阻断。

3 月 28 日，市委召开常委会扩大会暨市新冠肺炎疫情防控工作领导小组会议，作出统筹做好疫情防控和社会发展两不误、两手抓的决定。会后，上海抓紧补齐公共卫生应急管理短板，制定实施公共卫生"20 条"，启动新一轮公共卫生体系建设三年行动；做好首都机场分流至上海的进境航班接收保障，与长三角地区建立健全区域联防联控机制，持续紧盯"入城口、落脚点、流动中、就业岗、学校门、监测哨"等关键点关节点，做到应检必检、应隔尽隔，坚决阻断病毒传播。2020 年 9 月 8 日，全国抗击新冠肺炎疫情表彰大会召开，在肯定抗疫斗争取得重大战略成果的同时，指出面对国内零星散发病例和局部暴发疫情的风险仍然存在，必须慎终如始、再接再厉，全面做好外防输入，内防反弹工作，坚持常态化精准防控和局部应急处置有机结合的要求，上海作为超大城市、口岸城市，继续保持高度警惕，严密筑牢防线；精细、快速处置了零星散发病例；认真做好疫苗接种工作，有效降低新冠病毒传播风险。同时，把稳增长放在更加重要位置抓紧推进，在抗疫斗争取得重大战略成果的同时，推动经济企稳回升，持续向好。

二、大力提升文化"软实力"

为建设与社会主义现代化国际大都市相匹配的国际文化大都市，市委坚持走中国特色社会主义文化发展道路，持续打响"上海文化"品牌，推动国际文化大都市建设迈出新步伐。

弘扬社会主义核心价值观

党的十八大提出社会主义核心价值观基本内容后，市委在 2014 年 5 月印发《上海市贯彻〈关于培育和践行社会主义核心价值观的意见〉的实施意见》，在 2020 年 9 月出台《上海市贯彻落实〈新时代爱国主义教育实施纲要〉工作方案》，把培育和践行核心价值观作为凝魂聚气、强基固本的基础工程广泛开展。

坚持马克思主义指导地位，在全市持续组织开展学习宣传贯彻习近平新时代中国特色社会主义思想，注重把以爱国主义为核心的民族精神、以改革创新为核心的时代精神与上海城市精神和城市品格作为涵养核心价值观的重要源泉，融入重大活动、典型宣传和主题实践。在市委的重视和领导下，群众性精神文明创建活动开展得有声有色，大力推进爱国主义教育基地"三公里文化服务圈"建设，"市民修身行动"，在全社会努力形成良好社会风气方面发挥了积极作用。

为发挥上海红色文化、海派文化、江南文化资源在弘扬核心价值观中的作用，2019 年 9 月，市委、市政府出台《关于实施上海市革命文物保护利用工程的意见》，深入推进"党的诞生地发掘宣传工程"等专项行动，开工建设中共一大纪念馆，修缮开放中国共产党发起组成立地旧址等一批革命遗址。举办"初心论坛"，推出《永不消逝的电波》《战上海》《一号机密》《闪闪的红星》《晨钟》等红色舞台艺术精品。实施优秀传统文化传承、江南文化研究发掘展示等专项行动。开展黄浦区老城厢等地块风貌保护与城市更新试点，实施"非遗在社区"项目。海纳百川、追求卓越、开明睿智、大气谦和的城市精神更加深入人心，开放、创新、包容的上海城市品格得到弘扬践行。

《永不消逝的电波》海报

深化文化体制改革

文化体制改革是激发文化发展活力的重要保障。市委牢牢把握文化改革的正确方向，坚持公益性和经营性协调发展、分类指导的原则，以媒体融合发展等为重点，推动新一轮文化体制改革。

在媒体融合改革发展方面，贯彻落实中央《关于推动传统媒体和新兴媒体融合发展的指导意见》，成功培育多个具有全国影响力的新媒体项目。2012年完成转企改制的东方网，向新型主流媒体集团迈进。2013年《解放日报》探索报网融合，推出"上海观察"（后更名为"上观新闻"）。2014年澎湃新闻网站上线，成为全国第一个传统媒体整体向新媒体转型的产品，被中央网信办列入党和政府重大新闻舆论引导的重要阵地。2020年5月，上海报业集团与上海东方网股份有限公司实施联合重组，着力打造新型主流媒体集团。

在广电系统改革重组方面，2014年推动原上海文化广播影视集团和上海广播电视台、上海东方传媒有限公司全面整合，组建上海文化广播影视集团有限公司（即SMG），加快推动互联网化转型。成立上海广播电视台融媒体中心

2020年5月上海报业集团与东方网联合重组

及看东方（上海）传媒有限公司，打造融媒体新闻产品"看看新闻Knews"。推出数字新媒体产品阿基米德，第一财经实现广播、电视、日报全媒体整合。

在市属国有院团改革方面，2015年对18个市属国有院团进行"一团一策"改革，注重强化特色、做强亮点。18家国有文艺院团均成立了"艺委会"，为重大创作从选题、制作、演出的每一环节把脉问诊。上海昆剧团等通过"学馆制"盘活老中青三代人才队伍；上海交响乐团等通过"委约制"打开国际视野；上海芭蕾舞团等以"艺衔制"不断深化团艺术和技术岗位职务序列改革，一批新锐快速脱颖而出。全市广大文艺工作者的创造活力激发，越来越多的"上海精品"被创作出来。

持续提升公共文化服务水平

2013年11月，党的十八届三中全会首提"现代公共文化服务体系"概念。市委对照上海公共文化服务存在的有效供给不足、城乡不均衡等问题，在2015年8月出台《上海市贯彻〈关于加快构建现代公共文化服务体系的意见〉的实施意见》，加快构建现代公共文化服务体系，不断满足人民群众高品质、多样性的公共文化需求。

为让市民更加便捷地享受公共文化服务，进一步优化基层公共文化设施布局，基本建成中心城区10分钟、郊区15分钟可达的标准化公共文化设施网络。加大公共文化四级配送网络创建力度，基本实现"点单式""订单式"服务。利用"一江一河"沿岸人文资源打造"文化客厅"，建设"环人民广场"文化演艺圈。上海儿童艺术剧场、上海交响乐团音乐厅、国粹苑、上海大世界、虹桥国际舞蹈中心、浦东专业足球场、广富林文化遗址公园、上海图书馆东馆、上海博物馆东馆等一大批新建（改扩建）的重大文化设施，成为上海文化新地标。

2014年10月，习近平总书记主持召开中央文艺工作座谈会，强调"创作更多无愧于时代的优秀作品"。2016年10月，市委出台贯彻《中共中央关于

虹桥国际舞蹈中心

繁荣发展社会主义文艺的意见》实施意见，为上海文艺发展提供坚实有力的政策保障。上海文艺创作由"高原"走向"高峰"。《西藏天空》《挑山女人》《平凡的世界》《彭德怀元帅》《焦裕禄》《陈云》等一批文艺精品推出，《光荣与梦想》等4部作品入选国家广电总局重点剧目，《繁花》获第九届茅盾文学奖，《上海改革开放史话》等入选2018年国家主题出版重点出版物。中国上海国际艺术节、上海国际电影节等重大节事展会活动的国内外影响力进一步增强。"文化名家选拔推荐""具有上海特色的文化艺术荣典制度"等工作的开展，使上海首发、首演、首映、首展市场逐步形成。

促进文化创意产业跨越发展

进入新时代，为提高上海文化创意产业的竞争力、影响力，市委、市政府聚焦影视、演艺、动漫游戏、创意设计等领域，坚持全球视野，推进跨界融合，加快推动文化创意产业快速发展。

为推动文化与金融、科技、教育等多领域融合发展，市政府在2014年印

化身为城市文化客厅的"黑石公寓"

发《关于深入推进文化与金融合作的实施意见》。3D电视、高清影视、数字出版等重点领域的关键技术取得突破，张江国家级文化和科技融合示范基地等一批国家级基地有序建设。徐汇滨江"西岸传媒港"旗舰型项目"梦中心"、上海国际旅游度假区核心区、上海国际时尚中心、车墩镇上海影视乐园等成为上海文化创意产业的重要集聚区。上生新所、宝庆路3号、黑石公寓、荣宗敬旧居等历史建筑通过"建筑可阅读"工作，成为留住城市文脉、打造文旅融合发展的新亮点。

2015年开始，上海按照习近平总书记提出要建成几家拥有强大实力和传播力、公信力、影响力的新型媒体集团的总体目标，支持上海电影全产业链发展，打出"上影出品"品牌。上影集团成为全国电影企业发展的标杆。百视通新媒体和东方明珠实施资产重组。上海世纪出版集团成为国内最具影响力的文化企业之一。2017年12月，为打响"上海文化"品牌，市委、市政府出台《关于加快本市文化创意产业创新发展的若干意见》（即"文创50条"），2018年4月，市委、市政府又印发《全力打响"上海文化"品牌加快建成国际文化大都市三年行动计划（2018—2020）》，努力打造"上海原创""上海制作""上海出品"品牌矩阵，推出《攀登者》《我不是药神》《大江大河》《黄土高天》等一批有影响的影视作品。全球影视创制中心、全球动漫游戏原创中心、国际艺术品交易中心和亚洲演艺、全球电竞之都、长三角国际影视中心等加快建设。

2020年面对新冠肺炎疫情带来的影响，市委、市政府出台支持文化企业纾困20条、旅游企业纾困12条，出台在线新文旅发展三年行动方案，发展壮

2020 年全球率先恢复开园的上海迪士尼乐园

大在线文旅、数字文博、智慧文广等新模式。成功举办 2020 年中国国际数码互动娱乐展览会、2020 英雄联盟全球总决赛。上海迪士尼乐园在全球率先恢复开园。上海文化的软实力和国际竞争力显著增强。

三、切实保障和改善民生

坚持人民城市为人民，是做好城市工作的出发点和落脚点。市委、市政府以 2015 年召开的中央城市工作会议精神和习近平总书记在上海考察调研讲话精神为指引，统筹抓好底线民生、基本民生、质量民生，加大政策供给力度，让人民群众在城市生活得更方便、更舒心、更美好。

构建更公平可持续的社会保障

进入新时代，市委、市政府面对社会保障逐渐显现出的供给不足、不平衡、公平性不够等问题，坚持尽力而为、量力而行原则，实施就业优先战略，进一步完善社会保障体系，提高基本公共服务供给水平，促进民生持续改善。

为实现更高质量的就业，市委、市政府鼓励创业带动就业。实施扶持失业青年就业启航计划，鼓励就业困难人员在绿化市容、物业管理等特定行业就业。实施技能提升行动计划，完善劳动关系协调机制，实施技能人才、新型职业农民、小微创业者等重点群体激励计划，带动城乡居民增加收入。2020 年 5 月，市政府针对新冠疫情对就业产生的影响，出台《关于进一步做好稳就业促发展工作的实施意见》，千方百计扩大岗位供给，帮助企业解决经营和用工成本高等问题。

为进一步健全社会保障制度体系，上海 2015 年在全国率先启动实施机关事业单位养老保险制度改革；制定城乡养老保险制度衔接实施意见，畅通新型农业经营组织参加城镇职工社会保险，完善征地养老政策。统一城乡居民基本医疗保险办法，启动实施居民医保大病保险，推进高龄老人医疗护理计划扩

发挥监测哨点作用的发热门诊

大试点。深化综合医改试点，推动分级诊疗体系建设，建设区域性医疗中心，建立家庭医生签约制度，更好满足群众医疗需求。2020 年 4 月，市委、市政府召开全市公共卫生建设大会，提出做实社区卫生服务机构、建立智慧化预警多点触发机制的新要求。从市到社区五级应急医疗救治体系建立完善起来，提高了重大疫情前端发现、源头防控的能力。

鼓励社会力量参与社会救助，满足救助对象多样化需求。2015 年实现城乡低保标准、城市"三无"人员救济和因病支出型贫困救助等城乡统筹。2016年起实现实物帮困城乡一体化。职工月最低工资标准从 2012 年每人每月 1450

元提高到 2019 年的 2480 元，最低生活保障标准由 2012 年每人每月 570 元提高至 2020 年的 1240 元。2020 年新冠肺炎疫情爆发后，为确保"兜底服务"到位，上海建立了"社会救助条线疫情一日一报"制度，加大临时救助力度，不让疫情对困难群众的生活产生影响。

解决"老、小、旧、远"民生难题

"老、小、旧、远"是上海绕不开的突出民生难题，事关人民群众共享改革发展成果大事。新时代，市委、市政府以共享发展理念为指导，坚持从最难处入手，推动民生难题一个一个扎实解决。

为加快推进中心城区成片二级旧里以下房屋改造，2017 年 7 月市政府在完成"十二五"312 万平方米旧改的基础上，印发《上海市住房发展"十三五"规划》，首提按"留、改、拆并举，以保留保护为主"的原则、用城市更新理念推进旧改的新思路。11 月，市政府印发《关于坚持留改拆并举深化城市有机更新进一步改善市民群众居住条件的若干意见》后，黄浦区、静安

黄浦区宝兴里的居民告别旧区乔迁新居

区、虹口区、杨浦区与上海地产签约，率先探索实践"市区联手、政企合作、以区为主"的旧改新模式。

2019年，市委书记以旧区改造和城市更新为选题，深入外滩街道宝兴里开展调研。11月，市政府成立上海市城市更新和旧区改造工作领导小组，市长任组长。2020年6月，市委、市政府召开全市旧区改造工作推进会议。7月，作为全市统一的旧改功能性平台——上海市城市更新中心成立。上海旧改开始不断提速。年代久远、居住条件差的黄浦区宝兴里，经过172天实现1136证居民100%自主搬迁。虹口区旧北外滩旧改6个地块3个月时间达到生效比例。各区还因地制宜、分类施策，开展"马桶工程"，开展老旧住宅加装电梯。截至2020年10月，上海提前完成"十三五"中心城区266万平方米二级旧里以下房屋改造、3900万平方米旧住房综合改造、230多万平方米里弄房屋修缮保护。

养老是上海城市老龄化绕不开的重要民生问题。为让养老服务更加充分、均衡、优质，上海加大资源整合力度，鼓励社会力量参与提供养老服务。开展高龄老人医疗护理计划和长护险制度，初步形成"五位一体"社会养老服务体系。2019年5月，市政府出台《上海市深化养老服务实施方案（2019—2022年）》，进一步推进养老服务高质量发展。大力推进中心城区社区"嵌入式"养老设施建设，改造提升农村薄弱养老机构，进一步满足家门口的养老服务需求。结合线上养老服务平台发展"智慧养老"。

为实现幼有善育，2018年4月市政府出台《关于促进和加强本市3岁以下幼儿托育服务工作的指导意见》及相应规范、办法，在全国率先探索构建"政府引导、家庭为主、多方参与"托育服务体系。2019年9月，市委、市政府专门举行托幼工作现场推进会，就做好幼儿托育服务、小学生下午3点半后校内课后看护服务工作进行全面部署。2020年4月，市委、市政府出台《关于推进学前教育深化改革规范发展的实施意见》，10月上海首轮托育服务三年行动计划发布实施，推动托育服务增量提质。到2020年底，中心城区实现一街道一普惠性托育点。在青少年教育方面，加大减负力度，加强小学生校内课后延时服务，解决困扰小学生家庭接孩子"最后一公里"问题。

"远"是远郊农民的收入水平和生活质量提升问题。上海通过启动新一轮农村综合帮扶，增强农村发展动力、壮大集体经济，全面提高生活困难农户的收入水平和生活质量。人民群众从实实在在的惠民实效中增强获得感、幸福感。

办好民生实事工程

提升民生服务供给质量和效率，是建设"人人都能享有品质生活的城市"的需要。市委、市政府按照习近平总书记视察上海时提出的要不断提高基本公共服务水平和质量的要求，大力实施质量民生工程，不断满足群众多样化、品质化、个性化的民生需要。

食品安全一直是群众关心的热点问题之一。2013 年，市政府针对"地沟油"问题制定《餐厨废弃油脂处理管理办法》，在全国率先对"地沟油"实现

"早餐工程"满足群众吃得好的需求

闭环监管。2013 年至 2015 年，上海先后开展"毒豆芽""安心油条"等专项整治。2017 年 1 月，市十四届人大五次会议通过最严食品安全地方法规——《上海市食品安全条例》，从严落实政府及各部门的责任。开展食品产品追溯体系建设，加强"从农田到餐桌"全程监管。严厉打击食品安全违法犯罪，实施社区智慧微菜场建设实事项目，提升市民生活便利化，着力打造食品安全最放心城市。

为满足多样化的居住需求，加快建设租购并举住房制度，开展利用集体建设用地建设租赁住房试点，满足新市民过渡性居住需求。制定实施规范企业、境外人士购买商品住房等政策，改变"售卖一条腿长、租赁一条腿短"的情况。不断扩大廉租住房政策受益面，把不符合廉租条件又买不起共有产权保障住房的家庭纳入保障范围。积极做好征收安置住房工作，建立"事前两次征询"制度，探索多元安置方式。

为满足群众的教育体育等民生需求，进一步促进义务教育服务均等化。全面推进学区化、集团化办学和新优质学校集群发展，推行义务教育公办、民办学校同步招生。打造大中小学生全覆盖的"空中课堂"，率先在全国开启大规模线上线下融合教学新模式，启动实施产教融合型城市建设试点。继续为市民提供公共体育场馆、学校、社区体育设施等公益性开放服务。截至 2020 年底，上海共新建改建各类市民健身步道（绿道）、骑行道长 1910 公里、市民多功能运动场 2252 片、益智健身苑点 17072 个。

2020 年 6 月，市委十一届九次全会针对市民早餐要吃好的民生需求，正式启动新一轮早餐工程。7 月，市委办公厅、市政府办公厅出台《关于进一步推进我市早餐工程建设的意见》，做出顶层设计和制度性安排。"便利店＋早餐服务""新零售＋早餐服务"等新模式和"进一家吃百家"早餐共享模式，推动早餐供应更加多元化、更丰富，民生福祉得到持续改善。居民人均可支配收入比 2019 年增长 4%，继续快于全市生产总值增速。

四、建设令人向往的生态之城

建设生态之城，是到 2035 年把上海基本建成卓越全球城市的应有之义。为切实加强党的领导，形成全社会共抓生态环境保护的合力，2018 年 7 月，市委、市政府召开全市生态环境保护大会，提出以习近平生态文明思想为指导，在探索生态优先、绿色发展道路上树立标杆、打造典范的生态文明建设要求，推动上海城市生态环境保护和建设再上新台阶。

打好污染防治攻坚战

打好污染防治攻坚战，是党的十九大做出的重要战略部署。上海聚焦天、水、土等突出生态环境问题，实施第七轮环保三年行动计划，既打攻坚战，又打持久战，在系统治理上取得新进展。

为打赢蓝天保卫战，2018 年 7 月市政府印发《上海市清洁空气行动计划（2018—2022 年）》，实施更加精准、高效的减排措施。聚焦重点领域、重点区域，加大重点企业升级改造和污染治理力度，加快建设城市绿色交通运输体系，加大新能源公交车推广力度。推广低 VOCs 含量涂料，强化扬尘污染控制，强化餐饮油烟治理，实施季节性污染调控，有效实现污染削峰。

为打好碧水保卫战，切实加强党对水环境治理的领导，实行市委书记、市长任市总河长的双河长制，创造性地实施民间河长制。以苏州河环境综合整治四期工程为牵引，持续推进大江大河治理。发挥长三角区域污染防治协作平台作用，推进淀山湖岸线整治。各区围绕雨污混接、泵站放江、污水处理等瓶颈难题，完成住宅小区雨污混接改造等治水工程。

为打好净土保卫战，认真贯彻落实《土壤污染防治法》，完成农用地土壤和农产品信息采集测试，推进重点行业企业用地调查和信息采集，摸清"家底"。全面完成第二轮金山环境综合整治。开展农业农村污染治理攻坚战。提高固体废物处理处置能力，减少垃圾填埋量。重点推进南大、桃浦等重点转

桃浦中央绿地

型发展区域的污染场地治理修复。2018 年 11 月，中心城区最大的开放式绿地——桃浦中央绿地向公众开放。

2020 年 5 月，中央第一生态环境保护督察组向上海反馈督察意见后，市委成立由书记任组长、市长任常务副组长的生态文明建设领导小组，继续打好三大保卫战。到 2020 年，上海 PM2.5、PM10、二氧化硫、二氧化氮等 4 项污染物的年均浓度均创历史新低，基本消除重污染天气，基本消除劣 V 类水体。

打造绿色生态空间

绿色生态空间是生态之城建设的基础。上海按照既要有绿化又要有文化，既要有森林又要有园林的要求，重点围绕"一江一河一岛"，打造具有上海特点、能够满足人民群众品质生活需要的绿色生态空间。

为把黄浦江两岸变"工业锈带"为"生活秀带"，2013 年市委、市政府提出把黄浦江两岸逐步打造成公共开放空间的新目标。2016 年 11 月，市委、市政府召开黄浦江两岸 45 公里岸线公共空间贯通开放工程推进会。市区联手、

贯通后的苏州河沿岸

以区为主、协同推进打通断点，提升滨江公共空间的品质、文化内涵和功能。2017 年 12 月，黄浦江两岸 45 公里岸线公共空间贯通向市民开放。

2018 年，市委、市政府开始实施苏州河两侧岸线贯通工程，着力打造苏州河"生活秀带"。2019 年 1 月，市政府印发《关于提升黄浦江、苏州河沿岸地区规划建设工作指导意见》，苏州河沿岸开发整治提到新高度。沿岸黄浦、虹口、静安、普陀、长宁、嘉定六区加快推进两岸 51 处断点辟通工程和环境整治。到 2020 年年底，总长约 21 公里、两侧岸线计 42 公里的苏州河基本贯通开放。"一江一河"成为上海开放度最高、水清岸绿的滨水公共空间体系、为大众公平共享的城市客厅，城市活力的集聚地。

崇明岛是上海最大的生态战略空间。2016 年 6 月，崇明撤县设区后，市委常委会在 11 月审议通过《崇明世界级生态岛发展"十三五"规划》。2017年 3 月，市委、市政府召开崇明世界级生态岛建设推进工作大会，举全市之力推动崇明争当长江经济带"共抓大保护，不搞大开发"的典范。2018 年至2020 年，生态岛建设三年行动计划实施下来，崇明岛的森林率 2020 年达到25.7%，水体、土壤、空气等环境质量持续优化。

此外，为让群众更好享受"美丽上海、生态之城"的生态福利，上海继续加大"城在园中、林廊环绕、蓝绿交织"的生态空间建设力度。建成"地区公园—社区公园—口袋公园"三级公园绿地系统和城市绿道，构建起"双环、九廊、十区"多层次、成网络、功能复合的生态格局。截至2020年，上海人均公园绿地面积达到8.5平方米，中心城区基本实现步行10分钟可到达一块公园绿地。

提高绿色发展水平

绿色发展是构建高质量现代化经济体系的必然要求，是解决污染问题的根本之策。上海以"两山"理论为指导，强化以亩产论英雄，以效益论英雄，以能耗论英雄，以环境论英雄的"四个论英雄"导向，在加大污染治理力度的同时大力推动绿色发展。

2014年6月，市政府办公厅印发《上海市绿色建筑发展三年行动计划（2014—2016）》等文件，大力发展绿色建筑，推进旅游、饭店、商业等领域节能。开展节约型公共机构示范创建，推进机关、教育、卫生等领域节能。2018年9月，市政府办公厅印发《关于推进本市绿色生态城区建设的指导意见》，着力提升区域绿色生态宜居性能，虹桥商务区核心区获全国首个"绿色生态城区实施运管三星级标识认证"。桃浦智创城、宝山新顾城、浦东前滩获首批"上海绿色生态城区试点"。

在工业绿色发展方面，制定实施《上海市工业绿色发展"十三五"规划》，以用地集约化、原料无害化、能源低碳化、生产洁净化、废物资源化、全生命周期绿色化为导向，全面启动"1121工程"[1]。加强产业结构、能源结构、运输结构调整，淘汰"三高"产业，发展资源节约型、环境友好型新兴产业。2020年7月，财政部、生态环境部与上海市共同发起设立国家绿色发展基金，利用

---

[1] "1121工程"：是指到2020年，创建100家绿色工厂，100项绿色产品、20个绿色园区、10条绿色供应链。

市场机制支持包括上海在内的长江经济带沿线的生态文明建设和绿色发展。上海的空气、河道、生态绿地等环境加快改善，绿色发展水平、居民生活品质逐渐提高。

五、推进区域和城乡协调发展

区域协调发展战略和乡村振兴战略是党中央为解决发展不平衡问题作出的重大国家战略部署。上海紧密结合超大城市特点，补好城乡协调发展短板，在服务全国中发展自己，在实施国家战略中发展自己。

发展郊区战略新优势

广大郊区是上海后续发展的战略空间。2012 年 5 月召开的市第十次党代会根据发展需要，明确提出将进一步推动建设重心转向郊区。党的十九大提出实施乡村振兴战略后，市委、市政府立足郊区农村实际，加快打造具有江南水

乡村振兴示范村

乡特征和大都市郊区特色的上海农业农村新风貌，做好郊区发展大文章。

2013年5月，市政府出台《上海市推进城乡一体化发展三年行动计划（2013—2015年）》，坚持新型城市化和新农村建设双轮驱动，进一步提升城乡协调一体化发展水平。郊区按照"二、三、一"产业发展方针，抓发展先进制造业，抓生产型服务业发展，为上海产业结构调整、转型升级作贡献。加快交通、污水处理等基础设施建设，实施美丽乡村建设，为上海生态环境建设作贡献。深入推进农村集体经济组织产权制度改革，全面推广家庭农场经营模式，促进农业增效，农民增收。

2018年3月，市委、市政府出台《关于贯彻〈中共中央、国务院关于实施乡村振兴战略的意见〉的实施意见》，明确上海乡村振兴的主攻方向和关键举措。11月，市委常委会审议通过《上海市乡村振兴战略规划（2018—2022年）》及实施方案。郊区农村按照打造望得见山、看得见水、留得住乡愁的目标建设"美丽家园"，启动乡村振兴示范村建设，乡村风貌焕然一新。以全面实现农业提质增效为目标建设"绿色田园"，推动农业向优质化、特色化、品牌化方向发展。以全面增加农民获得感为根本，深化农村产权制度改革，重点扶持生活困难农户，建设"幸福乐园"。截至2020年底，上海完成两批37个乡村示范村建设。实现农村人居环境整治全覆盖，率先基本完成镇级集体产权制度改革。农业产业联盟形态初具雏形，形

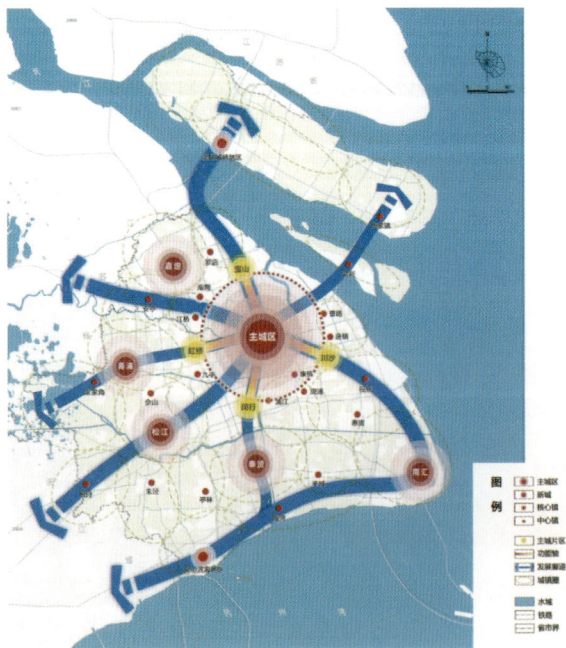

上海市域空间结构图（资料来源：《上海市城市总体规划（2017—2035年）》）

成一批区域产业品牌。农民收入持续增加，生活质量和水平得到提升。

各郊区则以长江三角洲区域一体化发展上升为国家战略为契机，找优势、打品牌、强特色，加快郊区新城建设。上海郊区城市布局更加均衡，正在成为上海实体经济特别是先进制造业的"重要承载区"。2021年，上海开始加快推进嘉定、青浦、松江、奉贤、南汇"五个新城"规划建设，意欲建成现代化的大城市和长三角的增长极，与中心城区一起，率先形成上海都市圈"核心内圈"。

助力全国打赢脱贫攻坚战

打赢脱贫攻坚战是全面建成小康社会的底线任务。根据党中央、国务院的决策部署，上海肩负起助推云南、贵州遵义、新疆喀什、西藏日喀则、青海果洛、三峡（库坝区）地区如期脱贫的重要政治任务。

市委、市政府按照中央精准扶贫、精准脱贫要求，强化精准施策，把上海自身优势与对口地区实际需求结合起来，全力以赴帮助对口地区打赢脱贫攻坚战。坚持"中央要求、地方所需、上海所能"，建立完善"全市统筹、部门协作、区县落实、社会参与"的扶贫协作机制。加大资金投入、人才支援力度，进一步发挥市场配置资源作用，引导各类企业广泛参与，创造了市属国企携手奔小康结对、民企"万企帮万村"精准扶贫行动等经典案例，帮助当地培育特色优质产业，壮大村集体经济发展，带动贫困户就业，使贫困人口有技能、有稳定收入。上海还非常注重发挥教育、医疗资源优势，在教育扶贫、医疗扶贫上下功夫。开展组团式医疗援藏援疆援青，让群众在家门口就能看好病；开展组团式教育援藏援疆援青，帮助帮扶地区的孩子享有现代化优质教育资源。加大对帮扶地教育医务人员的培训，为当地留下一支支带不走的人才队伍。

2019年5月，市政府办公厅印发《关于深入开展消费扶贫助力打赢脱贫攻坚战的实施意见》，全面推动消费扶贫。实施"百县百品"工程，推动"黔

2020年10月举办的上海对口帮扶地区特色商品展销会

菜入沪""云品出山",举办对口帮扶地区特色商品展销会,建设线上平台、线下门店常态销售渠道,帮助帮扶地区农产品稳定供应上海市场,让帮扶地区贫困群众鼓起"钱袋子"的同时,丰富上海市民的"菜篮子",实现"上海所需、当地所能"的精准对接。

2021年2月25日,习近平总书记在全国脱贫攻坚总结表彰大会上宣布我国脱贫攻坚战取得了全面胜利。市委、市政府根据党中央提出的相关政策要保持一段时间做到摘帽不摘责任、摘帽不摘政策、摘帽不摘帮扶、摘帽不摘监管的要求,坚持对口帮扶政策不变、要求不降、力度不减,努力克服疫情带来的影响,在推进帮扶地区全面脱贫与乡村振兴有效衔接方面进行大胆探索,推动上海对口帮扶工作再上新台阶。

第十四章

谱写党的建设和民主法治建设新篇章

中国特色社会主义政治发展道路是团结亿万人民共同奋斗的正确道路。市委按照坚持党的领导、人民当家作主、依法治国有机统一的新时代政治文明建设要求，以党的政治建设为统领，强化管党治党责任，把坚持和加强党的全面领导落到各项工作中；支持人大、政协与时俱进，发展社会主义民主法治，为上海经济社会发展提供强有力的政治保障。

一、坚持和加强党的全面领导

新时代，为切实坚持和加强党的全面领导，市委以党中央关于坚持党的领导的规律性认识为指导，不断增强"四个意识"、坚定"四个自信"、做到"两个维护"，不断完善坚持党对一切工作领导的体制机制，不断提高把方向、谋大局、定政策、促改革的能力和定力，确保上海的改革开放事业始终沿着正确轨道向前推进。

完善总揽全局、协调各方的领导体制

党的十八大以来，为提高执政能力和领导水平，市委以《中国共产党地方委员会工作条例》为基本遵循，在 2016 年 4 月召开的十届市委十一次全会上通过《中共上海市委工作规则》，切实担负起领导责任，不折不扣贯彻中央方针政策和决策部署，结合上海实际创造性地使中央精神落地生根、产生实效。

为更好地实行政治、思想和组织领导，市委通过召开市委常委会、专题学习会，开展领导干部集中轮训和全市宣讲，及时传达、深刻领会习近平新时

代中国特色社会主义思想特别是习近平总书记对上海工作的新要求。2019年和2020年，市委先后研究制定《关于以习近平总书记考察上海重要讲话精神为引领，全面贯彻落实〈中共中央关于坚持和完善中国特色社会主义制度、推进国家治理体系和治理能力现代化若干重大问题的决定〉的意见》《关于深入学习贯彻习近平总书记在浦东开发开放30周年庆祝大会上重要讲话精神的决定》，切实把总书记考察上海的重要讲话精神，转化为立足新起点、谋划新发展的强大思想武器。

对照党中央进一步加强对经济建设、政治建设、文化建设、社会建设、生态文明建设等工作的领导的做法，完善领导地方经济社会发展的工作机制。2014年2月成立市委全面深化改革领导小组，市委书记任组长。2016年8月成立市委统一战线工作领导小组，市委书记任组长。同时，建立健全市人大常委会、市政府、市政协、市高级法院、市检察院党组每年向市委常委会报告工作制度，加强了市委对同级人大、政府、政协等的领导。

2018年市委根据中央统一部署，制定实施上海市机构改革方案，优化党的组织机构，组建市委全面依法治市委员会、市委审计委员会、市委教育工作

市委中心组学习会

领导小组、市委农村工作领导小组等 4 个市委议事协调机构。市委全面深化改革领导小组改为市委全面深化改革委员会，市委网络安全和信息化领导小组改为市委网络安全和信息化委员会，市委财经工作领导小组改为市委财经工作委员会，市委外事工作领导小组改为市委外事工作委员会。同时，加强市委职能部门的统一归口协调管理职能，完善市委工作党委机构设置，进一步加强了市委对涉及党和国家事业全局的重大工作的集中统一领导。

各区党委按照市委的要求，结合自身实际，不断完善区委总揽全局、协调各方的领导体制，确保中央和市委的决策部署落地落实。

提升执政能力和领导水平

党的执政能力和领导水平决定治国理政成效。市委根据党中央提出的要把加强党的长期执政能力建设同提高国家治理水平有机统一起来的健全提高党的执政能力和领导水平的新要求，坚持民主集中制，完善常委会议事规则和决策机制，不断提高科学决策、民主决策、依法决策水平。

认真贯彻民主集中制，凡属重大问题，按照集体领导、民主集中、个别酝酿、会议决定的原则，集体讨论作出决定。坚持和完善党的代表大会制度，2012 年印发《中国共产党上海市代表大会代表提案工作暂行办法》，开展代表提案工作。2016 年，市委根据党中央《关于新形势下党内政治生活的若干准则》，健全党代表参与重大决策、参加重要干部推荐和民主评议、列席党委有关会议、联系党员群众等制度，推动地方各级党委委员会及委员更好发挥作用。2017 年 5 月，市委根据党的十八届六中全会精神，修订《中共上海市委常委会议事决策规则》，进一步加强常委会自身建设，努力建设坚决听从党中央指挥、管理严格、监督有力、班子团结、风气纯正的坚强组织。

适应国家现代化总进程，用好调查研究这个党的传家宝。党的十八大以来，市委坚持每年牵头围绕重点工作开展调研，形成了一批能够指导面上工作、可转化为政策和举措的调研成果。2012 年牵头开展的"关于深化增值税

《人民日报》关于市委一号课题的报道

改革动态跟踪及放大效应"重点调研，为上海率先开展营业税改征增值税试点奠定了基础。2014年市委一号重大调研课题"创新社会治理、加强基层建设"，有力推动了基层社会治理创新。2015年市委把"科创中心建设"作为唯一重点调研课题，形成《关于加快建设具有全球影响力的科技创新中心的意见》，成为推动上海创新驱动发展的总体性文件。2016年市委把"形成合力，破解抓落实、补短板中的难题"作为一号重大调研课题，强化市区协同，齐心协力补短板。

2017年党的十九大后，市委带头在全市开展大调研，把大调研作为践行为民服务宗旨、推动重点工作落实的有效载体和重要举措，并使之常态化制度化，成为提高执政能力和领导水平的主要抓手。为把习近平总书记对上海提出的各项要求、明确的各项任务落实到位，市委召开全会加强研究部署，与市政府等部门一道召开会议抓落实、抓推进。2013年至2020年，市委与市政府等部门先后召开创新社会治理加强基层建设电视电话会、中国（上海）自由贸易试验区扩区动员大会、加强综合交通管理依法整治交通违法行为推进大会、《上海城市总体规划（2017—2035）》实施动员大会、优化营商环境暨投资促进大会、加强城市管理精细化工作推进大会、实施乡村振兴战略工作会议、全力打响"四大品牌"推进会、全市生态环境保护大会、上海市旅游推进大会等事关上海经济社会发展重大问题的会议，有力地促进了任务的落地实施。

强化党组织在同级组织中的领导地位

党的十八大以来，针对少数基层党组织弱化、虚化、边缘化的问题比较突出的情况，党中央提出了强化党的组织在同级组织中的领导地位的要求。市委根据上海实际，通过完善落实请示报告制度、述职考核制度，有效保证了党的领导在各个领域的落实。

各区、各部门及机关事业单位各级党委（党组）严格执行相关规定，研究涉及全局的重大事项或作出重大决定都及时向上级党组织请示报告，每年至少向批准设立的党组织作一次全面工作情况报告。各级党委（党组）书记每年向上级党组织述职一次，就坚持"四个意识"、履行全面从严治党责任、贯彻落实党中央决策部署、推进本职工作、廉洁自律情况作出报告。

国企是上海经济建设的主力军，为了加强党组织在国企中的领导地位，2016年全国国企党建工作会议召开后，上海国企全面推行"双向进入、交叉任职"领导体制，市管国有企业实行党委书记、董事长"一肩挑"全覆盖，同时，根据上海企业实际研究制定《关于市管国有企业党建工作要求写入公司章

2019 年 9 月召开的"新时代国有企业党的建设高质量发展"论坛

程的指导意见》《关于落实市国资委系统市管国有企业党委研究讨论"前置程序"要求的指导意见（试行）》，对党建工作要求写入公司章程提出具体要求。各企业集团对应修订党委议事规则和"三重一大"决策制度等，逐步理顺了党组织和其他治理主体的关系，保证了党委把方向、管大局、保落实领导作用的发挥。此外，还分类推进事业单位党建改革创新，加强高校、公立医院、中小学校、科研院所等单位的党的建设工作，实行党委领导下的院长（校长）负责制，充分发挥部门党委的领导作用，确保党组织发挥领导作用组织化、制度化、具体化。

二、以政治建设为统领加强党的建设

办好中国的事情，关键在党。市委以习近平总书记提出的要一以贯之推进党的建设新的伟大工程和要旗帜鲜明讲政治、坚持不懈推进党的政治建设的要求为指引，把党的政治建设摆在首位，不断加强思想、组织、制度建设，努力把上海地方党组织建设得更加坚强有力。

以党的创新理论武装头脑

习近平新时代中国特色社会主义思想是马克思主义中国化的最新成果。坚持用习近平新时代中国特色社会主义思想武装全党，是加强党的政治建设的必然要求。2012年以来，市委常委会带头开展党的十八大、十九大，十八届、十九届历次中央全会和习近平总书记系列重要讲话精神的学习，开展学习教育，不断用党的理论创新最新成果武装头脑。

2013年7月至2014年10月，市委根据党中央统一部署，在全市党员中深入开展党的群众路线教育实践活动。市委常委会组织8次专题学习，聚焦"四风"问题召开座谈会90多个，敢碰硬、动真格、求实效，真正让干部正作风、党员受教育、群众得实惠。全市 159 万名党员围绕"为民务实清廉"主题和"照镜子、正衣冠、洗洗澡、治治病"的总要求，聚焦"四风"问题，对作风之弊、行为之垢进行大排查、大检修、大扫除，实现了领导班子和干部队伍思想作风的有力转变。

2015 年 9 月，市委根据党中央部署分两批在全市县处级以上领导干部中开展"三严三实"专题教育。市委书记带头给全市党员领导干部上党课，市委常委会召开专题学习会 7 次，带动面上学习研讨的深入开展。2016 年 2 月，市委根据党中央部署在全市党员中开展"学党章党规、学系列讲话，做合格党员"学习教育，常委会成员带头参加所在支部"两学一做"专题组织生活会和学习讨论。组织全市 9 万多个基层党组织、近 200 万名党员开展学习教育，全面提升了党员队伍思想政治素质。市委还把"两学一做"学习教育的好做法常态化制度化，推动党的学习教育严在日常、落在经常。

2019 年 5 月，党中央发出在全党开展"不忘初心、牢记使命"主题教育的通知，市委按照要求分两批在全市 181.5 万多名党员中开展主题教育。市委常委会集体瞻仰中共一大会址和龙华烈士陵园，全市党员干部回到历史原点重温初心、焕发初心。市四套班子聚焦重点难点工作深入开展调研。注意把主题教育与学习贯彻习近平总书记考察上海重要讲话精神结合起来，突出一个实字，推动三项新的重大任务落地落实，解决了一大批群众的操心事、烦心事、揪心事。党员、干部全面提振精气神，形成全市上下干事创业、勇担使命的良好氛围。

2020 年 4 月，作为建立健全"不忘初心、牢记使命"长效机制的重要部署，市委在全市党员中开展"党史、新中国史、改革开放史、社会主义发展史"学习教育，并成立了市委书记为组长的"四史"学习教育领导小组。市委常委会带头"一史一史学"。市委主要负责同志带头为中青年干部作报告。充分发挥上海红色资源优势，打响上海"红色教育"品牌。把学习贯彻习近平新时代中国特色社会主义思想作为首要政治任务，注意学做结合，引导党员干部从党的非凡历史中感悟初心使命，注意与学深悟透习近平总书记系列重要讲话

"四史"学习教育现场教学活动

精神和治国理政新理念新思想新战略相结合，切实做到"两个维护"，以攻坚克难的实际行动更好推进中心工作。

2021年，市委认真学习贯彻习近平总书记在党史学习教育动员大会上的重要讲话精神，全面落实党中央部署要求，扎实打牢学习这个基础，在"治"和"实"上下功夫，推动全市党史学习教育走深走实。

探索城市基层党建新路

在加强基层党建工作上继续探索、走在前头，是习近平总书记对上海基层党建工作提出的殷切希望。市委站在从严管党治党、巩固党的执政基础的高度，深刻认识基层党的建设的重要意义，以加强基层党的建设引领社会治理创新，不断增强城市基层党建整体效应。

2015年1月，市委、市政府在前期调研的基础上出台《关于进一步创新社会治理加强基层建设的意见》，深化街道社区党建工作体制机制改革。明确街道党工委以加强党的建设为首要的8项职能，赋予人事考核权等"五项权

滨江党建

力"，突出其领导核心地位。积极发挥行政党组综合协调辖区内行政组织、社区党委引领推进共建共治的作用，构建三级联动区域党建组织架构，通过街道"大工委制"、社区党委兼职委员、社区代表会议等不同组织方式，引导基层党组织和党员在社区社会性、群众性、公益性事务中发挥引领作用。在居民区层面，全面推行"大党委制"，吸纳各方面党员代表参与基层自治共治。

面对上海非公有制经济组织和社会组织体量大、业态新、资本活、人才多的情况，市委把扩大新兴领域党建工作覆盖作为创新基层党建新路的又一抓手。2012 年 11 月，市委办公厅下发《关于本市贯彻〈关于加强和改进非公有制企业党的建设工作的意见（试行）〉的实施意见》，通过建立联合党支部、楼宇党支部，把支部建在经济生产、社会生活的最基本单位上。2017 年 8 月，市委出台《关于全面加强城市基层党建工作的意见》（城市基层党建 20 条），要求不断完善全区域统筹、多方面联动、各领域融合的城市基层党建新格局。全市划分 3 万多个区块，由基层党组织班子成员、党小组长和党员骨干担任网络长、网格员，进一步做实网格化党建。"滨江党建"成为亮点，黄浦江两岸的居民区党建和"两新"组织党建、单位党建共建共享，围绕滨江地区治理要

陆家嘴金融城党群服务中心一角

求和群众需求，做实为民服务、推进社会治理，增强了地区、驻区单位和广大群众的获得感、满意度。

2018年11月，市委根据党的十九大对基层组织建设提出以提升组织力为重点把基层党组织建设成为坚强战斗堡垒的新要求，出台《关于以组织体系建设为重点推进新时代基层党建高质量创新发展的意见》，提出用3年时间实现党的全面领导在基层有力落实等目标，坚持人在哪里、党员在哪里，党的建设就推进到哪里。机关党组织建设根据《中国共产党党和国家机关基层组织工作条例》，在"严""实""新"上下功夫。"党建+服务""党建+治理"的探索，让党建引领基层治理成为最大特色。"15分钟党建服务圈"，进一步夯实"网格化党建"工作基础。以党建联建引领跨省联动发展的"毗邻党建"模式，积极回应区域一体化发展的时代趋势和两地百姓实际需求。

上海基本形成共商共建共治共享的党建引领基层社会治理新面貌。基层党组织和党员在2020年抗击新冠肺炎疫情的战斗中发挥了战斗堡垒和先锋模范作用。

建设高素质干部人才队伍

干部是党和国家事业的中坚力量。党的十八大以来，党中央提出忠诚、干净、担当的新时代干部标准。习近平总书记还向上海干部提出了保持锐意创新的勇气、敢为人先的锐气、蓬勃向上的朝气的具体要求。但 2012 年底上海市管干部 45 岁以下正职仅占 3.6%，副职也只有 13.8%，很多局、处级干部缺乏基层经历的现状，与习近平总书记对上海干部提出的要求有差距。大力培养选拔和使用优秀年轻干部显得十分必要。

2013 年市委把"加快在实践中培养选拔年轻干部"作为年度一号重点课题，突破部门和领域归属界限，对年轻干部排摸和调研，形成了提拔任用一批、交流一批、储备未来使用一批的阶梯式培养使用格局。2014 年，市委出台《关于加强和改进优秀年轻干部培养选拔工作的意见》，坚持统筹使用好年轻干部和各年龄段干部。大力推进领导班子建设，实施市管领导班子和领导干部综合分析研判工作，加强对领导干部思想动态的分析把握。深入贯彻《党政领导干部选拔任用条例》，严格按照制度规定把好选人用人关。2016 年，市委出台落实中央《推进领导干部能上能下若干规定（试行）》实施细则，促进能者上、庸者下、劣者汰。

党的十九大以来，面对中央交给上海越来越多的改革试点任务和上海所处的发展阶段，市委围绕习近平总书记对上海干部提出的"干事创业要充满激情、面对困难要富于创造、迎接挑战要勇于担当"要求，提出"充满激情、富于创造、勇于担当"的新时代上海干部特质。2019 年 6 月市委十一届七次全会通过《关于进一步加强干部队伍建设奋力担当新时代新使命的若干意见》，就打造一支充满激情、富于创造、勇于担当的干部队伍作全面部署。坚持党管干部，深入实施市管党政正职政治建设考察办法，建立政治素质档案，以地区市管党政正职为切入口开展政治建设述职。完善市管党政领导班子和领导干部年度考核办法，市委主要负责同志带头与市管领导干部个别谈心谈话。开展"789"优秀年轻干部专项调研，实施"五个一批"优秀年轻干部培养工程，推

2019 年 12 月，"留·在上海" 2019 海外人才招聘双选会举行

进优秀年轻干部跨领域跨系统交流任职或挂职锻炼。干部干事创业的精气神得到进一步激发。

市委还非常重视人才工作，2016 年 9 月，市委、市政府出台《关于进一步深化人才发展体制机制改革加快推进具有全球影响力的科技创新中心建设的实施意见》（即人才"30 条"），着重在人才发展体制机制方面进行完善。推动上海自贸试验区人才制度创新，推进张江国际化人才创新试验区、浦东国际人才创新试验区、上海"千人计划"创业园建设。2018 年 4 月上海市人才工作大会召开，发布上海市《加快实施人才高峰工程行动方案》，提出要让上海成为天下英才最向往的地方之一。2020 年，为抢抓全球疫情因素下的海外引才机遇期、窗口期，市委、市政府出台《关于新时代上海实施人才引领发展战略的若干意见》，实施"国际人才蓄水池"工程，施行更宽松的"居转户"。2021 年，上海根据"十四五"规划到 2025 年 5 个新城常住人口总规模达到 360 万左右的目标，制定差异化的人口导入和人才引进政策，完善居住证积分和落户政策，加大新城对紧缺急需人才和优秀青年人才的引进力度，进一步厚植上海人才优势。

三、发展社会主义民主法治

党的十八大以来，党中央就新时代社会主义民主政治作出科学判断和战略部署。市委结合地方实际，大力推动人大、政协工作与时俱进，推进全面依法治市，推进新形势下统战工作，不断扩大人民民主，为上海创新驱动、转型发展创造良好的民主法治环境。

支持人大工作围绕大局守正创新

人民代表大会制度是保证人民当家作主的根本政治制度。2015 年 7 月，市委根据习近平总书记在庆祝全国人民代表大会成立六十周年大会上的讲话精神，召开上海市人大工作会议，出台《中共上海市委关于推动人大工作与时俱进充分发挥人大作用的若干意见》，支持人大围绕全市工作大局创新发展。人大及其常委会积极发挥地方立法在经济社会发展中的引领和推动作用，先后围绕上海重大改革发展任务，制定了《上海市人民代表大会常务委员会关于促进创新驱动、转型发展的决定》《中国（上海）自由贸易试验区条例》《上海市生活垃圾管理条例》《上海市促进科技成果转化条例》《关于促进和保障浦东新区改革开放再出发实现新时代高质量发展的决定》《上海市推进科技创新中心建设条例》《关于全力做好当前新型冠状病毒感染肺炎疫情防控工作的决定》《关于促进和保障长三角生态绿色一体化发展示范区建设的决定》等重点领域地方法律法规。

为提高立法质量，推进科学立法、民主立法，市人大建立立法组织协调和民主立法机制，探索电视直播立法听证会等新形式。2015 年，以全国人大常委会法工委在上海虹桥街道古北市民中心设立基层立法联系点为契机，在全过程民主方面进行有益探索。2016 年 7 月，市人大常委会也设立了 10 家基层立法联系点，进一步扩大人民群众参与立法的途径。2020 年市人大深入践行习近平总书记关于"全过程民主"重要论断，推进上海首批 10 个基层立法联系点增

全国人大常委会法工委基层立法联系点——虹桥街道古北市民中心

加至25个，实现16个区"全覆盖"，基层立法点成为接地气、察民情、聚民智的"民意直通车"。7月上海市人民建议征集办公室正式揭牌，成为上海探索全过程民主的又一成功实践，让汇集民智更加规范化。

加强各级人大常委会的监督工作，是发展社会主义民主，实施依法治国方略的重要内容。党的十八大以来，市人大及其常委会对关系改革发展稳定大局和群众切身利益、社会普遍关注的重大问题依法开展专项监督；围绕各项立法实施情况开展执法检查。推进代表联络服务机构建设，增强代表议案和书面意见办理工作的实效。加强区县、乡镇人大工作和建设，支持街镇设立"代表之家"，组建"代表微信群""宣传直通车"等，充分发挥人大代表作用。2015年首次采用副市长报告工作并回答询问、市人大常委会副主任作执法检查报告等监督方式。2020年，市人大常委会制定有关主任会议成员专题会议决定事项督办、联系代表座谈会、联系社区活动、组织专项调研等9项工作规程，确保常委会依法依程序履职。

开创人民政协事业新局面

协商民主是实现党的领导的重要方式，是我国社会主义民主政治的特有形式和独特优势。

2015年8月，市委按照习近平总书记提出的"发展社会主义民主政治，关键是要增加和扩大我们的优势和特点"的要求，在市政协工作会议上印发《中共上海市委关于加强社会主义协商民主建设的实施意见》《关于加强政协协商民主建设充分发挥政协作用的实施意见》，对做好新形势下人民政协工作作出部署，明确市委会同市政府、市政协制定年度协商计划以及市委、市政府及有关部门负责同志出席市政协各类专题协商会议，与委员协商讨论、互动交流的机制。市委常委坚持到市政协通报情况、听取意见，探索形成就重点工作、涉及人民群众切身利益的重要地方性法规草案在政协听取意见的机制。

2018年12月，市委出台《关于加强新时代人民政协党的建设工作的实施意见》，坚持党对人民政协工作的全面领导。市政协召开了首次全市政协系统党的建设工作会议，设立市政协各专门委员会（指导组）分党组，确保把中

2019年9月市政协召开市纪检监察工作情况专题通报会

央、市委的决策部署和对政协工作的各项要求落到实处。2019年12月，市委召开市政协工作会议，出台《中共上海市委关于新时代加强和改进人民政协工作的实施意见》，推动人民政协工作在发挥专门协商机构作用、加强思想政治引领、广泛凝聚共识、健全完善民主制度、强化委员责任担当上更进一步。

市政协形成了以党组工作要点为统领的工作布局。着力推动政协协商和基层协商有效衔接，依托村居和界别建立34家"委员工作室"，将政协工作触角延伸到基层工作的神经末梢。加强提案办理协商，民主监督融入履职全过程。组织委员开展协商议政、民主监督。探索以界别为主，依托专门委员会（指导组）推动提案办理协商，促进提案办理协商与界别协商有机结合。会同苏浙皖开展长三角联合调研和联动民主监督。社情民意反映渠道得到进一步畅通。

市委高度重视统战工作，积极发挥政治协商在新时代大统战工作中的作用。2014年市委率先在全国出台《关于进一步规范同民主党派、无党派人士政治协商的意见》，2015年市委出台《关于加强社会主义协商民主建设的实施意见》，支持各民主党派、无党派人士履职尽责，开展专项民主监督。加大党外青年人才工作力度，召开创新创业青年人才座谈会，加强网络人士等新的社会阶层人士统战工作，扎实做好民族、宗教和港澳台海外统战工作。

加快建设法治上海

全面依法治国是"四个全面"战略布局的重要组成部分。2014年党的十八届四中全会对全面推进依法治国作出部署后，市委按照中央确定的到2020年实现法治政府基本建成的目标要求，加强党对依法治市工作的领导，提出率先基本建成法治政府任务，大力推进法治建设。

为加强党对法治政府建设的领导，市依法治市领导小组制定法治上海三年行动计划（2014—2016）和上海市法治政府建设"十三五"规划，着力推进科学立法、严格执法、公正司法、全民守法。2015年，市委全面深化改革领导小组增设全面推进法治建设专项工作办公室，市委办公厅、市政府办公厅出台

《贯彻落实党的十八届四中全会〈决定〉 建设法治上海重要举措实施方案》，系统推进法治上海建设。

市政府围绕深入推进依法行政、率先建设法治政府，全面实施政府法律顾问制度，建立中心工作向市人大常委会提交审议并通过地方性法规机制。深化行政执法体制机制改革，2014 年至 2015 年各区县先后整合市场监管资源，组建市场监管局，推行市场领域跨部门综合执法。出台行政处罚裁量权基准制度指导意见，有效扭转行政处罚中"合法不合理"现象。深化行政执法类公务员分类管理改革，建立分类招录、因类施训、单列管理、严肃纪律、职业保障的管理新机制。

在司法领域，按照中央部署有序推进司法权力运行机制改革，推动审判流程、裁判文书、执行信息公开平台建设，建立轻微刑事案件快速办理机制，加强司法机关队伍建设。探索行政复议体制改革和机制创新，探索建立行政规范性文件法律审查制度。规范行政机关负责人行政诉讼出庭应诉和旁听审理。筹建市第三中级人民法院、市人民检察院第三分院和上海知识产权法院，积极探索设立跨行政区划人民法院、人民检察院。

2018 年成立的上海金融法院

党的十九大后，党中央组建中央全面依法治国委员会，加强对法治中国建设的统一领导。市委在2019年1月组建全面依法治市委员会，建立党委法律顾问制度，带头提高科学、民主、依法决策水平。市政府进一步加强依法行政，推进市场监管、生态环境保护、文化市场、交通运输、农业等跨领域跨部门综合行政执法。先后在市场监管、消防等6个领域出台系列轻微违法违规行为免罚清单。2020年4月，市委办公厅、市政府办公厅出台《全面加强和改进基层法治建设的意见》，建立健全基层法治建设领导体制和工作机制，统筹推进法治乡村和法治城区建设。建立长三角优化营商环境法治保障共同体，成立国内首个优化营商环境法治保障共同体，出台国内首份省级跨领域市场轻微违法违规经营行为免罚清单。2020年上海首批法治政府示范创建获并列全国第一。

四、全面从严治党向纵深发展

党的十八大以来，面对执政条件和社会环境的深刻变化，市委以党中央关于全面从严治党的新思想新观点为指导，坚持党要管党、从严治党，认真履行管党治党主体责任，坚定不移推进党风廉政建设和反腐败斗争，净化党内政治生态，形成反腐败斗争压倒性态势。

压紧压实全面从严治党责任

落实管党治党责任，是推进全面从严治党的关键一招。市委根据党中央提出的各级党委要担当和落实好全面从严治党的主体责任的要求，贯彻落实《中国共产党党组工作条例》《中共中央关于加强党的政治建设的意见》，严格执行《关于新形势下党内政治生活的若干准则》，实施《中共上海市委关于进一步严明党的政治纪律和政治规矩坚决做到"两个维护"的意见》，切实履行管党治党主责主业。

2014 年 5 月市委抓住责任制这个"牛鼻子"，出台《关于落实党委主体责任，进一步做实党风廉政建设责任制的意见》，对各级党组织和纪检组织认真履行"两个责任"提出明确要求。建立党员正职领导干部向上级纪委全会述责述廉制度。开展书记抓基层党建述职评议考核工作，督促各级党委（党组）建立责任清单，一级抓一级，层层抓落实。改进党风廉政建设责任制专项检查方式，由市四套班子主要领导和市委常委带队开展党风廉政建设责任制专项检查。2017 年《上海市贯彻〈中国共产党问责条例〉的实施办法》出台，以问责倒逼责任落实。

2017 年开始，为把"全面"的要求落到实处，市委探索建立了党委主体责任、纪委监督责任、党委书记第一责任、班子成员"一岗双责"的"四责协同"机制。2018 年 5 月，市委召开全面从严治党"四责协同"机制建设推进会，健全完善"四责协同"机制，打造知责、履责、督责、述责、问责"五环闭合"。深化纪委监委派驻机构改革，完成国家监察体制改革，为全面从严治党向纵深发展提供强大动力。

2020 年 10 月，市委办公厅印发《关于各级党委（党组）落实全面从严治

2019 年度各区党委、市委各工作党委书记抓基层党建工作述职评议会

党主体责任规定的实施方案》，形成市委、市委主要负责同志、市委常委会其他成员三张责任清单，指导各级党委（党组）结合实际制定责任清单、细化责任内容，推动全面从严治党向基层延伸。各级党组织把管党治党作为最根本的职责严起来、立起来，切实将"严"的主基调坚持下去。

发挥巡视"利剑"作用

2012年党的十八大指出，全国上下要发挥好巡视制度监督作用，坚定不移推进反腐败工作。2017年党的十九大通过的《中国共产党章程（修正案）》以党内根本大法的形式确立了巡视在全面从严治党中的重要作用。市委高度重视巡视工作，在接受中央巡视组巡视的同时，建立市委常委会听取巡视情况汇报制度，加强和改进上海市的巡视工作。

2015年《中国共产党巡视工作条例》颁布后，市委出台《贯彻〈中国共产党巡视工作条例〉的实施办法》。在原有6个巡视组的基础上，增设4个专项巡视组。明确各区县党委和市委、市政府有关单位党组织可参照巡视制度开

2020年5月召开的十一届市委第七轮巡视工作动员部署会

展巡察工作，积极推进巡察与巡视有机衔接，形成市、区两级联动和巡视巡察整体推进的良好态势。坚持问题导向，对照群众路线教育实践活动、"三严三实"专题教育整改总结和"两学一做"学习教育方案，检查是否真学真做真整改，着力发现党的领导弱化、党的建设缺失、全面从严治党不力问题。实现十届市委巡视全覆盖。

2017年市委对标中央要求，及时制订《中国共产党上海市第十一届委员会巡视工作规划》，进一步规范巡视工作的相关程序和要求，把发现问题、形成震慑，推动改革、促进发展作为主要任务，强化巡视成果运用整改落实，督促各级党组织切实落实主体责任。规范区委巡察工作，严格落实区委书记听取巡察情况汇报报备制度，坚持巡视巡察一体谋划、一体部署、一体推进，结合上海"两级管理"特点，探索开展"接力式"巡察，推动区委巡察向居村延伸。完成对市管国有企业和各区巡视全覆盖。为上海改革开放和各项事业发展提供坚强政治保证。

持之以恒正风肃纪反腐

正风肃纪反腐是党坚持以人民为中心进行自我革命的伟大实践。党的十八大以来，市委对照中央八项规定精神，在2013年1月出台上海市贯彻落实中央八项规定30条实施办法，驰而不息纠"四风"。紧盯节庆假期，紧盯国有企事业单位、金融机构、街道基层，深挖细查隐形变异、改头换面的"四风"问题，严查顶风违纪行为，加大通报和问责力度，持续推动中央八项

《人民日报》关于上海规范领导干部家属经商办企业的报道

规定及其实施细则精神落实。

抓住领导干部这个"关键少数"，把政治标准作为第一标准，全面从严加强对各级领导干部特别是"一把手"的监督。开展领导干部报告个人有关事项抽查核实，超职数配备、假履历假档案、"裸官"任职岗位管理、领导干部企业兼职和"吃空饷"等专项整治，同时加强干部日常管理，坚决做到"凡提必核"。2015年5月，针对少数领导干部亲属在其管辖范围内经商办企业问题，先行先试出台《关于进一步规范本市领导干部配偶、子女及其配偶经商办企业行为的规定（试行）》，2016年又规范全市市管高校、医院、科研院所等单位市管干部亲属经商办企业行为，后作为改革重要成果在全国部分省市推广。2018年市委办公厅出台《关于市管国有企业经营管理活动中防止领导人员利益冲突的办法（试行）》。从严管理干部的制度笼子进一步扎紧。

坚持把纪律和规矩挺在前面，认真贯彻执行廉洁自律准则和纪律处分条例，用好监督执纪"四种形态"，一体推进不敢腐、不能腐、不想腐。坚持以"零容忍"态度惩治腐败，重点查处不收敛不收手、问题线索反映集中、群众反映强烈、现在重要岗位且可能还要提拔使用的党员领导干部。坚决整治和查处侵害群众利益的不正之风和腐败问题，坚决查处涉黑涉恶腐败和打击"保护伞"，推动全面从严治党向基层延伸。全面从严治党的生动实践，进一步强化了党的领导核心作用，使之成为各项事业的根本保障。

| 后　记 |

在中国共产党即将迎来百年诞辰之际，党中央决定今年在全党开展中共党史学习教育。为了给全市党员干部和广大读者提供一本能够准确而精要地掌握中国共产党领导上海人民百年奋斗历史的简明著作，更好发挥历史著作"不忘前人、激励今人、启迪后人"的作用，中共上海市委党史研究室组织编写了《中国共产党在上海100年》一书，作为我室迎接建党百年的重点项目之一。

中共上海市委党史研究室高度重视本书的编写工作，严爱云主任主持本书的写作、修改和最终审定，谢黎萍副主任、曹力奋二级巡视员和科研处处长年士萍参与全书的组织、协调和修改工作。全书由市委党史研究室组织本室研究骨干力量历时近一年时间撰写而成，约30万字，共分为14章，具体分工如下：第一章曹典，第二章吴海勇，第三章陈彩琴，第四章沈阳，第五章董奇，第六章张励，第七章黄坚，第八章张鼎，第九、十章黄金平，第十一、十二章孙宝席，第十三、十四章郭继。在本书编写过程中，徐建刚、齐卫平、陈挥、周武等领导和专家为本书提出大量宝贵的修改意见。市委党史研究室相关处室给予大力支持，郭炜、胡迎等协助做了资料工作。上海人民出版社的领导和编辑王为松、鲍静等为本书的出版付出了辛勤努力，在此一并表示衷心的感谢！

全书内容时间跨度长、涉及领域广、内涵十分丰富，由于水平有限，因此书中的疏漏与不足之处恳请广大读者不吝赐教。本书所用照片的摄制者，有的因各种原因一时未能取得联系，望能在见书后与我们联系。

编者

2021年6月

图书在版编目(CIP)数据

中国共产党在上海 100 年/严爱云主编;中共上海
市委党史研究室编.—上海:上海人民出版社,2021
ISBN 978 - 7 - 208 - 16939 - 5

Ⅰ.①中… Ⅱ.①严… ②中… Ⅲ.①中国共产党-
地方组织-党史-上海 Ⅳ.①D235.51

中国版本图书馆 CIP 数据核字(2021)第 019263 号

责任编辑　　刘　宇
封面设计　　汪　昊

中国共产党在上海 100 年
严爱云　主编
中共上海市委党史研究室　编

出　　　版　　上海人民出版社
　　　　　　　　(200001　上海福建中路 193 号)
发　　　行　　上海人民出版社发行中心
印　　　刷　　上海中华商务联合印刷有限公司
开　　　本　　720×1000　1/16
印　　　张　　22.75
字　　　数　　317,000
版　　　次　　2021 年 7 月第 1 版
印　　　次　　2021 年 7 月第 1 次印刷
ISBN 978 - 7 - 208 - 16939 - 5/D・3710
定　　　价　　98.00 元